Reclams
Lexikon der Bibelzitate

Reclams
Lexikon der Bibelzitate

Von
Hans Schmoldt

Reclam

RECLAMS UNIVERSAL-BIBLIOTHEK Nr. 19195

Umschlaggestaltung: Stefan Schmid Design, Stuttgart
Gesamtherstellung: Reclam, Ditzingen. Printed in Germany 2014
RECLAM, UNIVERSAL-BIBLIOTHEK und
RECLAMS UNIVERSAL-BIBLIOTHEK sind eingetragene Marken
der Philipp Reclam jun. GmbH & Co. KG, Stuttgart
ISBN 978-3-15-019195-8

www.reclam.de

Vorwort

Dieses Buch will möglichst umfassend Texte der Bibel – und zwar nach der Übersetzung Martin Luthers – vorstellen, deren religiöser, allgemeingültiger oder origineller Inhalt sie aus der Fülle der biblischen Literatur heraushebt und die zum großen Teil im heutigen Sprachgebrauch lebendig sind, außerdem von Bibeltexten abgeleitete Redensarten und einzelne Wörter der religiösen oder Umgangssprache.

Als Bibelworte sind wohl fast jedem Texte vertraut wie »Der Herr ist mein Hirte, mir wird nichts mangeln« (Ps 23,1), »Lobe den Herrn, meine Seele, und vergiss nicht, was er dir Gutes getan hat« (Ps 103,2), »Fürchte dich nicht, denn ich habe dich erlöst; ich habe dich bei deinem Namen gerufen; du bist mein« (Jes 43,1), »Selig sind die Friedfertigen; denn sie werden Gottes Kinder heißen« (Mt 5,9), »Nun aber bleiben Glaube, Hoffnung, Liebe, diese drei; aber die Liebe ist die größte unter ihnen« (1Kor 13,13), die in keiner Sammlung der beliebtesten Tauf-, Konfirmations- und Trausprüche fehlen. Aber nur wenigen dürfte bewusst sein, dass beispielsweise auch die folgenden Sätze aus der Bibel stammen: »Bleibe im Lande und nähre dich redlich« (Ps 37,3), »Wenn dich die bösen Buben locken, so folge nicht« (Spr 1,10), »Hochmut kommt vor dem Fall« (Spr 16,18), »Eine richtige Antwort ist wie ein lieblicher Kuss« (Spr 24,26), »Es geht Gewalt vor Recht« (Hab 1,3), »Was du nicht willst, dass man dir tu, das füg auch keinem andern zu« (Tob 4,16), »Wer sich in Gefahr begibt, der kommt darin um« (Sir 3,27), »Der Mensch lebt nicht vom Brot allein« (Mt 4,4), »Ehre, dem die Ehre gebührt« (Röm 13,7).

Bei der Auswahl der Zitate ist eine gewisse Vollständigkeit angestrebt worden; so sind z. B. alle halbfett gedruckten »Kernstellen« der Lutherbibel aufgenommen, ferner die meisten Bibelzitate der im Literaturverzeichnis aufgeführten Zitatenlexika und schließlich Bibeltexte, die ich darüber hinaus für wichtig halte.

Die Orthografie folgt den Regeln der neuen Rechtschreibung.

Bei den Zitaten ist, sofern es notwendig schien, in Klammern vermerkt, wer den betreffenden Text spricht, wer sein Adressat ist und von welcher Person(engruppe) oder von welchem Sachverhalt er redet. Diese Angaben sind rein formaler Art und sagen nichts über die Historizität der zitierten Texte aus. Dafür ein paar Beispiele. Wo Gott selber redend auftritt (wie in den Erzählungen über Adam und Eva, Kain und Abel oder die Sintflut), handelt es sich nicht um Tatsachenberichte, sondern um Zeugnisse des Glaubens; die Geschichte von Josef und seinen Brüdern oder die Bücher Rut und Jona sind Novellen, also erdichtet, wie auch das Buch Hiob eine Dichtung ist; und viele der im Neuen Testament als Jesusworte überlieferten Texte wurden Jesus erst nachträglich in den Mund gelegt.

Manche der in diesem Buch gesammelten Zitate sind, obwohl aus einer längst vergangenen Welt stammend, auch für die heutige Leserin, den heutigen Leser mühelos aus sich heraus verständlich. Viele jedoch bedürfen der Erläuterung. Dazu sollen meine kommentierenden Hinweise im Anschluss an die Zitate dienen. Sie geben – teils knapp, teils etwas detaillierter – Auskunft über die Absicht des zitierten Textes (die allerdings zuweilen kaum noch aufzuhellen ist) oder den Sinn einzelner Begriffe im hebräischen und griechischen Urtext, über den engeren oder weiteren Zusammenhang der jeweiligen Texte und manchmal auch über den zeitgeschichtlichen Hintergrund. Letzteren bildet bei Zitaten aus dem Alten Testament häufig das Babylonische Exil, das von 587 (Zerstörung Jerusalems) bis 539 v. Chr. (Herrschaftsantritt des Perserkönigs Kyrus über Babylonien) dauerte.

Bei der Suche nach Bibelzitaten, deren genauer Wortlaut der Leserin, dem Leser nicht (mehr) bekannt ist, dürfte das *Register*, das über die halbfett gedruckten Ordnungsbegriffe hinaus weitere in den Zitaten enthaltene Wörter aufführt, als Orientierungshilfe dienen.

A

Ich bin das **A** und das O, spricht Gott der Herr, der da ist und der da war und der da kommt, der Allmächtige.

Offb 1,8 (ähnlich 21,6; in 22,13 erscheint die Wendung »ich bin das A und das O« als Wort Jesu). – A und O entsprechen dem Alpha und dem Omega, dem ersten und dem letzten Buchstaben des griechischen Alphabets; der Ausdruck »A und O« will unterstreichen, dass Gott der Herr der Zeit von der Schöpfung bis zum Weltende ist.

(Jesus sagt:) Wo das **Aas** ist, da sammeln sich die Geier.

Mt 24,28 (ähnlich Lk 17,37). – Dieses Bildwort, dessen Deutung umstritten ist, steht im Zusammenhang mit der Ankündigung des Weltendes und will vielleicht besagen: Wie eine Schar von Geiern weithin sichtbar anzeigt, dass sich dort ein Aas befindet, werden alle Menschen das Erscheinen des »Menschensohns«, d. h. Jesu, sehen.

(Jesus sagt:) **Abba**, mein Vater, alles ist dir möglich; nimm diesen Kelch von mir.

Mk 14,36. – Das aramäische Wort *'abba'* bedeutet »Vater«, und so lautet der Text wörtlich übersetzt (ebenso Röm 8,15; Gal 4,6, wo Luther den Ausdruck mit »Abba, lieber Vater!« wiedergibt) »Abba, Vater«.

(Gott spricht zu Kain:) Wo ist dein Bruder **Abel**?

1Mose 4,9.

Da ward aus **Abend** und Morgen der erste Tag.

1Mose 1,5.

Es kann vor **Abend** ganz anders werden, als es am Morgen war; so schnell wandelt sich alles vor Gott.

Sir 18,26.

Er (Christus) ist der **Abglanz** seiner (Gottes) Herrlichkeit und das Ebenbild seines Wesens.

Hebr 1,3. – Christus, der die Stellung des obersten Weltenherrschers innehat, repräsentiert Gott und verwirklicht Gottes machtvolle Lichtherrlichkeit.

(In der Erzählung »vom reichen Mann und armen Lazarus« Lk 16,19–31 heißt es:) Der Arme … wurde von den Engeln getragen in **Abrahams** Schoß.

Lk 16,22. – Der Arme bekommt den Ehrenplatz an der Seite Abrahams, des Ahnherrn Israels.

Wir sind geworden wie der **Abschaum** der Menschheit, jedermanns Kehricht, bis heute.

1Kor 4,13. – Paulus sagt hier, dass sein Wirken ihm Leiden einbringt.

(Gott spricht zu Adam:) Verflucht sei der **Acker** um deinetwillen! Mit Mühsal sollst du dich von ihm nähren dein Leben lang.

1Mose 3,17. – Es handelt sich um einen Strafspruch Gottes, nachdem Adam von der verbotenen Frucht gegessen hat. Mit diesem Spruch will der Verfasser der Erzählung 2,4b-3,24 eine Antwort auf die Frage geben, warum die Arbeit des Ackerbauern – das waren die Israeliten überwiegend – so mühsam ist.

Wer seinen **Acker** bebaut, wird Brot die Fülle haben.

Spr 12,11 (ähnlich 28,19).

Gott der HERR rief **Adam** und sprach zu ihm: Wo bist du?

1Mose 3,9.

Der alte **Adam**.

Dieser Ausdruck ist nach Röm 6,6, wo »unser alter Mensch«, Eph 4,22 und Kol 3,9, wo »der alte Mensch« steht, gebildet und beruht auf der Ausdrucksweise des Paulus, der dem ersten Adam – als dem Urheber der Sünde und des Todes – den zweiten Adam, nämlich Christus, als den Erstling einer neuen Schöpfung gegenüberstellt (Röm 5,12–18; 1Kor 15,45).

Adamsapfel.

Laut 1Mose 3,6 aß Adam von der Frucht des verbotenen Baumes, der schon früh mit dem Apfelbaum gleichgesetzt wurde. Daraus entwickelte sich die Vorstellung, dass ein Bissen in Adams Kehle stecken blieb und sich so der vorstehende Schildknorpel des männlichen Halses bildete.

Die auf den HERRN harren, kriegen neue Kraft, dass sie auffahren mit Flügeln wie **Adler**, dass sie laufen und nicht matt werden, dass sie wandeln und nicht müde werden.

Jes 40,31.

Ägyptische Finsternis.

Da sprach der Herr zu Mose: Recke deine Hand gen Himmel, dass eine solche Finsternis werde in Ägyptenland, dass man sie greifen kann. Und Mose reckte seine Hand gen Himmel. Da ward eine so dicke Finsternis in ganz Ägyptenland, drei Tage lang, dass niemand den andern sah.

2Mose 10,21–23.

Ein Wort, geredet zur rechten Zeit, ist wie goldene **Äpfel** auf silbernen Schalen.

Spr 25,11.

Stein ist schwer, und Sand ist Last; aber der **Ärger** über einen Toren ist schwerer als beide.

Spr 27,3.

Wir aber predigen den gekreuzigten Christus, den Juden ein **Ärgernis** und den Griechen eine Torheit.

1Kor 1,23. – Das griechische Wort *skándalon* (hiervon leitet sich unser Wort »Skandal« her), das Luther mit »Ärgernis« übersetzt, meint das Anstößige, das Empörende, das Widerspruch Herausfordernde.

(Jesus sagt:) Selig ist, wer sich nicht an mir **ärgert**.

Mt 11,6 (= Lk 7,23).

Agnus Dei → **Lamm** Gottes.

(Gott spricht:) Es ist nicht gut, dass der Mensch **allein** sei; ich will ihm eine Gehilfin machen, die um ihn sei.

1Mose 2,18.

So ist's ja besser zu zweien als **allein** … Fällt einer von ihnen, so hilft ihm sein Gesell auf. Weh dem, der allein ist, wenn er fällt! Dann ist kein anderer da, der ihm aufhilft.

Pred 4,9–10.

So halten wir nun dafür, dass der Mensch gerecht wird ohne des Gesetzes Werke, **allein** durch den Glauben.

Röm 3,28. → So halten wir nun dafür, dass der Mensch gerecht wird ohne des Gesetzes Werke, allein durch den **Glauben**.

(Gott,) welcher will, dass **allen** Menschen geholfen werde und sie zur Erkenntnis der Wahrheit kommen. Denn es ist e i n Gott und e i n Mittler zwischen Gott und den Menschen, nämlich der Mensch Christus Jesus, der sich selbst gegeben hat für alle zur Erlösung.

1Tim 2,4–6. – Weil der *eine* Gott der Schöpfer *aller* Menschen ist und es nur den *einen* Mittler gibt, der für *alle* Menschen starb, ist grundsätzlich kein Mensch vom Heil und von der »Erkenntnis der Wahrheit«, einem der christlichen Botschaft entsprechenden Lebenswandel, ausgeschlossen.

(Jesus sagt zu den Jüngern:) Wenn ihr **alles** getan habt, was euch befohlen ist, so sprecht: Wir sind unnütze Knechte; wir haben getan, was wir zu tun schuldig waren.

Lk 17,10. – Indem Jesus seine Jünger mit Knechten oder Sklaven vergleicht, will er sagen: Gegenüber *Gott* sind wir zum restlosen Gehorsam verpflichtet, der keinen Dank, d. h. keinen Lohn, beanspruchen darf.

Alles ist euer, ihr aber seid Christi, Christus aber ist Gottes.

1Kor 3,22–23. – In der Bindung an Christus, zu dem Gott Ja gesagt und den er über alle Mächte erhöht hat (Phil 2,9–11), ist der Glaubende frei von den Mächten und Gefährdungen dieser Welt; ihm »gehört« die ganze Welt, denn er ist über sie erhaben.

Ich vermag **alles** durch den, der mich mächtig macht.

Phil 4,13.

Ich will den HERRN loben **allezeit**; sein Lob soll immerdar in meinem Munde sein.

Ps 34,2.

(Gott spricht zu Abraham:) Ich bin der **allmächtige** Gott; wandle vor mir und sei fromm.

1Mose 17,1. – Die Bedeutung des hebräischen Gottesnamens *schaddaj*, den die griechische Übersetzung des Alten Testaments mehrfach mit *pantokrátōr*, »allmächtig«, wiedergibt (z.B. Hiob 8,5; 11,7; 15,25), ist ungeklärt.

Sei nicht **allzu** gerecht und nicht allzu weise, damit du dich nicht zugrunde richtest.

Pred 7,16.

Sie (die Glaubenden) sind **allzumal** Sünder.

Röm 3,23 nach der Übersetzung Luthers; in der heutigen Lutherbibel lautet der Text: »Sie sind allesamt Sünder.« – Davon leitet sich die Redewendung »Wir sind allzumal Sünder« ab.

(Samuel sagt:) Ich aber bin **alt** und grau geworden.

1Sam 12,2.

Verachte einen Menschen nicht, weil er **alt** ist; denn wir werden ja wohl auch alt werden.

Sir 8,7.

Zuflucht ist bei dem **alten** Gott und unter den ewigen Armen.

5Mose 33,27. – Der Text spricht wörtlich übersetzt vom »Gott der Urzeit (hebr. *qaedaem*)«; die »Arme« sind ein Bild für den Schutz, die Hilfe Gottes und werden »ewig« genannt, weil Gott der Ewige ist.

Der **Alten** Krone sind Kindeskinder, und der Kinder Ehre sind ihre Väter.

Spr 17,6. – Hier werden die Generationen untereinander als gegenseitige Erfüllung hingestellt.

Lerne gern von den **Alten**, und wo ein weiser Mann ist, schließ dich ihm an.

Sir 6,35.

Das ist die Krone der **Alten**, wenn sie viel erfahren haben.

Sir 25,8.

Biblisches **Alter**.

Dieser Ausdruck beruht auf den hohen Altersangaben für Adam und seine Nachkommen (1Mose 5,3–32; 11,10–26.32).

Verwirf mich nicht in meinem **Alter**.

Ps 71,9.

(Jesus sagt:) Niemand flickt ein **altes** Kleid mit einem Lappen von neuem Tuch; denn der Lappen reißt doch wieder vom Kleid ab und der Riss wird ärger. Man füllt auch nicht neuen Wein in alte Schläuche; sonst zerreißen die Schläuche und der Wein wird verschüttet und die Schläuche verderben. Sondern man füllt neuen Wein in neue Schläuche, so bleiben beide miteinander erhalten.

Mt 9,16–17 (ähnlich Mk 2,21–22; Lk 5,36–38). – Das Doppelgleichnis, das ausdrücklich Erfahrungen nennt, warnt wohl vor der Halbheit.

Die ungeistlichen **Altweiberfabeln** aber weise zurück.

1Tim 4,7. – Wörtlich übersetzt spricht der Text von »altweiberlichen Mythen«; es handelt sich vielleicht um allegorische Spekulationen über das Alte Testament.

Geh hin zur **Ameise**, du Fauler, sieh an ihr Tun und lerne von ihr! Wenn sie auch keinen Fürsten noch Hauptmann noch Herrn hat, so bereitet sie doch ihr Brot im Sommer und sammelt ihre Speise in der Ernte.

Spr 6,6–8.

Was deines **Amtes** nicht ist, da laß deinen Vorwitz.

Sir 3,24 nach der älteren Revision der Lutherbibel; in der heutigen Lutherbibel lautet der Text: »Mit dem, was dich nichts angeht, gib dich nicht ab.«

So jemand den Herrn Jesus Christus nicht liebhat, der sei **anathema**.

1Kor 16,22 nach der Übersetzung Luthers; in der heutigen Lutherbibel lautet der Text: »Wenn jemand den Herrn nicht lieb hat, der sei verflucht.« – In der katholischen Kirche bedeutet »Anathema« Kirchenbann, Verurteilung von Irrlehrern, die durch die lateinische Formel *anathema sit*, »der sei verflucht«, ausgesprochen wird.

(Die Hohenpriester, Schriftgelehrten und Ältesten spotten über Jesus am Kreuz:) **Andern** hat er geholfen und kann sich selber nicht helfen. Ist er der König von Israel, so steige er nun vom Kreuz herab.

Mt 27,42 (ähnlich Mk 15,31–32; Lk 23,35).

(Im »Gleichnis vom Pharisäer und Zöllner« Lk 18,10–14 sagt der Pharisäer:) Ich danke dir, Gott, dass ich nicht bin wie die **andern** Leute.

Lk 18,11.

Lasst uns laufen mit Geduld in dem Kampf, der uns bestimmt ist, und aufsehen zu Jesus, dem **Anfänger** und Vollender des Glaubens.

Hebr 12,1–2. – Im Bild vom (Laufwett-)Kampf laufen die Glaubenden dem Anführer und Vorbild Jesus hinterher, der mit seinem Gehorsam Urheber (»Anfänger«) des Glaubens wurde und durch seine Auferweckung als Erster ans Ziel gekommen, vollendet, ist und die Glaubenden als »Vollender« ans Ziel führt.

Ehe du etwas **anfängst**, überleg dir's zuvor; und ehe du etwas tust, geh mit dir zu Rate.

Sir 37,20.

Am **Anfang** schuf Gott Himmel und Erde.

1Mose 1,1.

Im **Anfang** war das Wort, und das Wort war bei Gott, und Gott war das Wort.

Joh 1,1. → Im Anfang war das **Wort**, und das Wort war bei Gott, und Gott war das Wort.

Mein Kind, willst du Gottes Diener sein, so bereite dich auf **Anfechtung** vor. Mache dein Herz bereit und steh fest und wanke nicht, wenn sie über dich kommt.

Sir 2,1–2.

(Jesus sagt zu den Jüngern:) Wachet und betet, dass ihr nicht in **Anfechtung** fallt!

Mt 26,41 (ähnlich Mk 14,38; Lk 22,40.46). – Das griechische Wort *peirasmós* übersetzt Luther manchmal mit »Anfechtung« (z.B. Lk 8,13; 22,40.46), manchmal mit »Versuchung« (z.B. Mk 14,38; 1Kor 10,13). Im zitierten Text mahnt Jesus die Jünger, ihm in der bevorstehenden Not treu zu bleiben.

Selig ist der Mann, der die **Anfechtung** erduldet; denn nachdem er bewährt ist, wird er die Krone des Lebens empfangen, die Gott verheißen hat denen, die ihn lieb haben.

Jak 1,12.

Ich bin darin guter Zuversicht, dass der in euch **angefangen** hat das gute Werk, der wird's auch vollenden bis an den Tag Christi Jesu.

Phil 1,6.

Mit dem, was dich nichts **angeht**, gib dich nicht ab.

Sir 3,24.

(Petrus sagt:) Nun erfahre ich in Wahrheit, dass Gott die Person nicht ansieht; sondern in jedem Volk, wer ihn fürchtet und recht tut, der ist ihm **angenehm**.

Apg 10,34–35.

(Mose sagt zu den Israeliten:) Nicht hat euch der HERR **angenommen** und euch erwählt, weil ihr größer wäret als alle Völker – denn du bist das kleinste unter allen Völkern –, sondern weil er euch geliebt hat.

5Mose 7,7–8.

Der HERR aber redete mit Mose von **Angesicht** zu Angesicht.

2Mose 33,11 (ähnlich 5Mose 34,10).

Der HERR lasse sein **Angesicht** leuchten über dir und sei dir gnädig; der HERR hebe sein Angesicht über dich und gebe dir Frieden.

4Mose 6,25–26. – Die Verwendung des Ausdrucks »Angesicht Gottes / des HERRN« geht teilweise auf außerisraelitische Religionen, die Götterbilder kannten, zurück (z. B. »das Angesicht Gottes suchen« = »den Tempel aufsuchen«, Ps 24,6; 27,8), teilweise auf das Hofzeremoniell; von diesem ist die Vorstellung übernommen, dass Gott dem Gerechten sein gnädiges Angesicht zuwendet, während er es vor dem Frevler im Zorn verbirgt. Der zitierte Text ist – mitsamt den in V. 24 vorangehenden Worten »Der HERR segne dich und behüte dich« – der »Aaronitische Segen«, der am Schluss des Gottesdienstes gesprochen wird.

Wann werde ich dahin kommen, dass ich Gottes **Angesicht** schaue?

Ps 42,3.

Verwirf mich nicht von deinem (Gottes) **Angesicht**, und nimm deinen Heiligen Geist nicht von mir.

Ps 51,13. – Der »Geist« Gottes meint hier wahrscheinlich seine heilvolle Gegenwart.

Wie sich im Wasser das **Angesicht** spiegelt, so ein Mensch im Herzen des andern.

Spr 27,19.

(Der »Knecht Gottes« sagt:) Mein **Angesicht** verbarg ich nicht vor Schmach und Speichel.

Jes 50,6.

Angst und bange werden.
Ihm (dem König von Babel) wird so angst und bange werden wie einer Frau in Kindesnöten.

Jer 50,43 (»angst und bange werden« auch Hes 30,16; Dan 5,9; 1Makk 9,7).

Wenn sie (die Weisheit) sich auch anfangs verstellt und ihm (der ihr vertraut) **Angst** und Bange macht, … so wird sie doch dann wieder zu ihm kommen.

Sir 4,18–20.

(Jesus sagt zu den Jüngern:) In der Welt habt ihr **Angst**; aber seid getrost, ich habe die Welt überwunden.

Joh 16,33.

Anklopfen → **Klopfet an**, so wird euch aufgetan.

Wirf dein **Anliegen** auf den HERRN; der wird dich versorgen und wird den Gerechten in Ewigkeit nicht wanken lassen.

Ps 55,23. – Das hebräische Wort, das Luther mit »Anliegen« übersetzt, bedeutet »Last«, und das von Luther mit »versorgen« übersetzte Wort ist im Sinne von »mit Lebensmitteln versorgen« (wie z. B. 1Mose 45,11; 2Sam 19,33–34; 1Kön 4,7) gemeint.

Annehmen → Dieser **nimmt** die Sünder **an** und isst mit ihnen.

Annehmen → **Nehmt** einander **an**, wie Christus euch angenommen hat zu Gottes Lob.

Wenn du, HERR, Sünden **anrechnen** willst – Herr, wer wird bestehen?

Ps 130,3. – Das hebräische Wort, das Luther mit »anrechnen« übersetzt, gibt man zutreffender mit »(im Gedächtnis) bewahren« (wie 1Mose 37,11) oder »beachten, achtgeben auf« (wie z. B. Hiob 33,11; Ps 56,7) wieder.

Anrechnen → Herr, **rechne** ihnen diese Sünde nicht **an**!

Anrühren → **Rühre** mich nicht **an**!

Anrufen → **Rufe** mich **an** in der Not, so will ich dich erretten und du sollst mich preisen.

Anrufen → **Rufe** mich **an**, so will ich dir antworten und will dir kundtun große und unfassbare Dinge, von denen du nichts weißt.

Wer des HERRN Namen **anrufen** wird, der soll errettet werden.

Joel 3,5 (zitiert in Röm 10,13).

Fürsten, Herren und Regenten stehen in hohem **Ansehen**; aber so groß sind sie doch nicht wie der, der Gott fürchtet.

Sir 10,27.

Ohne **Ansehen** der Person.

Da ihr den als Vater anruft, der ohne Ansehen der Person einen jeden richtet nach seinem Werk, so führt euer Leben, solange ihr hier in der Fremde weilt, in Gottesfurcht.

1Petr 1,17 (ähnlich z. B. Röm 2,11; Eph 6,9). – Der griechische Ausdruck, der wörtlich »Erheben des Angesichts« bedeutet, geht auf die hebräische Wendung »das Angesicht (jemandes) erheben« zurück, die das ungerechtfertigte Parteiergreifen meint (z. B. 5Mose 10,17; 2Chr 19,7).

Iss, was dir vorgesetzt wird ... Um des **Anstandes** willen höre du zuerst auf.

Sir 31,19–20. – Diese Mahnung steht in einem Abschnitt, der vor Unmäßigkeit im Essen und Trinken warnt (V. 12–40); das griechische Wort *paideía*, das mit »Anstand« übersetzt wird, bedeutet eigentlich »Erziehung«.

Antichrist.

Kinder, es ist die letzte Stunde! Und wie ihr gehört habt, dass der Antichrist kommt, so sind nun schon viele Antichriste gekommen; darin erkennen wir, dass es die letzte Stunde ist.

1Joh 2,18 (»Antichrist« ferner V. 22; 4,3; 2Joh 7). – »Antichriste« heißen hier in der Endzeit auftretende Gegner Christi, nämlich Irrlehrer. In einem weiteren Sprachgebrauch werden dämonische Widersacher Gottes in der Endzeit als »Antichriste« bezeichnet (z. B. »der Mensch der Bosheit, der Sohn des Verderbens« 2Thess 2,3; oder der »Drache« Offb 12,3–18). Später hat man den Antichrist oft mit historischen Persönlichkeiten (z. B. Nero, Mohammed, dem Papst) gleichgesetzt.

Als das Elia hörte, verhüllte er sein **Antlitz** mit seinem Mantel.

1Kön 19,13. – Das hebräische und griechische Wort, das Luther mit »Antlitz« wiedergibt, ist dasselbe, das er mit »Angesicht« übersetzt.

Mein Herz hält dir vor dein (Gottes) Wort: »Ihr sollt mein **Antlitz** suchen.« Darum suche ich auch, HERR, dein Antlitz.

Ps 27,8.

Eine linde **Antwort** stillt den Zorn; aber ein hartes Wort erregt Grimm.

Spr 15,1.

Eine richtige **Antwort** ist wie ein lieblicher Kuss.

Spr 24,26.

(Der Hohepriester Jonatan schreibt in einem Brief an die Spartaner:) … und bitten um **Antwort**.

1Makk 12,18.

Wer **antwortet**, ehe er hört, dem ist's Torheit und Schande.

Spr 18,13.

Schäme dich, … auszuplaudern, was dir **anvertraut** wurde.

Sir 41,29.

Anvertrautes Pfund.

»Von den anvertrauten Pfunden« lautet in der Lutherbibel die Überschrift zu dem Gleichnis Lk 19,12–27 (die Überschrift zu dem ähnlichen Gleichnis Mt 25,14–30 lautet in der Lutherbibel: »Von den anvertrauten Zentnern«).

Du wirst dich nähren von deiner Hände **Arbeit**; wohl dir, du hast's gut.

Ps 128,2.

So sah ich denn, dass nichts Besseres ist, als dass ein Mensch fröhlich sei in seiner **Arbeit**.

Pred 3,22.

(Gott spricht zu Israel:) Mir hast du **Arbeit** gemacht mit deinen Sünden und hast mir Mühe gemacht mit deinen Missetaten. Ich, ich tilge deine Übertretungen um meinetwillen und gedenke deiner Sünden nicht.

Jes 43,24–25. – Der Prophet sagt hier im Namen Gottes, dass Gott viel Mühe damit hatte, Israels Sünden zu beseitigen, wobei der Begriff »Sünde« oder »Missetat« im Alten Testament nicht nur die *Schuld*, die ein Mensch auf sich lädt, sondern auch so etwas wie eine Unheilssphäre meint, die durch ein Fehlverhalten entsteht und die den Täter und seine Umgebung vergiftet.

Jeder aber wird seinen Lohn empfangen nach seiner **Arbeit**.

1Kor 3,8.

Besser **arbeiten** und dabei reich werden als aufschneiden und ein Bettler bleiben.

Sir 10,30.

Wer nicht **arbeiten** will, der soll auch nicht essen.

2Thess 3,10.

(Jesus sagt:) Ein **Arbeiter** ist seiner Speise wert.

Mt 10,10.

Die **Arbeiter** im Weinberg.
(Jesus sagt:) Das Himmelreich gleicht einem Hausherrn, der früh am Morgen ausging, um Arbeiter für seinen Weinberg einzustellen.

Mt 20,1. – Dieser Satz leitet das »Gleichnis von den Arbeitern im Weinberg« (V. 1–15) ein, in dem Jesus einen Weinbergbesitzer schildert, der Arbeiter für einen Tag anwirbt und ihnen, obwohl sie unterschiedlich lange gearbeitet haben, am Abend den gleichen Lohn auszahlt, weil er »gütig« ist; so wird *Gottes* Güte jedem zuteil, der sich bekehrt, mag das nun zu einem frühen oder späten Zeitpunkt geschehen.

(Jesus sagt:) Ein **Arbeiter** ist seines Lohnes wert.

Lk 10,7 (= 1Tim 5,18).

Wo man **arbeitet**, da ist Gewinn; wo man aber nur mit Worten umgeht, da ist Mangel.

Spr 14,23.

(Der alte Tobias sagt zum jungen:) Wer für dich **arbeitet**, dem gib sogleich seinen Lohn und enthalte dem Tagelöhner den Lohn nicht vor.

Tob 4,15.

(Gott spricht zu Noah:) Du sollst in die **Arche** gehen mit deinen Söhnen, mit deiner Frau und mit den Frauen deiner Söhne. Und du sollst in die Arche bringen von allen Tieren … je ein Paar, Männchen und Weibchen, dass sie leben bleiben mit dir.

1Mose 6,18–19. – Unser Wort »Arche«, abgeleitet von lat. *arca*, »Kasten«, wird nur für die »Arche Noah« verwendet, das kastenartige Schiff, in dem Noah mit seiner Familie und mindestens je einem Tierpaar der Sintflut entkam.

Im **Argen** liegen.

Wir wissen, dass wir von Gott sind, und die ganze Welt liegt im Argen.

1Joh 5,19. – Während heutzutage die Redewendung »im Argen liegen« so viel bedeutet wie »in einer verworrenen, ungeordneten Lage sein«, spricht der griechische Urtext davon, dass die Welt »im Bösen liegt«, der Macht des Bösen unterworfen ist.

Keiner ersinne **Arges** in seinem Herzen gegen seinen Nächsten, und liebt nicht falsche Eide; denn das alles hasse ich, spricht der HERR.

Sach 8,17. – »Arges« steht hier für »Böses«.

Es ist besser, **arm** zu sein und dabei frisch und gesund als reich und nicht gesund.

Sir 30,14.

(Jesus sagt:) Selig sind, die da geistlich **arm** sind; denn ihrer ist das Himmelreich.

Mt 5,3. – Als »geistlich Arme« – der ähnliche Text Lk 6,20 (»selig seid ihr Armen; denn das Reich Gottes ist euer«) meint die materiell Armen – werden hier Menschen bezeichnet, die in ihrem Inneren »arm«, d. h. demütig vor Gott, sind. Der Ausdruck »Himmelreich«, wörtlich »Königsherrschaft der Himmel« (griech. *basilḗia tōn ūranṓn*) kommt nur bei Matthäus vor (z. B. 3,2; 11,11; 13,24; 19,23).

Ihr kennt die Gnade unseres Herrn Jesus Christus: obwohl er reich ist, wurde er doch **arm** um euretwillen, damit ihr durch seine Armut reich würdet.

2Kor 8,9.

Reiche und **Arme** begegnen einander; der HERR hat sie alle gemacht.

Spr 22,2. – Jeder hat – unabhängig von seiner sozialen Stellung in der Gesellschaft – vor Gott die gleiche Würde als Mensch.

(Jesus sagt zu den Jüngern:) **Arme** habt ihr allezeit bei euch, mich aber habt ihr nicht allezeit.

Mt 26,11 (= Joh 12,8; ähnlich Mk 14,7). – In der Erzählung V. 6–13 (ähnlich Mk 14,3–9; Joh 12,1–8) salbt eine Frau das Haupt Jesu mit einem kostbaren Öl; den Vorwurf der Jünger, das sei Verschwendung (V. 8–9; ähnlich Mk 14,4–5; Joh 12,4–5), weist Jesus mit dem zitierten Satz zurück: Die Zeit Jesu ist herausgehobene Zeit, und darum ist ihm gegenüber ein Handeln erlaubt, das die Maßstäbe des gewöhnlichen Alltags überschreitet.

Wer sich des **Armen** erbarmt, der leiht dem HERRN, und der wird ihm vergelten, was er Gutes getan hat.

Spr 19,17. – Die dem Armen erwiesene Wohltat, die der Arme ja nicht erstatten kann, ist gleichsam eine Anleihe an Gott, die er dem Wohltäter ›zurückzahlt‹.

(Jesus sagt:) Selig seid ihr **Armen**; denn das Reich Gottes ist euer.

Lk 6,20.

Besser ein **Armer**, der in seiner Unsträflichkeit wandelt, als ein Reicher, der auf verkehrten Wegen geht.

Spr 28,6 (ähnlich 19,1).

(Gott spricht zu Israel:) Ich will in dir übrig lassen ein **armes** und geringes Volk; die werden auf des HERRN Namen trauen.

Zef 3,12. – Dieses Wort stammt aus der Zeit des Babylonischen Exils oder danach und kündigt an, dass der auf ein »armes und geringes (d. h. demütiges) Volk« reduzierte Rest Israels Gott vertraut und gehorcht.

Bleib deinem Freund in seiner **Armut** treu, damit du dich mit ihm freuen kannst, wenn's ihm wieder gut geht.

Sir 22,28.

Der Herr lässt die **Arznei** aus der Erde wachsen, und ein Vernünftiger verachtet sie nicht.

Sir 38,4.

Ich bin der HERR, dein (Israels) **Arzt**.

2Mose 15,26.

Ehre den **Arzt** mit gebührender Verehrung, damit du ihn hast, wenn du ihn brauchst.

Sir 38,1.

(Jesus sagt zu den Bürgern von Nazareth:) Ihr werdet mir freilich dies Sprichwort sagen: **Arzt**, hilf dir selber! Denn wie große Dinge haben wir gehört, die in Kapernaum geschehen sind! Tu so auch hier in deiner Vaterstadt!

Lk 4,23. – Nach diesem Text weiß Jesus im Voraus, dass seine Zuhörer kommen werden, um für sich dieselben Wundertaten zu fordern, die er sogleich in Kapernaum tun wird (V. 31–41); Jesus soll sich »selbst heilen«, d. h. seinen Anspruch, der Messias zu sein (V. 18–21), beweisen.

(Jesus sagt:) Die Starken bedürfen des **Arztes** nicht, sondern die Kranken.

Mt 9,12 (ähnlich Mk 2,17; in Lk 5,31 ist von den »Gesunden« statt den »Starken« die Rede).

An diesem Tage fasteten sie (die Juden) und zogen Trauergewänder an, streuten **Asche** auf ihr Haupt und zerrissen ihre Kleider.

1Makk 3,47. – Das Streuen von Asche oder Staub aufs Haupt gehörte zu den »Minderungsriten«, zu den Bräuchen, mit denen man seine Selbstdemütigung oder seine Trauer – verursacht durch einen Todesfall, durch ein Unglück oder durch erlittene Gewalt – zum Ausdruck brachte. Andere Formen der »Minderungsriten« sind z. B., dass man seine Kleider zerriss, das Sackgewand trug, im Staub (in der Asche) saß oder sich an die Brust schlug.

Er (Gott) weidet mich auf einer grünen **Aue** und führet mich zum frischen Wasser. Er erquicket meine Seele.

Ps 23,2–3a. – Hier wird das Bild von Gott als dem Hirten (V. 1) entfaltet: Er versorgt den Frommen und richtet seine »Seele«, seine Lebenskraft, wieder auf.

(Die Jünger sagen:) Der Herr ist wahrhaftig **auferstanden**.

Lk 24,34.

Ist aber Christus nicht **auferstanden**, so ist unsre Predigt vergeblich, so ist auch euer Glaube vergeblich.

1Kor 15,14. – Paulus setzt sich hier mit Christen auseinander, die glaubten, durch die Taufe bereits mit Christus auferstanden und vollendet zu sein; demgegenüber betont Paulus, dass die Botschaft vom Heilshandeln Gottes im Kreuz und in der Auferweckung Jesu Christi den Glauben an die zukünftige Auferweckung der *Toten* einschließt.

Nun aber ist Christus **auferstanden** von den Toten als Erstling unter denen, die entschlafen sind.

1Kor 15,20.

Es wird gesät verweslich und wird **auferstehen** unverweslich. Es wird gesät in Niedrigkeit und wird auferstehen in Herrlichkeit. Es wird gesät in Armseligkeit und wird auferstehen in Kraft. Es wird gesät ein natürlicher Leib und wird auferstehen ein geistlicher Leib.

1Kor 15,42–44.

(Jesus sagt:) Es kommt die Stunde, in der alle, die in den Gräbern sind, seine (Jesu) Stimme hören werden und werden hervorgehen, die Gutes getan haben, zur **Auferstehung** des Lebens, die aber Böses getan haben, zur Auferstehung des Gerichts.

Joh 5,28–29.

(Jesus sagt:) Ich bin die **Auferstehung** und das Leben. Wer an mich glaubt, der wird leben, auch wenn er stirbt; und wer da lebt und glaubt an mich, der wird nimmermehr sterben.

Joh 11,25–26.

Vom **Aufgang** der Sonne bis zu ihrem Niedergang sei gelobet der Name des HERRN!

Ps 113,3.

Aufhalten → **Haltet** mich nicht **auf**, denn der HERR hat Gnade zu meiner Reise gegeben.

Aufhören → Die Liebe **hört** niemals **auf**.

Aufmachen → **Mache** dich **auf**, werde licht.

Aufnehmen → **Nimm** nicht jeden bei dir **auf**; denn die Welt ist voller List und Verleumdung.

(Jesus sagt zu den Jüngern:) Wer euch **aufnimmt**, der nimmt mich auf; und wer mich aufnimmt, der nimmt den auf, der mich gesandt hat.

Mt 10,40 (in Lk 10,16 heißt es: »Wer euch hört, der hört mich; und wer euch verachtet, der verachtet mich; wer aber mich verachtet, der verachtet den, der mich gesandt hat«).

Er (Gott) lässt es den **Aufrichtigen** gelingen und beschirmt die Frommen.

Spr 2,7.

Aufsehen → Wenn aber dieses anfängt zu geschehen, dann **seht auf** und erhebt eure Häupter.

(Ein »Hebräer« sagt zu Mose:) Wer hat dich zum **Aufseher** oder Richter über uns gesetzt?

2Mose 2,14 (zitiert in Apg 7,27 und 35).

Aufwachen → **Wach auf**, meine Seele, wach auf, Psalter und Harfe.

Viele, die unter der Erde schlafen liegen, werden **aufwachen**, die einen zum ewigen Leben, die andern zu ewiger Schmach und Schande.

Dan 12,2. – Mit den »vielen«, die in der Endzeit auferstehen, ist wohl das Volk Israel gemeint; der Text lässt aber nicht erkennen, nach welchem Maßstab den einen das ewige Leben, den anderen die ewige Verdammnis zuteil werden soll.

Aufwachen → **Wach auf**, der du schläfst, und steh auf von den Toten, so wird dich Christus erleuchten.

Er (Gott) behütete ihn (Jakob, d. h. Israel) wie seinen **Augapfel**.

5Mose 32,10 (ähnlich Sach 2,12: »Wer euch [die Israeliten] antastet, der tastet meinen [Gottes] Augapfel an«).

Behüte mich wie einen **Augapfel** im Auge.

Ps 17,8.

Entsteht ein dauernder Schaden, so sollst du geben Leben um Leben, **Auge** um Auge, Zahn um Zahn.

2Mose 21,23–24 (ähnlich 3Mose 24,20; 5Mose 19,21; teilweise zitiert in Mt 5,38). – Dieser Rechtssatz, wonach jemandem, der einen Körperschaden verursacht hat, genau derselbe Körperschaden zugefügt werden soll, will nicht der schrankenlosen Rache das Wort reden, sondern er gilt nur für das Rechtsverfahren im Falle von Körperverletzung; da das israelitische Recht weitgehend anstelle der Vergeltung die Ersatzleistung vorsieht, handelt es sich bei diesem Rechtssatz offenbar um eine Faustregel für den Richter, der herausfinden soll, was dem Täter sein Leben, sein Auge, sein Zahn wert sind, um danach die Höhe der Buße zu bestimmen.

Ein hörendes Ohr und ein sehendes **Auge**, die macht beide der HERR.

Spr 20,12. – Der Spruch meint wohl: Gott schuf dem Menschen zwei Wahrnehmungsorgane, mit denen er über das Hören die Lehre, über das Sehen die Erfahrung aufnehmen kann; es liegt an ihm, von beidem Gebrauch zu machen.

Wer ein gütiges **Auge** hat, wird gesegnet.

Spr 22,9.

Ein **Auge**, das den Vater verspottet, und verachtet, der Mutter zu gehorchen, das müssen die Raben am Bach aushacken und die jungen Adler fressen.

Spr 30,17.

Das **Auge** sieht sich niemals satt, und das Ohr hört sich niemals satt.

Pred 1,8.

Kein Ohr hat gehört, kein **Auge** hat gesehen einen Gott außer dir, der so wohltut denen, die auf ihn harren.

Jes 64,3 (teilweise zitiert in 1Kor 2,9).

(Jesus sagt:) Wenn dich aber dein rechtes **Auge** zum Abfall verführt, so reiß es aus.

Mt 5,29 (ähnlich 18,9; Mk 9,47). – Hier liegt ein Bild vor, das die Mahnung enthält, sich von allem zu befreien, was die Gemeinschaft mit Gott hindert.

(Jesus sagt:) Das **Auge** ist das Licht des Leibes. Wenn dein Auge lauter ist, so wird dein ganzer Leib licht sein.

Mt 6,22 (ähnlich Lk 11,34). – Das Auge ist hier wohl im übertragenen Sinne als Wahrnehmungsorgan für alles Göttliche verstanden: Wenn der Mensch in Lauterkeit auf Gott ausschaut, wird er zur Erleuchtung kommen, wird sein ganzes Leben dem Willen Gottes entsprechen.

(Die Schlange sagt zu Adam und Eva:) An dem Tage, da ihr davon (den Früchten des Baumes der Erkenntnis) esst, werden eure **Augen** aufgetan, und ihr werdet sein wie Gott und wissen, was gut und böse ist.

1Mose 3,5. – Das hebräische Wort, das Luther mit »wissen« übersetzt, bedeutet auch »erkennen« und gehört unmittelbar zu dem Wort für »Erkenntnis« (des Guten und Bösen) (2,17).

Ein **Auge** auf jemanden werfen.
Es begab sich danach, dass seines (Josefs) Herrn Frau ihre Augen auf Josef warf und sprach: Lege dich zu mir!

1Mose 39,7.

(Der Pharao sagt zu Mose:) Geh von mir und hüte dich, dass du mir nicht mehr vor die **Augen** kommst.

2Mose 10,28.

(Saul sagt:) Mir wird schwarz vor den **Augen**.

2Sam 1,9.

(Der Seher Hanani sagt:) Des HERRN **Augen** schauen alle Lande, dass er stärke die, die mit ganzem Herzen bei ihm sind.

2Chr 16,9.

Sie (die Götzen) haben **Augen** und sehen nicht, sie haben Ohren und hören nicht.

Ps 115,5–6 (= 135,16–17).

Öffne mir die **Augen**, dass ich sehe die Wunder an deinem (Gottes) Gesetz.

Ps 119,18.

Ich hebe meine **Augen** auf zu den Bergen. Woher kommt mir Hilfe? Meine Hilfe kommt vom HERRN, der Himmel und Erde gemacht hat.

Ps 121,1–2. – Es handelt sich anscheinend um das Selbstgespräch eines Menschen, der sich auf einer gefahrvollen Reise durch die Berge befindet. Als Schöpfer des Himmels und der Erde wird Gott auch z. B. 124,8; 134,3; Spr 3,19; Jes 42,5; Apg 4,24 bezeichnet.

Aller **Augen** warten auf dich (Gott), und du gibst ihnen ihre Speise zur rechten Zeit.

Ps 145,15.

Es ist das Licht süß, und den **Augen** lieblich, die Sonne zu sehen.

Pred 11,7.

Ich habe mir fast die **Augen** ausgeweint.

Klgl 2,11. – Hier beschreibt der Dichter der »Klagelieder« seine Trauer über das Leid Jerusalems während der Besetzung durch die Babylonier.

(Der alte Tobias sagt zum jungen:) Dein Leben lang habe Gott vor **Augen** und im Herzen und hüte dich davor, jemals in eine Sünde einzuwilligen und gegen die Gebote unsres Gottes zu handeln.

Tob 4,6.

Was einer im Sinn hat, das sieht man ihm an den **Augen** an.

Sir 13,31.

Die **Augen** des Herrn sehen auf die, die ihn lieb haben.

Sir 34,19.

Die Werke aller Menschen sind vor ihm (Gott), und vor seinen **Augen** ist nichts verborgen.

Sir 39,24.

(Jesus sagt:) Mit sehenden **Augen** sehen sie (die Jesus nicht verstehen) nicht.

Mt 13,13 (ähnlich Mk 4,12; Lk 8,10).

Jesus gingen (am Grab des Lazarus) die **Augen** über.

Joh 11,35.

Sein (Gottes) Zorn währet einen **Augenblick** und lebenslang seine Gnade. Den Abend lang währet das Weinen, aber des Morgens ist Freude.

Ps 30,6.

Ich habe dich (Israel) einen kleinen **Augenblick** verlassen, aber mit großer Barmherzigkeit will ich dich sammeln. Ich habe mein Angesicht im Augenblick des Zorns ein wenig vor dir verborgen, aber mit ewiger Gnade will ich mich deiner erbarmen, spricht der HERR, dein Erlöser.

Jes 54,7–8.

Die Güte des HERRN ist's, dass wir nicht gar **aus** sind.

Klgl 3,22. – Das hebräische Wort, das Luther mit »aus sein« übersetzt, bedeutet »ein Ende nehmen, aufhören«; allerdings ändern die Ausleger dieses Wort, so dass der Text lautet: »Die Gnadenerweise des HERRN nehmen kein Ende.«

So führte er (Gott) sein Volk in Freuden heraus und seine **Auserwählten** mit Jubel.

Ps 105,43. – Daher – und von anderen Stellen (z.B. Jes 43,20; 65,9) – stammt die Bezeichnung »auserwähltes Volk« für Israel.

Der HERR behüte deinen **Ausgang** und Eingang von nun an bis in Ewigkeit!

Ps 121,8.

Auskaufen → **Kauft** die Zeit **aus**; denn es ist böse Zeit.

(Jesus sagt:) Wenn du nun Almosen gibst, sollst du es nicht vor dir **ausposaunen** lassen, wie es die Heuchler tun in den Synagogen und auf den Gassen, damit sie von den Leuten gepriesen werden.

Mt 6,2.

Du sollst nicht urteilen, ehe du die Sache gehört hast, und lass dir Leute erst **ausreden**.

Sir 11,8.

Ich, ich bin der HERR, und **außer** mir ist kein Heiland.

Jes 43,11.

Austeilen → Einer **teilt** reichlich **aus** und hat immer mehr.

Ave Maria (lat., »sei gegrüßt, Maria«).

(Der Engel Gabriel sagt zu Maria:) Sei gegrüßt, du Begnadete!

Lk 1,28. – Die Worte *Ave Maria* sind der Anfang des volkstümlichsten Gebetes der Katholiken an Maria.

Die **Axt** an die Wurzel legen.

(Johannes der Täufer sagt:) Es ist schon die Axt den Bäumen an die Wurzel gelegt. Darum: jeder Baum, der nicht gute Frucht bringt, wird abgehauen und ins Feuer geworfen.

Mt 3,10 (ähnlich Lk 3,9). – Mit dem Bild von der Axt, die schlagbereit am Wurzelwerk des Baumes liegt, will Johannes zum Ausdruck bringen: Das entscheidende Handeln Gottes steht unmittelbar bevor.

B

(Gott spricht:) Ich will übrig lassen siebentausend in Israel, alle Knie, die sich nicht gebeugt haben vor **Baal**, und jeden Mund, der ihn nicht geküsst hat.

1Kön 19,18 (leicht abgewandelt zitiert in Röm 11,4). – Das hebräische Wort *ba'al*, »Herr, Besitzer«, bezeichnet kanaanäische, nichtisraelitische Gottheiten (z.B. Richt 2,11; 1Kön 16,31–32; Hos 2,15).

(Ein Engel sagt:) Sie ist gefallen, sie ist gefallen, **Babylon**, die große Stadt.

Offb 14,8. – Babylon, die Hauptstadt des Neubabylonischen Reiches, das die Selbständigkeit des Staates Juda vernichtete (2Kön 25,1–21), wurde zum Inbegriff der stolzen und bösen Macht (z.B. Jes 13), und im Neuen Testament ist »Babylon« Deckname für das die Christen verfolgende Rom (ferner z.B. 1Petr 5,13; Offb 16,19; 18,2).

Babylonische (Sprach-)Verwirrung.

Dieser Ausdruck beruht auf der Erzählung vom »Turmbau zu Babel« 1Mose 11,1–9, wo am Schluss der Name »Babel« (das ist Babylon) von dem hebräischen Wort für »verwirren« abgeleitet wird: »Daher heißt ihr Name Babel, weil der HERR daselbst verwirrt hat aller Länder Sprache« (V. 9).

(Jesus sagt:) Wenn dich jemand auf deine rechte **Backe** schlägt, dem biete die andere auch dar.

Mt 5,39 (ähnlich Lk 6,29). – Dieses Wort soll man wohl nicht als allgemeingültiges Gesetz einer »Dulder-Ethik« verstehen, sondern als radikalen Ausdruck für die Entschlossenheit, den Bannkreis der Vergeltung zu durchbrechen.

Die Kreter sind immer Lügner, böse Tiere und faule **Bäuche**.

Tit 1,12. → Die **Kreter** sind immer Lügner, böse Tiere und faule Bäuche.

HERR, weise mir deinen Weg und leite mich auf ebener **Bahn** um meiner Feinde willen.

Ps 27,11. – Gemeint ist wohl: Daran, dass der Beter in seinem Handeln dem Willen Gottes entspricht und es ihm deshalb gut geht (das hebräische Wort für »Weg« umfasst sowohl das Tun als auch das Ergehen), sollen die Widersacher des Beters, nämlich falsche Zeugen (V. 12), erkennen, dass der Beter unschuldig und Gott auf seiner Seite ist.

Wer den HERRN fürchtet, der wandelt auf rechter **Bahn**.

Spr 14,2.

(Jesus sagt zu Judas:) Was du tust, das tue **bald**!

Joh 13,27. – Hier will der Evangelist unterstreichen, dass Jesus vom Verrat des Judas nicht überrascht war, sondern freiwillig in den Tod ging.

Seid darauf bedacht, zu wahren die Einigkeit im Geist durch das **Band** des Friedens: ein Leib und ein Geist, wie ihr auch berufen seid zu einer Hoffnung eurer Berufung; ein Herr, ein Glaube, eine Taufe; ein Gott und Vater aller, der da ist über allen und durch alle und in allen.

Eph 4,3–6. – Das »Band des Friedens« ist die Verbundenheit untereinander, die im Frieden besteht.

Über alles aber zieht an die Liebe, die da ist das **Band** der Vollkommenheit.

Kol 3,14. – Hier wird die Liebe als die Tugend bezeichnet, die entweder alle zur Vollkommenheit zusammenschließt oder die das vollkommene Element der Einheit ist.

Barmherzig und gnädig ist der HERR, geduldig und von großer Güte.

Ps 103,8 (ähnlich 145,8; 2Mose 34,6; Joel 2,13; Jona 4,2).

(Jesus sagt:) Seid **barmherzig**, wie auch euer Vater barmherzig ist.

Lk 6,36 (in Mt 5,48 heißt es: »Darum sollt ihr vollkommen sein, wie euer Vater im Himmel vollkommen ist«).

Daher musste er (Christus) in allem seinen Brüdern gleich werden, damit er **barmherzig** würde und ein treuer Hoherpriester vor Gott, zu sühnen die Sünden des Volkes.

Hebr 2,17. – Jesus Christus zeigte die Barmherzigkeit, die Solidarität mit anderen Menschen.

(Jesus sagt:) Selig sind die **Barmherzigen**; denn sie werden Barmherzigkeit erlangen.

Mt 5,7.

Ein **barmherziger** Mann nützt auch sich selber; aber ein herzloser schneidet sich ins eigene Fleisch.

Spr 11,17. – Gemeint ist vielleicht: Güte oder Grausamkeit gegenüber anderen lässt das eigene Leben reicher oder ärmer werden.

(Jakob betet:) HERR, ich bin zu gering aller **Barmherzigkeit** und aller Treue, die du an deinem Knechte getan hast.

1Mose 32,11.

Wer seine Sünde leugnet, dem wird's nicht gelingen; wer sie aber bekennt und lässt, der wird **Barmherzigkeit** erlangen.

Spr 28,13.

Seine (Gottes) **Barmherzigkeit** hat noch kein Ende, sondern sie ist alle Morgen neu, und deine Treue ist groß.

Klgl 3,22–23.

Wir liegen vor dir (Gott) mit unserm Gebet und vertrauen nicht auf unsre Gerechtigkeit, sondern auf deine große **Barmherzigkeit**.

Dan 9,18.

Die **Barmherzigkeit** eines Menschen gilt allein seinem Nächsten; aber Gottes Barmherzigkeit gilt der ganzen Welt.

Sir 18,12.

Sie (die Gottlosen) brüten **Basiliskeneier** und wirken Spinnwebe. Isst man von ihren Eiern, so muss man sterben; zertritt man's aber, so fährt eine Otter heraus.

Jes 59,5 nach der Übersetzung Luthers; in der heutigen Lutherbibel lautet der Anfang des Textes: »Sie brüten Natterneier.« – Der Basilisk ist ein antikes und mittelalterliches Fabelwesen, meist als Hahn mit einem Schlangenschwanz dargestellt, dessen giftiger Atem alles Wachstum zerstört und dessen Blick tötet. »Basiliskeneier brüten« bedeutet demnach: »Böses sinnen«.

Solche (die Irrlehrer) dienen nicht unserm Herrn Christus, sondern ihrem **Bauch**.

Röm 16,18. – Paulus meint, die Irrlehrer dächten nur an ihr persönliches Wohlergehen; dasselbe drückt er in Phil 3,19 mit den Worten aus: »Ihr Gott ist der Bauch.«

(Gott spricht zur Schlange:) Auf deinem **Bauche** sollst du kriechen und Erde fressen dein Leben lang.

1Mose 3,14. – Es handelt sich um einen Strafspruch Gottes, nachdem Eva von der Schlange überredet worden war, die verbotene Frucht zu essen. Mit diesem Spruch will der Verfasser der Erzählung 2,4b–3,24 eine Antwort auf die Frage geben, warum die Schlange so jämmerlich lebt, dass sie nicht auf Füßen läuft und dass sie – nach Meinung der damaligen Zeit – sich von Staub ernährt.

Es soll der **Bauer**, der den Acker bebaut, die Früchte als Erster genießen.

2Tim 2,6. – Der Text lautet wörtlich übersetzt: »Der Bauer, der schwere Arbeit tut, hat das erste Anrecht auf die Früchte« und bedeutet: Wie der Bauer hart arbeiten muss, wenn er Früchte ernten will, so erfordert der Dienst für Christus den vollen, rückhaltlosen Einsatz.

Wie mit den grünen Blättern auf einem schönen **Baum** – die einen fallen ab, die andern wachsen wieder – so geht's mit dem Menschengeschlecht auch: die einen sterben, die andern werden geboren.

Sir 14,19.

Baum der Erkenntnis.

Von dem **Baum** der Erkenntnis des Guten und Bösen sollst du nicht essen.

1Mose 2,17. → Von dem Baum der **Erkenntnis** des Guten und Bösen sollst du nicht essen.

Gott der HERR ließ aufwachsen aus der Erde allerlei Bäume, verlockend anzusehen und gut zu essen, und den **Baum** des Lebens mitten im Garten.

1Mose 2,9. – Das Essen der Früchte des »Baums des Lebens« verleiht nach 3,22 ewiges Leben.

Eine linde Zunge ist ein **Baum** des Lebens.

Spr 15,4. – Die »linde Zunge« meint das helfende, hilfreiche Reden, und der »Baum des Lebens« ist hier (und ebenso 3,18; 11,30; 13,12) ein Bild für das lange und gelungene Leben.

(Jesus sagt:) An der Frucht erkennt man den **Baum**.

Mt 12,33 (ähnlich Lk 6,44). – Gemeint ist: Die Frucht zeigt, ob ein Baum von der Wurzel her gesund ist oder nicht.

Wenn der HERR nicht das Haus **baut**, so arbeiten umsonst, die daran bauen.

Ps 127,1.

Wir wissen, dass **Bedrängnis** Geduld bringt, Geduld aber Bewährung, Bewährung aber Hoffnung.

Röm 5,3–4. – Nur in der Bedrängnis, im Leiden kann ein Mensch Geduld lernen; aus der Geduld erwächst Standhaftigkeit, und diese führt zur Hoffnung auf Anteilhabe an Gottes Herrlichkeit.

Dann kehrten sie (Paulus und Barnabas) zurück nach Lystra und Ikonion und Antiochia, stärkten die Seelen der Jünger und ermahnten sie, im Glauben zu bleiben, und sagten: Wir müssen durch viele **Bedrängnisse** in das Reich Gottes eingehen.

Apg 14,21–22.

(Jesus sagt:) Euer Vater weiß, was ihr **bedürft**, bevor ihr ihn bittet.

Mt 6,8.

Als die Pharisäer das hörten, sprachen sie: Er (Jesus) treibt die bösen Geister nicht anders aus als durch **Beelzebul**, ihren Obersten.

Mt 12,24 (ähnlich Mk 3,22; Lk 11,15). – Beelzebul (früher auch in der Form »Beelzebub«) heißt im Neuen Testament der Anführer der Dämonen; dieser Name geht wohl nicht auf Baal-Sebub, den Namen eines in der Philisterstadt Ekron verehrten Gottes (2Kön 1,2.3.6.16), zurück, sondern ist späteren Ursprungs und leitet sich von hebr. *zibbul*, »Mist«, ab.

In deine (Gottes) Hände **befehle** ich meinen Geist.

Ps 31,6 (zitiert in Lk 23,46). – Der Beter überantwortet Gott seinen (Lebens-)Geist, sein Leben.

Befiehl dem HERRN deine Wege und hoffe auf ihn; er wird's wohlmachen.

Ps 37,5.

Du sollst nicht **begehren** deines Nächsten Haus. Du sollst nicht begehren deines Nächsten Frau, Knecht, Magd, Rind, Esel noch alles, was dein Nächster hat.

2Mose 20,17 (ähnlich 5Mose 5,21; in Röm 7,7; 13,9 wird der Anfang »du sollst nicht begehren« zitiert). – Das hebräische Wort für »begehren« schließt den Versuch ein, etwas unrechtmäßig an sich zu bringen.

(Esau sagt zu Jakob, der ihm, Esau, Geschenke geben will:) **Behalte**, was du hast.

1Mose 33,9.

(Jesus sagt in der Deutung des »Gleichnisses vom Sämann« Lk 8,11–15:) Das aber auf dem guten Land (Gesäte) sind die, die das Wort hören und **behalten** in einem feinen, guten Herzen und bringen Frucht in Geduld.

Lk 8,15.

(Jesus sagt:) Wer aber **beharrt** bis ans Ende, der wird selig werden.

Mt 24,13 (= Mk 13,13; ähnlich Mt 10,22). – Es geht um die Glaubenstreue in den Bedrängnissen der Endzeit.

Ein Geduldiger ist besser als ein Starker, und wer sich selbst **beherrscht**, besser als einer, der Städte gewinnt.

Spr 16,32. – Die bedächtige Überlegung (»Geduld«) und die Selbstbeherrschung des Weisen gilt mehr als die militärischen Erfolge des Kriegshelden (des »Starken«).

Der HERR **behüte** dich vor allem Übel, er behüte deine Seele.

Ps 121,7.

(Adam sagt:) Das ist doch **Bein** von meinem Bein und Fleisch von meinem Fleisch.

1Mose 2,23. – Diese Worte Adams beim Anblick der aus seiner Rippe geschaffenen Frau bringen zum Ausdruck, dass die Frau – anders als die zuvor geschaffenen Tiere (V. 19–20) – wesensmäßige Partnerin des Mannes ist; das hebräische Wort, das Luther hier mit »Bein« übersetzt, bedeutet eigentlich »Knochen« und wird von Luther meistens mit »Gebein« wiedergegeben (z. B. 1Mose 29,14).

(Jesus sagt zu den Jüngern:) Ein **Beispiel** habe ich euch gegeben, damit ihr tut, wie ich euch getan habe.

Joh 13,15. – Indem Jesus den Jüngern die Füße wäscht (V. 2a.4–5), stellt er zeichenhaft die demütige Bruderliebe dar und verpflichtet er die Jünger auf dieses Vorbild.

Böse **Beispiele** verderben das Gute.

Weish 4,12. – Aus der Kombination dieses Textes mit 1Kor 15,33 (»schlechter Umgang verdirbt gute Sitten«) ergibt sich unsere Redensart »Böse (schlechte) Beispiele verderben gute Sitten.«

Doch auch jetzt noch, spricht der HERR, **bekehrt** euch zu mir von ganzem Herzen mit Fasten, mit Weinen, mit Klagen!

Joel 2,12.

(Jesus sagt:) Wer nun mich **bekennt** vor den Menschen, den will ich auch bekennen vor meinem himmlischen Vater. Wer mich aber verleugnet vor den Menschen, den will ich auch verleugnen vor meinem himmlischen Vater.

Mt 10,32–33 (ähnlich Lk 12,8–9).

Ergreife das ewige Leben, wozu du berufen bist und bekannt hast das gute **Bekenntnis** vor vielen Zeugen.

1Tim 6,12. – Hier ist wohl an die Amtseinführung des Timotheus gedacht, bei der er das Bekenntnis zu Jesus Christus ablegte.

Lasst uns festhalten an dem **Bekenntnis** der Hoffnung und nicht wanken; denn er ist treu, der sie verheißen hat.

Hebr 10,23. – Das christliche Bekenntnis schließt den Glauben an die von Gott gesetzte Hoffnung ein.

Benedictus → **Gelobt** sei der Herr, der Gott Israels! Denn er hat besucht und erlöst sein Volk.

Benjamin.

Benjamin war der jüngste Sohn Jakobs (z.B. 1Mose 35,16–18; 42,4; 43,29); daher dient der Name als Bezeichnung des Jüngsten einer Familie oder Gruppe.

(Im »Gleichnis vom großen Abendmahl« Lk 14,16–24 sagt der Hausherr zu den Geladenen:) Kommt, denn es ist alles **bereit**!

Lk 14,17. – Dieser Satz ist Bestandteil der Abendmahlsliturgie.

HERR, mein Fels, meine Burg, mein Erretter; mein Gott, mein Hort, auf den ich traue, mein Schild und **Berg** meines Heiles und mein Schutz!

Ps 18,3 (ähnlich 2Sam 22,2–3). – Die Wörter, die Luther mit »Hort« und »Berg« wiedergibt, bedeuten im Hebräischen »Fels« (neben einem anderen Wort für »Fels« im zitierten Vers) und »Horn« (als Sinnbild der Macht, wie z.B. Sach 2,4).

Wer darf auf des HERRN **Berg** gehen, und wer darf stehen an seiner heiligen Stätte? Wer unschuldige Hände hat und reinen Herzens ist, wer nicht bedacht ist auf Lug und Trug und nicht falsche Eide schwört: der wird den Segen vom HERRN empfangen und Gerechtigkeit von dem Gott seines Heiles.

Ps 24,3–5 (ähnlich 15,1–5). – Es handelt sich um eine »Torliturgie«, d.h. einen Akt vor dem Eintritt der Kultteilnehmer in den Tempelbereich; er bestand aus der Frage der Kultteilnehmer nach den Einlassbedingungen (V. 3; ähnlich 15,1) und der Antwort des Kultpersonals (V. 4–5; ähnlich 15,2–5).

Ehe denn die **Berge** wurden und die Erde und die Welt geschaffen wurden, bist du, Gott, von Ewigkeit zu Ewigkeit.

Ps 90,2.

Es sollen wohl **Berge** weichen und Hügel hinfallen, aber meine Gnade soll nicht von dir (Israel) weichen, und der Bund meines Friedens soll nicht hinfallen, spricht der HERR, dein Erbarmer.

Jes 54,10.

Sie (die Israeliten) werden sagen: Ihr **Berge**, bedeckt uns!, und: Ihr Hügel, fallt über uns!

Hos 10,8 (zitiert in Lk 23,30). – Dieses Wort drückt den Wunsch aus, sich vor dem richtenden Gott zu verbergen.

(Jesus sagt:) Es kann die Stadt, die auf einem **Berge** liegt, nicht verborgen sein.

Mt 5,14. – Dieser Satz gehört zu einem Abschnitt, in dem Jesus etwas Unmögliches beschreibt (V. 13–15); so ist eine Stadt auf dem Berg von niemandem zu übersehen.

(Jesus sagt zu den Jüngern:) Wenn ihr Glauben habt wie ein Senfkorn, so könnt ihr sagen zu diesem **Berge**: Heb dich dorthin!, so wird er sich heben.

Mt 17,20 (ähnlich 21,21; Mk 11,23). – Gemeint ist vielleicht: Auch der wie ein winziges Senfkorn nach außen hin unscheinbare Glaube vermag Unmögliches möglich zu machen.

(Jesus sagt:) Viele sind **berufen**, aber wenige sind auserwählt.

Mt 22,14. – Der schwierige Spruch – sonst sind »berufen« und »auserwählt« gleichbedeutend – meint wohl: Die Glieder der christlichen Gemeinde, die von Gott »Berufenen«, können diese Berufung durch einen ihrer nicht würdigen Lebenswandel aufs Spiel setzen und gehören dann nicht zu den »Auserwählten«.

Gottes Gaben und **Berufung** können ihn nicht gereuen.

Röm 11,29. – Die Zuwendungen der Gnade Gottes, die Israel erfahren hat, und sein in Abraham an Israel ergangener Ruf der Erwählung sind unverbrüchlich.

In Christus Jesus gilt weder **Beschneidung** noch Unbeschnittensein etwas, sondern der Glaube, der durch die Liebe tätig ist.

Gal 5,6. – Der Gegensatz von Beschnittenen und Unbeschnittenen, d.h. von Juden und Heiden, ist für die christliche Gemeinde bedeutungslos.

Wer will die Auserwählten Gottes **beschuldigen**? Gott ist hier, der gerecht macht. Wer will verdammen? Christus Jesus ist hier, der gestorben ist, ja vielmehr, der auch auferweckt ist, der zur Rechten Gottes ist und uns vertritt.

Röm 8,33–34. – Hier versetzt Paulus die Leser in die Situation des (Jüngsten) Gerichts, wo Gott den Glaubenden Recht gegen alle Ankläger – dabei denkt Paulus wohl an den Satan und seine Strafengel – schafft.

Gott hat uns nicht gegeben den Geist der Furcht, sondern der Kraft und der Liebe und der **Besonnenheit**.

2Tim 1,7. – Der Geist Gottes verhilft zum kraftvollen Bekenntnis, zur Nächstenliebe und zur Selbstbeherrschung.

(Gott spricht:) **Bessert** euer Leben und euer Tun, so will ich bei euch wohnen an diesem Ort (Jerusalem).

Jer 7,3.

Halte dem nicht seine Sünde vor, der sich **bessert**, und denke daran, dass wir alle auch Schuld tragen.

Sir 8,6.

Bestechung ist wie ein Zauberstein dem, der sie gibt; wohin er sich kehrt, hat er Glück.

Spr 17,8.

(Esra sagt:) Die Hand unseres Gottes ist zum **Besten** über allen, die ihn suchen, und seine Stärke und sein Zorn gegen alle, die ihn verlassen.

Esr 8,22.

Wir wissen aber, dass denen, die Gott lieben, alle Dinge zum **Besten** dienen, denen, die nach seinem Ratschluss berufen sind.

Röm 8,28. – Mit dem »Besten« (wörtlich: dem »Guten«) meint Paulus das endzeitliche Heil.

(Jeremia schreibt an die Exulanten in Babylonien:) Suchet der Stadt **Bestes**, dahin ich (Gott) euch habe wegführen lassen, und betet für sie zum HERRN, denn wenn's ihr wohlgeht, so geht's auch euch wohl.

Jer 29,7. – Jeremia fordert die Exulanten zur Zusammenarbeit mit der babylonischen Bevölkerung auf; im hebräischen Urtext ist wohl das Wort für »Stadt« in das für »Land« zu ändern.

Womit jemand sündigt, damit wird er auch **bestraft**.

Weish 11,16. – Dieser Grundsatz wird in V. 15 damit belegt, dass Gott die Ägypter, die »unvernünftiges Gewürm« anbeteten, mit einer »Menge unvernünftiger Tiere« quälte.

(Jesus sagt:) Wenn du aber **betest**, so geh in dein Kämmerlein und schließ die Tür zu und bete zu deinem Vater, der im Verborgenen ist.

Mt 6,6.

(Jesus sagt:) Wenn ihr **betet**, sollt ihr nicht sein wie die Heuchler, die gern in den Synagogen und an den Straßenecken stehen und beten, damit sie von den Leuten gesehen werden.

Mt 6,5.

(Jesus sagt:) Wenn ihr **betet**, sollt ihr nicht viel plappern wie die Heiden; denn sie meinen, sie werden erhört, wenn sie viele Worte machen.

Mt 6,7.

Wein und Weiber **betören** die Weisen.

Sir 19,2.

Was **betrübst** du dich, meine Seele, und bist so unruhig in mir? Harre auf Gott; denn ich werde ihm noch danken, dass er meines Angesichts Hilfe und mein Gott ist.

Ps 42,6 (= V. 12; 43,5).

Der HERR verstößt nicht ewig; sondern er **betrübt** wohl und erbarmt sich wieder nach seiner großen Güte. Denn nicht von Herzen plagt und betrübt er die Menschen.

Klgl 3,31–33. – »Von Herzen« bedeutet »vorsätzlich«.

Ein **Betrübter** hat nie einen guten Tag; aber ein guter Mut ist ein tägliches Fest.

Spr 15,15.

(Jesus sagt zu einem Gelähmten:) Steh auf, hebe dein **Bett** auf und geh heim!

Mt 9,6 (ähnlich Mk 2,11; Lk 5,24).

Wenn ich mich zu **Bette** lege, so denke ich an dich (Gott), wenn ich wach liege, sinne ich über dich nach.

Ps 63,7.

Betteln schmeckt dem unverschämten Maul gut; aber im Bauch wird es wie Feuer brennen.

Sir 40,32.

(Elihu sagt:) Gott tut niemals Unrecht, und der Allmächtige **beugt** das Recht nicht.

Hiob 34,12.

(Josua sagt zu Israeliten:) So teilt nun die **Beute** eurer Feinde mit euren Brüdern.

Jos 22,8.

(Jesus sagt:) Selig sind, die das Wort Gottes hören und **bewahren**.

Lk 11,28.

Du sollst niemand rühmen um seiner Schönheit willen noch jemand verachten, weil er hässlich aussieht. Denn die **Biene** ist klein unter allem, was Flügel hat, und bringt doch die allersüßeste Frucht.

Sir 11,2–3.

Gott schuf den Menschen zu seinem **Bilde**, zum Bilde Gottes schuf er ihn; und schuf sie als Mann und Frau.

1Mose 1,27. – Das hebräische Wort *zaelaem*, »Bild«, das hier verwendet wird, bezeichnet den Menschen als Stellvertreter, als Repräsentanten Gottes, der den Auftrag hat, über die Erde zu herrschen, d. h. dafür zu sorgen, dass sie Gottes gute Schöpfung bleibt.

Du sollst dir kein **Bildnis** noch irgendein Gleichnis machen, weder von dem, was oben im Himmel, noch von dem, was unten auf Erden, noch von dem, was im Wasser unter der Erde ist: Bete sie nicht an und diene ihnen nicht!

2Mose 20,4–5 (ähnlich 5Mose 5,8–9). – Das hebräische Wort *paesael*, »Bildnis«, das hier steht, bezeichnet ein Kult- oder Gottesbild; die Absicht des Verbots, nicht nur fremde Götter, sondern auch den Gott Israels bildlich darzustellen, ist für uns kaum restlos durchschaubar, will aber wohl der Gefahr begegnen, dass man Gott mit dem Bild identifiziert.

Man schämt sich oft, wo man sich nicht zu schämen brauchte, und **billigt** oft, was man nicht billigen sollte.

Sir 41,19.

(Paulus sagt zu den Ältesten in Ephesus:) So habt nun Acht auf euch selbst und auf die ganze Herde, in der euch der Heilige Geist eingesetzt hat zu **Bischöfen**, zu weiden die Gemeinde Gottes, die er durch sein eigenes Blut erworben hat.

Apg 20,28. – Das griechische Wort *epískopos* (aus ihm hat sich unser Wort »Bischof« entwickelt), »Aufseher«, bezeichnet hier ein Leitungsamt in der Gemeinde.

Ihr wart wie die irrenden Schafe; aber ihr seid nun bekehrt zu dem Hirten und **Bischof** eurer Seelen.

1Petr 2,25. – Hier wird Christus mit dem griechischen Wort *epískopos* als »Aufseher«, als »Hüter« der Gemeinde bezeichnet.

Besser ein trockner **Bissen** mit Frieden als ein Haus voll Geschlachtetem mit Streit.

Spr 17,1.

Die **Bitte** des Elenden schlage nicht ab, und wende dein Angesicht nicht weg von dem Armen.

Sir 4,4.

(Jesus sagt:) Gib dem, der dich **bittet**, und wende dich nicht ab von dem, der etwas von dir borgen will.

Mt 5,42.

(Jesus sagt:) **Bittet** für die, die euch verfolgen, damit ihr Kinder seid eures Vaters im Himmel.

Mt 5,44–45 (in Lk 6,28 heißt es: »Bittet für die, die euch beleidigen«).

(Jesus sagt:) **Bittet**, so wird euch gegeben ... Denn wer da bittet, der empfängt.

Mt 7,7–8 (= Lk 11,9–10).

(Jesus sagt zu den Jüngern:) Alles, was ihr **bittet** im Gebet, wenn ihr glaubt, so werdet ihr's empfangen.

Mt 21,22 (ähnlich Mk 11,24).

Ein Satter tritt Honigseim mit Füßen; aber einem Hungrigen ist alles **Bittre** süß.

Spr 27,7.

Dennoch **bleibe** ich stets an dir (Gott); denn du hältst mich bei meiner rechten Hand, du leitest mich nach deinem Rat und nimmst mich am Ende mit Ehren an.

Ps 73,23–24. – Der Beter des Psalms bekennt sich trotz des Glücks der Gottlosen und des Leids der Frommen zu Gott als seinem Helfer.

Bleibe fest bei dem, was du erkannt hast, und rede nicht bald so, bald anders.

Sir 5,12.

(In Emmaus sagen die beiden Jünger zu Jesus:) **Bleibe** bei uns; denn es will Abend werden, und der Tag hat sich geneigt.

Lk 24,29.

Ich werde **bleiben** im Hause des HERRN immerdar.

Ps 23,6. – Der Schlussvers und damit Höhepunkt des Psalms meint wohl: Wer den Tempel, den Ort der Gegenwart Gottes, aufsucht, weiß sich für immer in ihr geborgen.

Wir haben hier keine **bleibende** Stadt, sondern die zukünftige suchen wir.

Hebr 13,14.

(Jesaja sagt zum König Ahas angesichts der Bedrohung Judas durch eine aramäisch-israelitische Koalition:) Glaubt ihr nicht, so **bleibt** ihr nicht.

Jes 7,9. – Hier liegt im hebräischen Urtext ein Wortspiel mit dem Wort für »fest, beständig, zuverlässig sein« vor: Wenn ihr nicht Festigkeit zeigt, Vertrauen (auf Gott) habt, dann bleibt ihr nicht (als Königshaus) bestehen.

(Jesus sagt:) Wenn aber ein **Blinder** den andern führt, so fallen sie beide in die Grube.

Mt 15,14 (ähnlich Lk 6,39).

Mit **Blindheit** geschlagen sein.
Und sie (die Engel) schlugen die Leute (von Sodom) vor der Tür des Hauses (Lots), Klein und Groß, mit Blindheit.

1Mose 19,11.

Blühen und grünen.
Es wird einst dazu kommen, dass Jakob wurzeln und Israel blühen und grünen wird, dass sie den Erdkreis mit Früchten erfüllen.

Jes 27,6. – Hier wird verheißen, dass, wenn Israel in der Endzeit wieder gedeiht, zugleich die ganze Erde voll von guten Gaben ist.

(Hiob sagt:) Der Mensch, vom Weibe geboren, lebt kurze Zeit und ist voll Unruhe, geht auf wie eine **Blume** und fällt ab, flieht wie ein Schatten und bleibt nicht.

Hiob 14,1–2.

Wer die Nase hart schneuzt, zwingt **Blut** heraus, und wer den Zorn reizt, ruft Streit hervor.

Spr 30,33.

Desgleichen nahm er (Jesus beim Abendmahl) auch den Kelch nach dem Mahl und sprach: Dieser Kelch ist der neue Bund in meinem **Blut**; das tut, sooft ihr daraus trinkt, zu meinem Gedächtnis.

1Kor 11,25 (ähnlich Mt 26,27–28; Mk 14,23–24; Lk 22,20). – Das gemeinsame Trinken aus dem Kelch (mit Wein) ist der neue Bund, der durch das Blut Jesu geschlossen wird, wobei Jesus sich mit einem Opfertier vergleicht, dessen Blut man beim Bundesschluss über die Bundespartner sprengte (2Mose 24,4–8); keineswegs identifiziert Jesus sein Blut mit dem Wein im Kelch, wie es durch die spätere Formulierung »das ist mein Blut des Bundes« (Mt 26,28; Mk 14,24) nahegelegt werden könnte.

Ihr habt noch nicht bis aufs **Blut** widerstanden im Kampf gegen die Sünde.

Hebr 12,4. – Noch ist die Gemeinde nicht in der Situation, dass sie ihr Leben für den Kampf gegen die Sünde – die Versuchung des Abfalls vom Glauben – einsetzen muss.

Die Hohenpriester nahmen die Silberlinge (des Judas) und sprachen: Es ist nicht recht, dass wir sie in den Gotteskasten legen; denn es ist **Blutgeld**.

Mt 27,6.

(Schimi sagt zu David:) Hinaus, hinaus, du **Bluthund**, du ruchloser Mann!

2Sam 16,7.

Wer dem Arbeiter seinen Lohn nicht gibt, der ist ein **Bluthund**.

Sir 34,27. – Daher stammt die Ausdrucksweise der marxistischen Propaganda, die oft von den Arbeitgebern als den »Bluthunden« sprach.

So kommt denn und lasst uns miteinander rechten, spricht der HERR. Wenn eure Sünde auch **blutrot** ist, soll sie doch schneeweiß werden, und wenn sie rot ist wie Scharlach, soll sie doch wie Wolle werden.

Jes 1,18. – Anscheinend ist der hebräische Urtext nicht als Verheißung, sondern als vorwurfsvolle Frage zu verstehen: Kann etwa eure Sünde (zugleich) Sündlosigkeit sein?

Eine **Blutschuld** kommt nach der andern.

Hos 4,2.

Auf guten **Boden** fallen.

Der Ausdruck ist gebildet nach dem »Gleichnis vom Sämann« Mt 13,3–8 (ähnlich Mk 4,3–8; Lk 8,5–8), wo Jesus sagt: »Siehe, es ging ein Sämann aus zu säen ... Einiges fiel auf felsigen Boden ... Einiges fiel auf gutes Land und trug Frucht« (V. 3.5.8; ähnlich Mk 4,3.5.8; Lk 8,5.6.8).

(Josef sagt zu seinen Brüdern:) Ihr gedachtet es **böse** mit mir zu machen, aber Gott gedachte es gut zu machen.

1Mose 50,20.

Die Augen des HERRN sind an allen Orten, sie schauen auf **Böse** und Gute.

Spr 15,3.

Lass dich nicht vom **Bösen** überwinden, sondern überwinde das Böse mit Gutem.

Röm 12,21.

Ein **böses** Maul wird kein Glück haben auf Erden.

Ps 140,12.

Sprich nicht: »Ich will **Böses** vergelten!« Harre des HERRN, der wird dir helfen.

Spr 20,22.

Weh denen, die **Böses** gut und Gutes böse nennen, die aus Finsternis Licht und aus Licht Finsternis machen, die aus sauer süß und aus süß sauer machen!

Jes 5,20. – Hier kündigt der Prophet Menschen den Tod an (der »Weheruf« – außerdem z.B. Jer 22,13–17; Hab 2,6–19; Zef 3,1–4 – bringt die Überzeugung zum Ausdruck, dass die Angeredeten sich in der Sphäre des Todes befinden, bereits dem Tode verfallen sind), die aus Macht- und Habgier alle verbindlichen Werte außer Kraft setzen, wobei das Gute mit »Licht« und »süß«, das Böse mit »Finsternis« und »sauer« bildhaft umschrieben wird.

Tu nichts **Böses**, so widerfährt dir nichts Böses.

Sir 7,1.

Hörst du etwas **Böses**, das schwatze nicht nach, denn solches Schweigen schadet dir nichts.

Sir 19,6.

Vergeltet nicht **Böses** mit Bösem oder Scheltwort mit Scheltwort, sondern segnet vielmehr, weil ihr dazu berufen seid, dass ihr den Segen ererbt.

1Petr 3,9 (»Böses nicht mit Bösem vergelten« auch Röm 12,17; 1Thess 5,15). – Die Christen sollen »segnen«, d.h. Gottes Gnade auf die Schmähenden herabrufen, weil sie mit ihrer Berufung (durch Gott) den Segen Gottes als Geschenk empfangen.

(Gott spricht nach der Sintflut:) Meinen **Bogen** habe ich in die Wolken gesetzt; der soll das Zeichen sein des Bundes zwischen mir und der Erde.

1Mose 9,13. – Der Regenbogen, der am Ende eines Unwetters oder Gewitters erscheint, ist das Zeichen dafür, dass Gott sich verpflichtet, die Erde und, was auf ihr lebt, zu beschützen (V. 8–12).

Wer **borgt**, ist des Gläubigers Knecht.

Spr 22,7. – Wer ein Darlehen aufnimmt, gerät in Abhängigkeit dessen, der das Darlehen gibt, was sogar bis zur Schuldsklaverei führen kann.

Es ist keine **Bosheit** so schlimm wie Frauenbosheit.

Sir 25,18.

Wer eine Sache durch einen törichten **Boten** ausrichtet, ist wie einer, der sich selbst die Füße abhaut und Schaden leidet.

Spr 26,6.

Siehe, ich will meinen **Boten** senden, der vor mir her den Weg bereiten soll. Und bald wird kommen zu seinem Tempel der Herr, den ihr sucht; und der Engel des Bundes, den ihr begehrt, siehe, er kommt!, spricht der HERR Zebaoth.

Mal 3,1 (teilweise zitiert in Mt 11,10; Mk 1,2; Lk 7,27). – Wen der Text mit dem »Boten« meint, wissen wir nicht; der »Herr« und der »Engel des Bundes« – dieser Ausdruck findet sich nur hier – ist offenbar Gott selbst, der auffälligerweise von sich zunächst in erster, dann in dritter Person redet.

So sind wir nun **Botschafter** an Christi statt, denn Gott ermahnt durch uns; so bitten wir nun an Christi statt: Lasst euch versöhnen mit Gott!

2Kor 5,20.

Der Geist und die **Braut** sprechen: Komm! Und wer es hört, der spreche: Komm! Und wen dürstet, der komme; und wer da will, nehme das Wasser des Lebens umsonst.

Offb 22,17. – Die »Braut« ist die Gemeinde und der »Geist« das geistgewirkte prophetische Zeugnis, das in ihr laut wird.

Brief und Siegel.

Dieser Ausdruck ist nach Jer 32,44 gebildet, wo der Prophet für Juda und Jerusalem eine bessere Zeit als die trostlose Gegenwart ankündigt: »Man wird Äcker um Geld kaufen und verbriefen, versiegeln und Zeugen dazu nehmen.«

Rühme dich nicht des morgigen Tages; denn du weißt nicht, was der Tag **bringt**.

Spr 27,1. – Gemeint ist wohl: Der Mensch kann nicht über die Zukunft verfügen; er weiß nicht einmal, was am heutigen Tag geschehen wird.

Wer aber Sünde und Unrecht tut, **bringt** sich selber um sein Leben.

Tob 12,10.

(Eine Frau sagt zu Jesus:) Ja, Herr; aber doch fressen die Hunde von den **Brosamen**, die vom Tisch ihrer Herren fallen.

Mt 15,27 (ähnlich Mk 7,28). – In der Erzählung V. 21–28 (ähnlich Mk 7,24–30) bittet eine Nichtjüdin Jesus, ihre Tochter zu heilen; auf Jesu Einwand, man nehme nicht den Kindern (d.h. den Juden) das Brot und werfe es vor die Hunde, gelingt es der Frau, Jesus mit dem zitierten Satz zu bewegen, dass er ihre Tochter heilt.

(Mose sagt zum Volk Israel:) Er (Gott) ... speiste dich mit Manna ..., auf dass er dir kundtäte, dass der Mensch nicht lebt vom **Brot** allein, sondern von allem, was aus dem Mund des HERRN geht.

5Mose 8,3. – Hier dient das Manna-Wunder (von ihm wird in 2Mose 16 berichtet) als Beispiel dafür, dass der Mensch von der Schöpfermacht Gottes – das meint die Wendung »was aus dem Mund des HERRN geht« – abhängig ist; in Mt 4,4 wird 2Mose 8,3 nicht nach dem hebräischen Text, sondern nach der griechischen Übersetzung des Alten Testaments zitiert: »Der Mensch lebt nicht vom Brot allein, sondern von einem jeden *Wort*, das aus dem Mund Gottes geht«, d.h. der Mensch erlangt das wahre Leben dadurch, dass er auf Gott hört, ihm gehorcht (in Lk 4,4 heißt es nur: »Der Mensch lebt nicht allein vom Brot«).

Brich dem Hungrigen dein **Brot**, und die im Elend ohne Obdach sind, führe ins Haus! Wenn du einen nackt siehst, so kleide ihn, und entzieh dich nicht deinem Fleisch und Blut!

Jes 58,7.

(Jesus sagt:) Unser tägliches **Brot** gib uns heute.

Mt 6,11 (in Lk 11,3 lautet die vierte Bitte des Vaterunsers: »Unser tägliches Brot gib uns Tag für Tag«).

(Jesus sagt:) Ich bin das **Brot** des Lebens. Wer zu mir kommt, den wird nicht hungern; und wer an mich glaubt, den wird nimmermehr dürsten.

Joh 6,35.

Das **Brot**, das wir brechen, ist das nicht die Gemeinschaft des Leibes Christi? Denn ein Brot ist's: So sind wir viele ein Leib, weil wir an einem Brot teilhaben.

1Kor 10,16–17. – Die Feier des Abendmahls bezieht die Glaubenden in das Heilshandeln Gottes durch Jesus ein und verbindet sie zu einer Gemeinschaft.

Der Herr Jesus, in der Nacht, da er verraten ward, nahm er das **Brot**, dankte und brach's und sprach: Das ist mein Leib, der für euch gegeben wird; das tut zu meinem Gedächtnis.

1Kor 11,23–24. → Der Herr Jesus, in der Nacht, da er verraten ward, nahm er das Brot, dankte und brach's und sprach: Das ist mein **Leib**, der für euch gegeben wird; das tut zu meinem Gedächtnis.

Sie (die Mitglieder der ersten Gemeinde) blieben aber beständig in der Lehre der Apostel und in der Gemeinschaft und im **Brotbrechen** und im Gebet.

Apg 2,42. – Mit dem »Brotbrechen« ist die Feier des Abendmahls gemeint.

(Juda sagt zu seinen Brüdern:) Er (Josef) ist unser **Bruder**, unser Fleisch und Blut.

1Mose 37,27.

Ein jeder erweise seinem **Bruder** Güte und Barmherzigkeit, und tut nicht Unrecht den Witwen, Waisen, Fremdlingen und Armen, und denke keiner gegen seinen Bruder etwas Arges in seinem Herzen!

Sach 7,9–10.

(Jesus sagt:) Wer den Willen tut meines Vaters im Himmel, der ist mir **Bruder** und Schwester und Mutter.

Mt 12,50 (ähnlich Mk 3,35; Lk 8,21). – Dieses Wort betont, dass nur, wer Gott gehorcht, ganz eng mit Jesus verbunden ist.

(Kain sagt zu Gott:) Soll ich meines **Bruders** Hüter sein?

1Mose 4,9b. – Auf Gottes Frage, wo Kains Bruder, der Hirt Abel, sei (V. 9a) antwortet Kain mit einem frechen Wortspiel; denn im Hebräischen ist das Wort für »Hirt« dasselbe wie für »Hüter«.

Siehe, wie fein und lieblich ist's, wenn **Brüder** einträchtig beieinander wohnen!

Ps 133,1.

Wir wissen, dass wir aus dem Tod in das Leben gekommen sind; denn wir lieben die **Brüder**.

1Joh 3,14.

(Jesus, der »Menschensohn«, sagt:) Was ihr getan habt einem von diesen meinen geringsten **Brüdern**, das habt ihr mir getan.

Mt 25,40.

(Im »Gleichnis vom Pharisäer und Zöllner« Lk 18,10–14 sagt Jesus:) Der Zöllner aber stand ferne, wollte auch die Augen nicht aufheben zum Himmel, sondern schlug an seine **Brust** und sprach: Gott sei mir Sünder gnädig.

Lk 18,13. – Dass man sich an die Brust schlug, war Ausdruck der Trauer (Nah 2,8), der Verwunderung (Lk 23,48) oder, wie hier (und Jer 31,19), des zerknirschten Insichgehens.

Mein Sohn, wenn dich die bösen **Buben** locken, so folge nicht.

Spr 1,10.

Sie (die Feinde) haben ein **Bubenstück** über mich beschlossen: »Wenn er liegt, soll er nicht wieder aufstehen.«

Ps 41,9 nach der Übersetzung Luthers; in der heutigen Lutherbibel lautet der Text: »›Unheil ist über ihn ausgegossen; wer so daliegt, wird nicht wieder aufstehen‹«.

Das **Buch** des Lebens.

Sie (Evodia und Syntyche) haben mit mir für das Evangelium gekämpft, zusammen mit Klemens und meinen andern Mitarbeitern, deren Namen im Buch des Lebens stehen.

Phil 4,3. – Nach 2Mose 32,32–33 sind die Namen aller lebenden Menschen von Gott in ein Buch eingetragen; wer daraus gestrichen wird, muss sterben. Später galt das »Buch des Lebens« (auch z. B. Offb 3,5) als das Verzeichnis der von Gott zur Teilnahme am endzeitlichen Heil Erwählten (deren »Namen im Himmel geschrieben sind« Lk 10,20; »die im Himmel aufgeschrieben sind« Hebr 12,23).

Ein **Buch** mit sieben Siegeln.

Ich sah in der rechten Hand dessen, der auf dem Thron saß, ein Buch, beschrieben innen und außen, versiegelt mit sieben Siegeln.

Offb 5,1. – Hier ist an eine Buchrolle in der Hand Gottes gedacht, deren Inhalt zusätzlich auf der die Rolle umgebenden Außenhülle geschrieben steht und durch Siegel vor unbefugter Aneignung geschützt werden soll; da die Siebenzahl in der Offenbarung als die Zahl der Vollständigkeit und der von Gott gewirkten Vollendung gilt, ist das hier genannte »Buch« die Urkunde, mit der Gott die Vollstreckung seines Geschichtsplans auf das »Lamm« (V. 7), Christus, überträgt.

Der **Buchstabe** tötet, aber der Geist macht lebendig.

2Kor 3,6. – Der »Buchstabe« ist das alttestamentliche Gesetz, das tötet, d. h. kein Leben zu schenken vermag, während der dem Glaubenden von Gott verliehene Geist, die Kraft Gottes, in das wahre Leben führt.

Über dem allen, mein Sohn, lass dich warnen; denn des vielen **Büchermachens** ist kein Ende, und viel Studieren macht den Leib müde.

Pred 12,12. – Dieser Text gehört in einen dem Buch Prediger nachträglich zugefügten Anhang (V. 12–14), der dagegen polemisiert, dass ständig neue Bücher verfasst werden, was den Schüler ermüdet und vielleicht auch überlastet, und der zur schlichten Gottesfurcht und zum Halten der Gebote aufruft.

Ein rechtschaffener Mann wird **Bürge** für seinen Nächsten; aber ein Schamloser lässt ihn im Stich.

Sir 29,18–19.

Wer für einen andern **bürgt**, der wird Schaden haben; wer aber sich hütet, Bürge zu sein, geht sicher.

Spr 11,15 (die Warnung, eine Bürgschaft zu übernehmen, findet sich z. B. noch 17,18; 22,26–27).

Wer das Wort verachtet, muss dafür **büßen**; wer aber das Gebot fürchtet, dem wird es gelohnt.

Spr 13,13. – Hier ist wohl an das von einem Weisheitslehrer vorgetragene Wort und Gebot gedacht.

Gott sagte zu Noah und seinen Söhnen mit ihm: Siehe, ich richte mit euch einen **Bund** auf und mit euren Nachkommen und mit allem lebendigen Getier bei euch, an Vögeln, an Vieh und an allen Tieren des Feldes bei euch, von allem, was aus der Arche gegangen ist, was für Tiere es sind auf Erden. Und ich richte meinen Bund so mit euch auf, dass hinfort nicht mehr alles Fleisch verderbt werden soll durch die Wasser der Sintflut und hinfort keine Sintflut mehr kommen soll, die die Erde verderbe.

1Mose 9,8–11. – Das hebräische Wort *b^{e}rīt*, das mit »Bund« wiedergegeben wird, bedeutet »Verpflichtung« und kann eine Selbstverpflichtung (wie in dem zitierten Abschnitt, wo Gott den Menschen und auch den Tieren zusagt, dass nie wieder eine Sintflut kommen wird) oder eine gegenseitige Verpflichtung, einen »Bund« (z.B. 2Mose 24,3–8; 1Kön 15,19), oder die Verpflichtung, die Inanspruchnahme eines anderen (z.B. 1Mose 26,28–29; Hes 17,13) meinen.

Siehe, es kommt die Zeit, spricht der HERR, da will ich mit dem Hause Israel und mit dem Hause Juda einen neuen **Bund** schließen ... Das soll der Bund sein, den ich mit dem Hause Israel schließen will nach dieser Zeit, spricht der HERR: Ich will mein Gesetz in ihr Herz geben und in ihren Sinn schreiben, und sie sollen mein Volk sein und ich will ihr Gott sein.

Jer 31,31 und 33 (zitiert in Hebr 8,8.10, teilweise in 10,16).

(Judit betet:) Denke, Herr, an deinen **Bund**, und gib mir ein, was ich reden und wie ich vorgehen soll, und gib mir Glück dazu.

Jdt 9,15.

Desgleichen nahm er auch den Kelch nach dem Mahl und sprach: Dieser Kelch ist der neue **Bund** in meinem Blut; das tut, sooft ihr daraus trinkt, zu meinem Gedächtnis.

1Kor 11,25. → Desgleichen nahm er auch den Kelch nach dem Mahl und sprach: Dieser Kelch ist der neue Bund in meinem **Blut**; das tut, sooft ihr daraus trinkt, zu meinem Gedächtnis.

Der Name des HERRN ist eine feste **Burg**; der Gerechte läuft dorthin und wird beschirmt.

Spr 18,10. – Der Name Gottes steht hier für Gott selbst (wie z.B. Jes 24,15; 56,6).

(Johannes der Täufer sagt:) Tut **Buße**, denn das Himmelreich ist nahe herbeigekommen!

Mt 3,2 (= 4,17; in Mk 1,15 heißt es: »Die Zeit ist erfüllt und das Reich Gottes ist herbeigekommen. Tut Buße und glaubt an das Evangelium!«).

So, sage ich (Jesus) euch, wird Freude sein vor den Engeln Gottes über einen Sünder, der **Buße** tut.

Lk 15,10 (ähnlich V. 7).

(Petrus sagt zu den Bürgern Jerusalems:) Tut **Buße** und jeder von euch lasse sich taufen auf den Namen Jesu Christi zur Vergebung eurer Sünden, so werdet ihr empfangen die Gabe des Heiligen Geistes.

Apg 2,38.

Weißt du nicht, dass dich Gottes Güte zur **Buße** leitet?

Röm 2,4.

C

(Petrus sagt zu Jesus:) Du bist **Christus**, des lebendigen Gottes Sohn!

Mt 16,16 (in Mk 8,29 sagt Petrus: »Du bist der Christus!«, in Lk 9,20 »Du bist der Christus Gottes!«). – Das Wort »Christus« ist die lateinische Form des griechischen Wortes *christós*, »Gesalbter«, und dieses wiederum die Übersetzung des hebräisch-aramäischen Wortes »Messias«, womit jüdische Schriften des 1. Jahrhunderts v. Chr. den zukünftigen Erlöser bezeichneten; das Wort *christós*, in der urchristlichen Verkündigung ein Würdetitel Jesu (z. B. Apg 2,36), wurde schon früh im Neuen Testament zum Eigennamen Jesu (z. B. Röm 1,3).

Der Hohepriester sprach zu ihm (Jesus): Ich beschwöre dich bei dem lebendigen Gott, dass du uns sagst, ob du der **Christus** bist, der Sohn Gottes. Jesus sprach zu ihm: Du sagst es.

Mt 26,63–64 (in Mk 14,61–62 fragt der Hohepriester: »Bist du der Christus, der Sohn des Hochgelobten?«, und Jesus antwortet: »Ich bin's«; in Lk 22,67 und 70 heißt es: »Bist du der Christus, so sage es uns! … Da sprachen sie alle: Bist du denn Gottes Sohn? Er sprach zu ihnen: Ihr sagt es, ich bin es«).

(Der Engel sagt zu den Hirten:) Euch ist heute der Heiland geboren, welcher ist **Christus**, der Herr, in der Stadt Davids.

Lk 2,11.

(Jesus sagt zu den zwei Jüngern auf dem Weg nach Emmaus:) Musste nicht **Christus** dies erleiden und in seine Herrlichkeit eingehen?

Lk 24,26.

(Jesus sagt zu den Jüngern:) So steht's geschrieben, dass **Christus** leiden wird und auferstehen von den Toten am dritten Tage; und dass gepredigt wird in seinem Namen Buße zur Vergebung der Sünden unter allen Völkern.

Lk 24,46–47. – Die beiden voranstehenden Texte gehören zu den Stellen des Neuen Testaments, die das Geschick Jesu als vom Alten Testament vorausgesagt deuten (ferner z. B. Mt 16,21; 26,24).

Das Gesetz ist durch Mose gegeben; die Gnade und Wahrheit ist durch Jesus **Christus** geworden.

Joh 1,17. – In Jesus Christus haben die Gnade Gottes und die »Wahrheit«, die von Gott ausgehende Heilswirklichkeit, Gestalt angenommen und sind dem alttestamentlichen Gesetz weit überlegen.

Als Erstes habe ich euch weitergegeben, was ich auch empfangen habe: Dass **Christus** gestorben ist für unsre Sünden nach der Schrift; und dass er begraben worden ist; und dass er auferstanden ist am dritten Tage nach der Schrift; und dass er gesehen worden ist von Kephas, danach von den Zwölfen.

1Kor 15,3–5. – Hier zitiert Paulus ein Überlieferungsstück, das den Tod und die Auferweckung Jesu zum Gegenstand hat und am Schluss die Zeugen seiner Auferweckung nennt.

Christus ist mein Leben, und Sterben ist mein Gewinn.

Phil 1,21. – Paulus sagt: Sein Leben ist Gemeinschaft mit Christus, und sein Sterben ist es erst recht, weil ihn im Tode nichts mehr von Christus trennt.

Seid so unter euch gesinnt, wie es auch der Gemeinschaft in **Christus** Jesus entspricht.

Phil 2,5. – Mit diesem Satz leitet Paulus einen Hymnus (V. 6–11) ein, der Christus Jesus als ein göttliches Wesen beschreibt, das auf seine Göttlichkeit verzichtete (V. 6–7a), um sich den Menschen – aus Liebe zu ihnen – gleichzumachen und gehorsam den Tod auf sich zu nehmen (V. 7b–8); wegen seines Gehorsams wurde Christus von Gott zum Herrn über die Welt eingesetzt, und das Bekenntnis aller Mächte zu ihm gibt Gott die Ehre (V. 9–11). Diesen Hymnus hat Paulus wohl aus der gottesdienstlichen Tradition der frühen Christenheit übernommen.

Jesus **Christus** gestern und heute und derselbe auch in Ewigkeit.

Hebr 13,8.

D

Von den **Dächern** predigen.

(Jesus sagt zu den Jüngern:) Was ich euch sage in der Finsternis, das redet im Licht; und was euch gesagt wird in das Ohr, das predigt auf den Dächern.

Mt 10,27 (ähnlich Lk 12,3). – Während Jesus zu den Jüngern im begrenzten Kreis sprach, soll ihre Verkündigung öffentlich sein.

Es war nichts **dahingefallen** von all dem guten Wort, das der HERR dem Hause Israel verkündigt hatte. Es war alles gekommen.

Jos 21,45.

(Salomo sagt:) Es ist nicht e i n e s **dahingefallen** von allen seinen (Gottes) guten Worten, die er geredet hat durch seinen Knecht Mose.

1Kön 8,56.

Ich vergesse, was **dahinten** ist, und strecke mich aus nach dem, was da vorne ist, und jage nach dem vorgesteckten Ziel, dem Siegespreis der himmlischen Berufung Gottes in Christus Jesus.

Phil 3,13–14. – Paulus hat seine Vergangenheit – mit der Sicherheit und dem Selbstruhm – preisgegeben und lebt jetzt aus der Verheißung Gottes.

Seinen Tag von **Damaskus** erleben.

Als er (Paulus) … in die Nähe von Damaskus kam, umleuchtete ihn plötzlich ein Licht vom Himmel.

Apg 9,3. – Von der Bekehrung des Paulus bei Damaskus leitet sich unsere Redewendung »sein(en Tag von) Damaskus erleben«, d. h. eine innere Umkehr erfahren, her.

Wer einen Menschen zurechtweist, wird zuletzt **Dank** haben, mehr als der da freundlich tut.

Spr 28,23.

Dank sei Gott durch Jesus Christus, unsern Herrn!

Röm 7,25.

Gott aber sei **Dank**, der uns den Sieg gibt durch unsern Herrn Jesus Christus!

1Kor 15,57.

Gott aber sei **Dank** für seine unaussprechliche Gabe!

2Kor 9,15. – Die »Gabe Gottes«, nämlich sein Heilshandeln in Jesus Christus, ist »unaussprechlich«, wörtlich »unbeschreiblich« im Sinne von »gewaltig«.

Ich **danke** dir (Gott) dafür, dass ich wunderbar gemacht bin.

Ps 139,14.

Danket dem HERRN, denn er ist freundlich, und seine Güte währet ewiglich.

1Chr 16,34 (= Ps 106,1; 107,1; 118,1.29; ähnlich 136,1).

Nun **danket** alle Gott, der große Dinge tut an allen Enden, der uns von Mutterleib an lebendig erhält und uns alles Gute tut.

Sir 50,24.

Und als die Tage ihrer (Marias) Reinigung … um waren, brachten sie (Maria und Josef) ihn (Jesus) nach Jerusalem, um ihn dem Herrn **darzustellen**.

Lk 2,22. – »Darstellen« bedeutet, wie der anschließend zitierte Gesetzestext (2Mose 13,2.15) sagt, das erstgeborene männliche Kind Gott weihen.

(Mose sagt zu den Israeliten:) Ihr sollt nichts **dazutun** zu dem, was ich euch gebiete, und sollt auch nichts davontun, auf dass ihr bewahrt die Gebote des HERRN, eures Gottes, die ich euch gebiete.

5Mose 4,2 (ähnlich 13,1). – Dieses Gebot stammt vermutlich aus der Zeit am Ende des Babylonischen Exils oder noch später und will zumindest die Gesetzestexte des 5. Mosebuches vor Veränderungen schützen.

Das ist der Wille Gottes, dass ihr mit guten Taten den unwissenden und törichten Menschen das Maul stopft – als die Freien, und nicht als hättet ihr die Freiheit zum **Deckmantel** der Bosheit.

1Petr 2,15–16.

Dei gratia → Von Gottes **Gnaden**.

Wo Hochmut ist, da ist auch Schande, aber Weisheit ist bei den **Demütigen**.

Spr 11,2.

Gott widersteht den Hochmütigen, aber den **Demütigen** gibt er Gnade.

1Petr 5,5.

Demütigen → Ehe ich **gedemütigt** wurde, irrte ich; nun aber halte ich dein Wort.

Wer stolz ist, den kann er (Gott) **demütigen**.

Dan 4,34.

(Judit sagt:) Gott zürnt nicht wie ein Mensch, der sich nicht versöhnen lässt. Darum wollen wir uns von Herzen vor ihm **demütigen** und ihm dienen und mit Tränen zum Herrn beten, dass er nach seinem Gefallen Barmherzigkeit an uns erweisen wolle.

Jdt 8,13–14.

Der HERR **denkt** an uns und segnet uns.

Ps 115,12.

Denkzettel.

Die Gottesfürchtigen trösten sich untereinander also: Der HERR merkt's und hört's, und ist vor ihm ein Denkzettel geschrieben für die, so den HERRN fürchten und an seinen Namen gedenken.

Mal 3,16 in der Übersetzung Luthers; in der heutigen Lutherbibel lautet der Text: »Die Gottesfürchtigen trösten sich untereinander: Der HERR merkt und hört es, und es wird vor ihm ein Gedenkbuch geschrieben für die, welche den HERRN fürchten und an seinen Namen gedenken.« – Bei dem »Gedenkbuch« handelt es sich – wie beim »Buch des Lebens« – um ein himmlisches Buch, in dem die Namen und Taten der Frommen aufgezeichnet werden.

De profundis → Aus der **Tiefe** rufe ich, HERR, zu dir.

(Gott spricht zu Hesekiel:) Ich habe deine Stirn so hart wie einen **Diamanten** gemacht.

Hes 3,9.

(Der Goldschmied Demetrius, der Abbildungen des Tempels der Diana in Ephesus herstellt, wiegelt seine Mithandwerker gegen Paulus auf, der den Götterfiguren ihre Göttlichkeit abspricht, und sie rufen:) Groß ist die **Diana** der Epheser!

Apg 19,34. – Im griechischen Urtext steht nicht der Name der römischen Göttin Diana, sondern der Name der griechischen Göttin Artemis; die Artemis von Ephesus war ursprünglich die kleinasiatische Große Göttin, eine Fruchtbarkeitsgöttin; sie hatte dort einen riesigen Tempel.

(Gott spricht:) Das **Dichten** und Trachten des menschlichen Herzens ist böse von Jugend auf.

1Mose 8,21. – Am Ende der Sintflut lautet Gottes Urteil über die Bosheit der Menschen fast wörtlich genau so wie das, mit dem er seinen Entschluss, die Flut kommen zu lassen, begründet (6,5); also hat die Flut nicht den Menschen verändert, sondern Gott, dessen Gnade jetzt siegt.

Wie ein **Dieb** in der Nacht.
Ihr selbst wisst genau, dass der Tag des Herrn kommen wird wie ein Dieb in der Nacht.

1Thess 5,2 (ähnlich 2Petr 3,10; in Mt 24,43 heißt es: »Wenn ein Hausvater wüsste, zu welcher Stunde in der Nacht der Dieb kommt, so würde er ja wachen und nicht in sein Haus einbrechen lassen«; ähnlich Lk 12,39).

(Josua sagt:) Ich aber und mein Haus wollen dem HERRN **dienen**.

Jos 24,15.

(Jesus sagt:) »Du sollst anbeten den Herrn, deinen Gott, und ihm allein **dienen.**«

Mt 4,10 (= Lk 4,8). – Dieser Text ist ein abgewandeltes Zitat von 5Mose 6,13.

(Jesus sagt zu den Jüngern:) Wer unter euch der Erste sein will, der sei euer Knecht, so wie der Menschensohn nicht gekommen ist, dass er sich **dienen** lasse, sondern dass er diene und gebe sein Leben zu einer Erlösung für viele.

Mt 20,27–28 (ähnlich Mk 10,44–45).

(Jesus sagt:) Wer mir **dienen** will, der folge mir nach; und wo ich bin, da soll mein Diener auch sein. Und wer mir dienen wird, den wird mein Vater ehren.

Joh 12,26.

(Jesus sagt zu den Jüngern:) Wer unter euch groß sein will, der sei euer **Diener.**

Mt 20,26 (ähnlich Mk 10,43).

(Hiob sagt:) Muss nicht der Mensch immer im **Dienst** stehen auf Erden, und sind seine Tage nicht wie die eines Tagelöhners?

Hiob 7,1. – Das hebräische Wort, das Luther mit »Dienst« übersetzt, bedeutet eigentlich »Heeresdienst, Kriegsdienst« und ist hier im Sinne von »Frondienst, Sklavendienst« gemeint.

Sind sie (die Engel) nicht allesamt **dienstbare** Geister, ausgesandt zum Dienst um derer willen, die das Heil ererben sollen?

Hebr 1,14. – Dieser Satz steht am Ende eines Abschnitts (V. 4–14), in dem dargelegt wird, dass die Majestät Christi die Herrlichkeit der Engel überragt, die zum helfenden Dienst an der christlichen Gemeinde beauftragt sind.

(Sara sagt:) Jeder, der dir (Gott) **dient**, wird nach der Anfechtung gekrönt und aus der Trübsal erlöst, und nach der Züchtigung findet er Gnade.

Tob 3,22.

Dies irae (lat., »Tag des Zorns, des Grimms«).

Des HERRN großer Tag ist nahe, er ist nahe und eilt sehr. Horch, der bittere Tag des HERRN! Da werden die Starken schreien. Denn dieser Tag ist ein Tag des Grimmes, ein Tag der Trübsal und der Angst.

Zef 1,14–15. – *Dies irae, dies illa,* »Tag des Zorns, jener Tag«, ist der Anfang eines Hymnus, der beim katholischen Traueramt (Requiem) erklingt.

Das ist ein köstlich **Ding**, dem HERRN danken und lobsingen deinem Namen, du Höchster, des Morgens deine Gnade und des Nachts deine Wahrheit verkündigen.

Ps 92,2–3.

Es ist ein köstlich **Ding**, geduldig sein und auf die Hilfe des HERRN hoffen.

Klgl 3,26.

Es ist ein köstlich **Ding** für einen Mann, dass er das Joch in seiner Jugend trage.

Klgl 3,27. – Der Spruch meint wohl: Es ist gut für einen Mann, wenn er sein Joch, sein Leid so widerspruchslos trägt wie Arbeiten und Entbehrungen, die ihm in seiner Jugend auferlegt werden.

Der Glaube ist nicht jedermanns **Ding**.

2Thess 3,2. – Dieser Satz bedeutet in seinem Zusammenhang: Weil nicht alle Menschen für Christus und sein Wort offen sind, gelangen viele nicht zum Glauben, wenn das Wort gepredigt wird.

Es ist ein köstlich **Ding**, dass das Herz fest werde, welches geschieht durch Gnade.

Hebr 13,9. – Die Festigkeit des christlichen Bekenntnisses und Standpunktes wird als Geschenk durch Gnade erlangt und nicht – wie der Schluss des Verses sagt – durch die Einhaltung irgendwelcher Speisevorschriften.

Freue dich, Jüngling, in deiner Jugend und lass dein Herz guter **Dinge** sein in deinen jungen Tagen.

Pred 11,9.

(Jesus sagt:) Alle **Dinge** sind möglich dem, der da glaubt.

Mk 9,23.

(Jesus sagt:) Die Menschen werden vergehen vor Furcht und in Erwartung der **Dinge**, die kommen sollen über die ganze Erde.

Lk 21,26.

Von ihm (Gott) und durch ihn und zu ihm sind alle **Dinge**. Ihm sei Ehre in Ewigkeit! Amen.

Röm 11,36.

So haben wir doch nur e i n e n Gott, den Vater, von dem alle **Dinge** sind und wir zu ihm; und e i n e n Herrn, Jesus Christus, durch den alle Dinge sind und wir durch ihn.

1Kor 8,6. – Hier wird – wie z.B. auch in Kol 1,15–20 – der Glaube vorausgesetzt, dass Christus als ein vor aller Zeit existierendes Wesen bei der Schöpfung mitgewirkt hat.

Alle eure **Dinge** lasst in der Liebe geschehen!

1Kor 16,14.

Donnerstimme.
Ich hörte eine der vier Gestalten (die um den Thron Gottes waren) sagen wie mit einer Donnerstimme: Komm!

Offb 6,1.

Ein **Dorn** im Auge.
(Mose sagt zu den Israeliten:) Wenn ihr aber die Bewohner des Landes nicht vor euch her vertreibt, so werden euch die, die ihr übrig lasst, zu Dornen in euren Augen werden.

4Mose 33,55.

Dornenkrone.
Da nahmen die Soldaten des Statthalters Jesus mit sich … und flochten eine Dornenkrone und setzten sie ihm aufs Haupt.

Mt 27,27.29 (ähnlich Mk 15,16–17; Joh 19,2).

Und es wurde hinausgeworfen (aus dem Himmel) der große **Drache**, die alte Schlange, die da heißt: Teufel und Satan, … und er wurde auf die Erde geworfen.

Offb 12,9.

Dränge ihn (deinen Nächsten) nicht, wenn er dir etwas zurückzuzahlen hat.

Sir 31,40.

(Hiob sagt:) Man hat mich in den **Dreck** getreten.

Hiob 30,19 nach der Übersetzung Luthers; in der heutigen Lutherbibel lautet der Text: »Man hat mich in den Dreck geworfen.«

An ihnen (den Irrlehrern) hat sich erwiesen die Wahrheit des Sprichworts: Der Hund frisst wieder, was er gespien hat; und: Die Sau wälzt sich nach der Schwemme wieder im **Dreck**.

2Petr 2,22. – Der erste Teil des »Sprichworts« stammt aus Spr 26,11.

Etwas **drehen**, wie man will.
Die Gewaltigen reden nach ihrem Mutwillen, um Schaden zu tun, und drehen's, wie sie wollen.

Mich 7,3.

Es ist mancher scharfsinnig, aber ein Bösewicht, und kann eine Sache so **drehen**, dass er Recht behält.

Sir 19,22.

Ein Scheltwort **dringt** tiefer bei dem Verständigen als hundert Schläge bei dem Toren.

Spr 17,10.

Trachtet nach dem, was **droben** ist, und nicht nach dem, was auf Erden ist. Denn ihr seid gestorben, und euer Leben ist verborgen mit Christus in Gott. Wenn aber Christus, euer Leben, sich offenbaren wird, dann werdet ihr auch offenbar werden mit ihm in Herrlichkeit.

Kol 3,2–4. – Gemeint ist wohl: Der Glaubende hat Anteil an der Macht des auferstandenen Christus, aber diese Macht ist verborgen, kaum erfahrbar; insofern kann der Glaubende als »gestorben« bezeichnet werden. Erst am Weltende wird die Macht Christi, seine »Herrlichkeit«, und die »Herrlichkeit« des Glaubenden sichtbar in Erscheinung treten, worauf der Glaubende sich jetzt schon ausrichten (»nach dem trachten, was droben ist«) soll.

(Natan sagt zu David, nachdem er ihm die Geschichte vom reichen und armen Mann erzählt hat und David sich empört:) **Du** bist der Mann!

2Sam 12,7.

Einem jeglichen **dünkt** sein Weg recht; aber der HERR prüft die Herzen.

Spr 21,2.

Wenn du einen siehst, der sich weise **dünkt**, da ist für einen Toren mehr Hoffnung als für ihn.

Spr 26,12. – Gemeint ist wohl: Für einen Toren besteht vielleicht noch Hoffnung, dass er sich ändert.

Meine Seele **dürstet** nach Gott, nach dem lebendigen Gott.

Ps 42,3.

(Die Weisheit sagt:) Wer von mir trinkt, den **dürstet** immer nach mir.

Sir 24,29.

(Jesus sagt am Kreuz:) Mich **dürstet**.

Joh 19,28.

Es wird nicht **dunkel** bleiben über denen, die in Angst sind.

Jes 8,23.

Im **Dunkeln** tappen.

(Mose sagt zum Volk Israel:) Du wirst tappen am Mittag, wie ein Blinder tappt im Dunkeln.

5Mose 28,29 (»im Dunkeln tappen« auch 2Petr 1,9).

Alle Worte Gottes sind **durchläutert**; er ist ein Schild denen, die auf ihn trauen.

Spr 30,5.

(Jesus, der »Menschensohn«, sagt:) Ich bin **durstig** gewesen, und ihr habt mir zu trinken gegeben.

Mt 25,35.

Eine **durstige** Seele.
Die sollen dem HERRN danken …, dass er sättigt die durstige Seele.

Ps 107,8–9.

Eine gute Botschaft aus fernen Landen ist wie kühles Wasser für eine **durstige** Kehle.

Spr 25,25.

E

Er (Christus) ist das **Ebenbild** des unsichtbaren Gottes, der Erstgeborene vor aller Schöpfung. Denn in ihm ist alles geschaffen, was im Himmel und auf Erden ist, das Sichtbare und das Unsichtbare.

Kol 1,15–16. – Es handelt sich um den Anfang eines Hymnus (V. 15–20), der beschreibt, wie Christus, das »Ebenbild«, der Repräsentant Gottes, vor aller Zeit existierend, bei der Schöpfung die Herrscherwürde über das All gewann (V. 15–18a) und als der Auferstandene und der Überwinder des Todes erneut und endgültig zum Herrscher des Alls und zum Bringer des ewigen Friedens wurde (V. 18b–20).

Ecce homo (lat., »siehe/seht, [welch] ein Mensch«).
Da ging Pilatus wieder hinaus und sprach zu ihnen (den Juden): Seht, ich führe ihn (Jesus) heraus zu euch, damit ihr erkennt, dass ich keine Schuld an ihm finde. Und Jesus kam heraus und trug die Dornenkrone und das Purpurgewand. Und Pilatus spricht zu ihnen: Seht, welch ein Mensch!

Joh 19,4–5. – Wörtlich übersetzt lautet der letzte Satz: »Seht, da ist der Mensch!« und bedeutet: Jesus, eine Jammergestalt, die Karikatur eines irdischen Königs – das ist der, um dessen Todesurteil ihr euch bemüht.

Jetzt ist sie (eine Frau im Hurengewand) draußen, jetzt auf der Gasse und lauert an allen **Ecken**.

Spr 7,12.

Gott der HERR pflanzte einen Garten in **Eden** gegen Osten hin und setzte den Menschen hinein, den er gemacht hatte.

1Mose 2,8. – Nach diesem Text lag der Garten, den der erste Mensch (Adam) und dann das erste Menschenpaar bewohnte, in einer Landschaft namens Eden (so auch in V. 10). Ansonsten spricht das Alte Testament vom »Garten Eden« (V. 15; 3,23.24; Hes 28,13; 36,35; Joel 2,3), und hier bedeutet das hebräische Wort »Eden« soviel wie »Wonne«. Vielleicht galt »Eden« ursprünglich als Name einer Landschaft mit dem Garten und wurde dann auf den Garten übertragen. Die griechische Übersetzung des Alten Testaments bezeichnet diesen Garten mit dem

Wort *parádeisos* (einem Lehnwort aus dem Altpersischen mit der Bedeutung »umzäunter Raum, Park«), woraus sich die Vorstellung vom *Paradies* entwickelte.

Und du Bethlehem **Efrata**, die du klein bist unter den Städten in Juda, aus dir soll mir der kommen, der in Israel Herr sei, dessen Ausgang von Anfang und von Ewigkeit her gewesen ist.

Mich 5,1 (zitiert in Mt 2,6). – Diese Weissagung kündigt einen Herrscher an, der aus Efrata – das war der Name eines Landstrichs um und mit Bethlehem (und wohl auch der Sippe, die ihren Sammelpunkt oder Wohnsitz in Bethlehem hatte) und Heimatort des »Efratiters« David (1Sam 17,12) – stammen soll und – so lautet der Text wörtlich übersetzt – »dessen Anfänge von der Vergangenheit, von den Tagen der Vorzeit her« sind, wobei sicherlich an die Epoche Davids gedacht ist. Umstritten bleibt, ob sich hier – vergleichbar etwa der Kyffhäusersage – die Erwartung der Wiederkehr Davids ausspricht oder ob der erwartete Herrscher wie einst David aus dem unscheinbaren Bethlehem hervorgehen soll.

(Tobias sagt zu seiner Frau Sara:) Wir sind Kinder der Heiligen und können unsere **Ehe** nicht beginnen wie die Heiden, die Gott nicht kennen.

Tob 8,5.

(Jesus sagt:) Wer eine Frau ansieht, sie zu begehren, der hat schon mit ihr die **Ehe** gebrochen in seinem Herzen.

Mt 5,28.

Du sollst nicht **ehebrechen**.

2Mose 20,14 (= 5Mose 5,18; zitiert z.B. in Mt 5,27; 19,18; Röm 13,9).

Wer eine **Ehefrau** gefunden hat, der hat etwas Gutes gefunden und Wohlgefallen erlangt vom HERRN.

Spr 18,22. – Gemeint ist sicherlich – wie man aus der Polemik des Sprüchebuches gegen die zänkische (Ehe-)Frau (z.B. 19,13; 21,9.19) schließen darf – die *gute* Ehefrau.

Haus und Habe vererben die Eltern; aber eine verständige **Ehefrau** kommt vom HERRN.

Spr 19,14.

Eherne Stirn.

(Gott spricht:) Ich weiß, dass du (Israel) hart bist und dein Nacken eine eiserne Sehne ist und deine Stirn ehern.

Jes 48,4.

Gebt unserm Gott allein die **Ehre**!

5Mose 32,3 (ähnlich z.B. Jos 7,19; Jer 13,16).

(Engel sagen bei der Geburt Jesu:) **Ehre** sei Gott in der Höhe und Friede auf Erden bei den Menschen seines Wohlgefallens.

Lk 2,14. – Dieser Text, der wörtlich übersetzt etwa lautet: »Herrlichkeit hat in den Höhen Gott, und auf der Erde ist Friede bei den Menschen des Wohlgefallens«, bringt lobpreisend zum Ausdruck: Durch die Geburt des »Heilandes« (wörtlich: des »Retters«) Jesus Christus (V. 11) erweist Gott seine »Herrlichkeit« – das griechische Wort *dóxa*, das auch »Lichtglanz« (z.B. V. 9; bei Luther »Klarheit«) oder »Ehre« (z.B. 14,10; Joh 12,43) bedeutet, meint hier (wie auch z.B. Röm 6,4; Tit 2,13; Hebr 1,3) die Macht, Erhabenheit und Majestät Gottes – und erhalten die »Menschen des Wohlgefallens«, d.h. auf denen Gottes Wohlgefallen ruht, weil sie ihm die Ehre geben, Anteil an Gottes endzeitlichem Frieden (griech. *eirḗnē*).

Gebt nun jedem, was ihr schuldig seid: … **Ehre**, dem die Ehre gebührt.

Röm 13,7.

Ob ihr nun esst oder trinkt oder was ihr auch tut, das tut alles zu Gottes **Ehre**.

1Kor 10,31. – Paulus verallgemeinert hier seine Überlegungen zur Teilnahme an heidnischen Gastmählern (V. 25–30) dahingehend, dass alles Tun des Christen der Ehre Gottes dienen soll.

Ehre Vater und Mutter mit der Tat und mit Worten und mit aller Geduld, damit ihr Segen über dich kommt.

Sir 3,9–10.

Ehre deinen Vater von ganzem Herzen und vergiss nicht, welche Schmerzen deine Mutter um dich gelitten hat.

Sir 7,29.

Wer sich gern zurechtweisen lässt, wird zu **Ehren** kommen.

Spr 13,18.

Mein Kind, wenn einer stirbt, so beweine ihn … und bestatte ihn mit **Ehren**.

Sir 38,16.

(Gott spricht:) Wer mich **ehrt**, den will ich auch ehren; wer aber mich verachtet, der soll wieder verachtet werden.

1Sam 2,30.

Ehrt jedermann, habt die Brüder lieb, fürchtet Gott, ehrt den König!

1Petr 2,17.

Wie ein Vogel, der sich über **Eier** setzt, die er nicht gelegt hat, so ist, wer unrecht Gut sammelt.

Jer 17,11.

Der **Eifer** um dein (Gottes) Haus hat mich gefressen.

Ps 69,10 (zitiert in Joh 2,17).

Wo man nicht mit Vernunft handelt, da ist auch **Eifer** nichts nütze.

Spr 19,2.

Solches wird tun der **Eifer** des HERRN Zebaoth.

Jes 9,6. – Dieser Satz bildet den Schluss einer Weissagung (V. 1–6), die dem Volk Israel die Befreiung von der Fremdherrschaft und die Geburt und Inthronisation eines Friedenskönigs ankündigt.

Ich bezeuge ihnen (den Juden), dass sie **Eifer** für Gott haben, aber ohne Einsicht.

Röm 10,2. – Mit der mangelnden »Einsicht« meint Paulus den Umstand, dass die Juden nicht begreifen, was Gott durch Christus für sie und die Welt getan hat. In der älteren Revision der Lutherbibel lautet der Text: »Ich gebe ihnen das Zeugnis, daß sie eifern um Gott, aber mit Unverstand«; davon leitet sich die Redewendung »eifern mit Unverstand« ab.

Ich, der HERR, dein Gott, bin ein **eifernder** Gott, der die Missetat der Väter heimsucht bis ins dritte und vierte Glied an den Kindern derer, die mich hassen, aber Barmherzigkeit erweist an vielen tausenden, die mich lieben und meine Gebote halten.

2Mose 20,5–6 (= 5Mose 5,9–10; ähnlich 2Mose 34,7; 5Mose 7,9–10). – Die hebräischen Wörter für »Eifer«, »eifern«, »Eifersucht« kennzeichnen, auf Gott angewendet, seinen Anspruch auf alleinige Verehrung (z. B. 5Mose 32,16), der die Abtrünnigkeit Israels ahndet (z. B. Zef 3,8), aber auch Gottes unbeirrbaren Heilswillen, mit dem er sein Volk nach dem Gericht in Schutz nimmt (z. B. Sach 1,14). Der zitierte Text stellt die höchstens bis ins »vierte Glied« (d. h. die Urenkel) reichende Vergeltung Gottes seiner grenzenlosen (»an vielen tausenden«) Barmherzigkeit gegenüber.

Ein gelassenes Herz ist des Leibes Leben; aber **Eifersucht** ist Eiter in den Gebeinen.

Spr 14,30.

Die Liebe **eifert** nicht, die Liebe treibt nicht Mutwillen, sie bläht sich nicht auf.

1Kor 13,4. – Die Liebe geht nicht fanatisch vor, sie prahlt nicht, und sie ist nicht eitel oder hochmütig.

(Mose sagt im Auftrag Gottes zu den Israeliten:) Werdet ihr nun meiner Stimme gehorchen und meinen Bund halten, so sollt ihr mein **Eigentum** sein vor allen Völkern; denn die ganze Erde ist mein.

2Mose 19,5.

Ihr aber seid das auserwählte Geschlecht, die königliche Priesterschaft, das heilige Volk, das Volk des **Eigentums**, dass ihr verkündigen sollt die Wohltaten dessen, der euch berufen hat von der Finsternis zu seinem wunderbaren Licht.

1Petr 2,9.

Darum wird ein Mann seinen Vater und seine Mutter verlassen und seiner Frau anhangen, und sie werden sein **ein** Fleisch.

1Mose 2,24 (zitiert z. B. in Mt 19,5–6; Eph 5,31).

Wie **ein** Mann stehen, sich als Volk erheben.

Die Gemeinde (der Israeliten) versammelte sich wie ein Mann.

Richt 20,1 (»wie ein Mann« ferner V. 8.11; Esr 3,1; Neh 8,1).

Einer mag überwältigt werden, aber zwei können widerstehen, und eine dreifache Schnur reißt nicht leicht entzwei.

Pred 4,12.

Einer wie der andere.

So ist nun weder der pflanzt noch der begießt etwas, sondern Gott, der das Gedeihen gibt. Der aber pflanzt und der begießt, sind einer wie der andere.

1Kor 3,7–8.

(Leute sagen zu Petrus, bevor er Jesus verleugnet:) Du bist auch **einer** von denen (die mit Jesus waren), denn deine Sprache verrät dich.

Mt 26,73 (ähnlich Mk 14,69).

(Jesus sagt:) Also hat Gott die Welt geliebt, dass er seinen **eingeborenen** Sohn gab, damit alle, die an ihn glauben, nicht verloren werden, sondern das ewige Leben haben.

Joh 3,16. – Das griechische Wort *monogenḗs*, »einzig(es Kind)« (Lk 7,12; 8,42; 9,38; Hebr 11,17), hebt, auf Jesus bezogen (Joh 1,14.18; 3,16.18; 1Joh 4,9), die Sohnschaft Jesu als eine ganz besondere hervor und wird hier von Luther mit »eingeboren« übersetzt.

(Jesus sagt:) Ich und der Vater sind **eins**.

Joh 10,30.

(Jesus sagt:) Ich bitte aber nicht allein für sie (die Jünger), sondern auch für die, die durch ihr Wort an mich glauben werden, damit sie alle **eins** seien.

Joh 17,20–21.

Es ist alles ganz **eitel**, sprach der Prediger, es ist alles ganz eitel.

Pred 1,2. – Das hebräische Wort *haebael*, »eitel« (»gehaltlos, nichtig«), ist das Leitwort des Buches Prediger (z. B. 1,14; 2,1; 3,19; 4,4; 5,9; 12,8).

(Gott spricht:) Ich sehe aber auf den **Elenden** und auf den, der zerbrochenen Geistes ist und der erzittert vor meinem Wort.

Jes 66,2.

Ich **elender** Mensch! Wer wird mich erlösen von diesem todverfallenen Leibe?

Röm 7,24.

Die **elfte** Stunde.
(Jesus erzählt im »Gleichnis von den Arbeitern im Weinberg« Mt 20,1–15:) Um die elfte Stunde aber ging er (der Weinbergbesitzer) aus und fand andere (Arbeiter).

Mt 20,6. – Unser Ausdruck »die elfte Stunde« bezeichnet eine fortgeschrittene, späte Zeit.

(Jesus schreit am Kreuz:) **Eli**, Eli, lama asabtani? Das heißt: Mein Gott, mein Gott, warum hast du mich verlassen?

Mt 27,46 (= Mk 15,34).

(Gott spricht:) Siehe, ich will euch senden den Propheten **Elia**, ehe der große und schreckliche Tag des HERRN kommt.

Mal 3,23. – Gemeint ist offenbar, dass Elia, der laut 2Kön 2,11 nicht starb, sondern in den Himmel entrückt wurde, in der Endzeit wiederkommen wird; diese – vom Judentum weiter ausgebaute – Vorstellung begegnet auch im Neuen Testament (z.B. Mt 17,10–12; Joh 1,21).

Mit der **Elle** messen.
Ihr sollt nicht unrecht handeln im Gericht, mit der Elle, mit Gewicht, mit Maß.

3Mose 19,35.

Ellenlanger Brief.
Ich sehe einen fliegenden Brief, der ist zwanzig Ellen lang und zehn Ellen breit.

Sach 5,2 nach der Übersetzung Luthers; in der heutigen Lutherbibel lautet der Text: »Ich sehe eine fliegende Schriftrolle, die ist zwanzig Ellen lang und zehn Ellen breit.«

Denke daran, dass du von deinen **Eltern** das Leben hast; womit kannst du ihnen denn vergelten, was du ihnen verdankst?

Sir 7,30.

(Jesus sagt zu den Jüngern:) Macht Kranke gesund, … treibt böse Geister aus. Umsonst habt ihr's **empfangen**, umsonst gebt es auch.

Mt 10,8.

(Ein Mitgekreuzigter sagt zu dem anderen:) Wir **empfangen**, was unsre Taten verdienen; dieser (Jesus) aber hat nichts Unrechtes getan.

Lk 23,41.

Was hast du, das du nicht **empfangen** hast?

1Kor 4,7.

Enakskinder.

(Die von Mose ausgesandten Kundschafter berichten:) Wir sahen auch Riesen daselbst, Enaks Kinder von den Riesen.

4Mose 13,33 nach der Übersetzung Luthers; in der heutigen Lutherbibel lautet der Text: »Wir sahen dort auch Riesen, Anaks Söhne aus dem Geschlecht der Riesen.« – Der Ausdruck »Enakskinder« dient als Bezeichnung für starke und riesige Menschen.

HERR, lehre mich doch, dass es ein **Ende** mit mir haben muss und mein Leben ein Ziel hat und ich davonmuss.

Ps 39,5.

Sie (die Gottlosen) gehen unter und nehmen ein **Ende** mit Schrecken.

Ps 73,19.

Ich weiß wohl, was ich für Gedanken über euch (die Israeliten) habe, spricht der HERR: Gedanken des Friedens und nicht des Leides, dass ich euch gebe das **Ende**, des ihr wartet.

Jer 29,11. – Der Schluss lautet wörtlich übersetzt: »dass ich euch gebe Zukunft und Hoffnung.«

Was du auch tust, so bedenke das **Ende**, so wirst du nie etwas Böses tun.

Sir 7,40 nach der Übersetzung Luthers; in der heutigen Lutherbibel lautet der Text: »Was du auch tust, so bedenke dein Ende, dann wirst du nie etwas Böses tun.«

(Jesus sagt zu den Jüngern:) Und siehe, ich bin bei euch alle Tage bis an der Welt **Ende**.

Mt 28,20. – Dieser Satz schließt den »Missionsbefehl« (V. 18–20) ab, der Bestandteil der Taufliturgie ist.

Es ist aber nahe gekommen das **Ende** aller Dinge.

1Petr 4,7.

(Gott spricht:) Wendet euch zu mir, so werdet ihr gerettet, aller Welt **Enden**; denn ich bin Gott, und sonst keiner mehr.

Jes 45,22.

Der **Engel** des HERRN lagert sich um die her, die ihn fürchten, und hilft ihnen heraus.

Ps 34,8.

Von einem guten **Engel** geleitet sein.

(Der alte Tobias sagt zu seiner Frau Sara:) Ich glaube, dass ein guter Engel Gottes ihn (den Sohn) geleitet.

Tob 5,29 (ähnlich 2Makk 15,23 [Judas Makkabäus betet:] »So schicke nun auch, du Herrscher im Himmel, einen guten Engel vor uns her, die Feinde zu erschrecken«).

Und alle, die im Rat saßen, blickten auf ihn (Stephanus) und sahen sein Angesicht wie eines **Engels** Angesicht.

Apg 6,15.

Wenn ich mit Menschen- und mit **Engelzungen** redete und hätte die Liebe nicht, so wäre ich ein tönendes Erz oder eine klingende Schelle.

1Kor 13,1. → Mit **Menschen**- und mit Engelzungen reden.

Englischer Gruß.

Mit diesem Ausdruck bezeichnet man das Ave Maria (»sei gegrüßt, du Begnadete!« Lk 1,28), seltener das katholische Dankgebet »Angelus Domini«, das mit den Worten *Angelus Domini nuntiavit Mariae,* »der Engel des Herrn verkündete Maria« (nach Lk 1,28), beginnt. In der Kunstgeschichte wird die Darstellung der Szene, wie der Engel Gabriel zu Maria kommt und ihr die Geburt Jesu ankündigt (Lk 1,26–38), »Englischer Gruß« genannt.

(Gott sagt zu Zion:) Kann auch eine Frau ihr Kindlein vergessen, dass sie sich nicht **erbarme** über den Sohn ihres Leibes? Und ob sie seiner vergäße, so will ich doch deiner nicht vergessen.

Jes 49,15.

(Sara betet:) Herr, **erbarme** dich.

Tob 8,10 (ähnlich z.B. Sir 36,14; Mt 9,27; 15,22; 17,15; Mk 10,47; Lk 17,13).

So liegt es nun nicht an jemandes Wollen oder Laufen, sondern an Gottes **Erbarmen**.

Röm 9,16.

So zieht nun an … herzliches **Erbarmen**, Freundlichkeit, Demut, Sanftmut, Geduld.

Kol 3,12.

Wie sich ein Vater über Kinder **erbarmt**, so erbarmt sich der HERR über die, die ihn fürchten.

Ps 103,13.

Lasst es alles geschehen zur **Erbauung**!

1Kor 14,26. – Übertragen, bildhaft werden die Wörter »erbauen«, »Erbauung« im Sinne von »den Aufbau und das religiöse Wachstum der Gemeinde fördern« verwendet (z.B. Röm 14,19; 1Kor 14,5; 1Thess 5,11).

Du musst doch alles, was du sauer erworben hast, andern lassen und den Ertrag deiner Arbeit den **Erben** geben.

Sir 14,15. – In dem Abschnitt V. 12–17 geht es darum, dass der Mensch nichts von seinem Reichtum hat, wenn er stirbt.

Sie (die Liebe) lässt sich nicht **erbittern**, sie rechnet das Böse nicht zu.

1Kor 13,5. – Die Liebe lässt sich nicht zum Zorn reizen und vergibt die Schuld des anderen.

Und die **Erde** war wüst und leer, und es war finster auf der Tiefe.

1Mose 1,2. – Der hebräische Urtext ist etwa so zu übersetzen: »Die Erde aber war wüst und öde, und Finsternis war über der Urflut«, wobei wohl gemeint ist, dass die Erde ganz oder teilweise von der Urflut bedeckt war; die Wörter, die Luther mit »wüst und leer« übersetzt, lauten hebräisch *tohū wābohū* (davon ist unser Wort »Tohuwabohu« abgeleitet) und bezeichnen eine lebensfeindliche, grauenhafte Wüste und Öde.

(Gott spricht zu Adam:) Du bist **Erde** und sollst zu Erde werden.

1Mose 3,19.

(Gott spricht nach der Sintflut:) Ich will hinfort nicht mehr die **Erde** verfluchen um der Menschen willen.

1Mose 8,21.

(Gott spricht:) Solange die **Erde** steht, soll nicht aufhören Saat und Ernte, Frost und Hitze, Sommer und Winter, Tag und Nacht.

1Mose 8,22.

(Jehu sagt zum Volk:) So erkennt denn, dass kein Wort des HERRN auf die **Erde** gefallen ist.

2Kön 10,10 (ähnlich 1Sam 3,19).

Die **Erde** ist des HERRN und was darinnen ist, der Erdkreis und die darauf wohnen.

Ps 24,1.

Alles, was aus der **Erde** kommt, muss wieder zu Erde werden, wie alle Wasser wieder ins Meer fließen.

Sir 40,11.

(Jesus sagt zu Petrus:) Alles, was du auf **Erden** binden wirst, soll auch im Himmel gebunden sein, und alles, was du auf Erden lösen wirst, soll auch im Himmel gelöst sein.

Mt 16,19 (in 18,18 sagt Jesus ein fast gleich lautendes Wort zur Gemeinde). – »Binden« und »lösen« heißt: ein überliefertes Gebot für verbindlich oder für unverbindlich erklären.

Erforsche mich, Gott, und erkenne mein Herz; prüfe mich und erkenne, wie ich's meine.

Ps 139,23.

Erfreue mich wieder mit deiner Hilfe, und mit einem willigen Geist rüste mich aus.

Ps 51,14.

(Jesus sagt:) Die Zeit ist **erfüllt**, und das Reich Gottes ist herbeigekommen.

Mk 1,15. – Der von Gott bestimmte Zeitpunkt (griech. *kairós*) hat sich erfüllt.

(Jesus sagt:) Heute ist dieses Wort der Schrift **erfüllt** vor euren Ohren.

Lk 4,21. – Gemeint ist, dass Jesus mit seinem Tun und Reden die Weissagung Jes 61,1–2, die er in der Synagoge verlesen hat (V. 16–19), verwirklicht.

Als aber die Zeit **erfüllt** war, sandte Gott seinen Sohn, geboren von einer Frau und unter das Gesetz getan, damit er die, die unter dem Gesetz waren, erlöste, damit wir die Kindschaft empfingen.

Gal 4,4–5. – Als das Ende der Zeit (griech. *chrónos*), nämlich der Unmündigkeit (V. 1–3), gekommen war, sandte Gott seinen Sohn.

Erhalte mein Herz bei dem einen, dass ich deinen (Gottes) Namen fürchte.

Ps 86,11.

Erhebe dich, Gott, über den Himmel und deine Herrlichkeit über alle Welt!

Ps 57,6 (= V. 12; ähnlich 108,6).

(Maria sagt:) Meine Seele **erhebt** den Herrn, und mein Geist freut sich Gottes, meines Heilandes.

Lk 1,46–47. – Mit diesem Text beginnt der Lobgesang der Maria (V. 46–55), der nach den lateinischen Anfangsworten *magnificat anima mea Dominum*, »meine Seele erhebt den Herrn«, als »Magnifikat« bezeichnet wird und Teil des liturgischen Abendgebetes ist.

(Jesus sagt:) Wer sich selbst **erhöht**, der wird erniedrigt; und wer sich selbst erniedrigt, der wird erhöht.

Mt 23,12 (= Lk 14,11; 18,14). – Es geht um das Verhalten zum Mitmenschen (Dienen oder Selbstgerechtigkeit), auf das *Gott* reagieren wird; so spricht laut Hes 21,31 Gott zum König von Babel: »Tu weg den Kopfbund und nimm ab die Krone! Denn nichts bleibt, wie es ist, sondern was hoch ist, soll erniedrigt werden, und was niedrig ist, soll erhöht werden.«

(Jesus sagt:) Und ich, wenn ich **erhöht** werde von der Erde, so will ich alle zu mir ziehen.

Joh 12,32. – Die Erhöhung Jesu am Kreuz bedeutet zugleich seine Erhöhung in die himmlische Herrlichkeit, in der die Glaubenden mit ihm vereinigt sein werden und die nach Auffassung des Johannesevangeliums für die Glaubenden schon in der Gegenwart beginnt.

Darum hat ihn (Jesus Christus) auch Gott **erhöht** und hat ihm den Namen gegeben, der über alle Namen ist, dass in dem Namen Jesu sich beugen sollen aller derer Knie, die im Himmel und auf Erden und unter der Erde sind, und alle Zungen bekennen sollen, dass Jesus Christus der Herr ist, zur Ehre Gottes, des Vaters.

Phil 2,9–11. – Es handelt sich um den Schlussteil eines Hymnus (V. 6–11), wonach Christus von Gott den Namen »Herr« – eine Umschreibung des hochheiligen und seit langem nicht mehr ausgesprochenen Gottesnamens *Jahwe* – erhielt und damit zum Weltherrscher eingesetzt wurde; das Bekenntnis aller Mächte des Kosmos zu ihm gibt Gott die Ehre.

Du (Gott) **erhörst** Gebet; darum kommt alles Fleisch zu dir.

Ps 65,3.

(Jesus sagt:) Weil die Ungerechtigkeit überhand nehmen wird, wird die Liebe in vielen **erkalten**.

Mt 24,12.

(Gott spricht zu den Israeliten:) Aus allen Geschlechtern auf Erden habe ich allein euch **erkannt**, darum will ich auch an euch heimsuchen all eure Sünde.

Am 3,2. – Weil Gott das Volk Israel in einzigartiger Weise »erkannt«, sich ihm zugewendet hat, Israel aber die darin liegende Verantwortung nicht wahrnahm, wird Gott es zur Rechenschaft ziehen.

Ihr seid teuer **erkauft**; darum preist Gott mit eurem Leibe.

1Kor 6,20. – Herkunft und Sinn des Bildes vom Loskauf der Glaubenden durch den Tod Jesu – der Empfänger des Kaufpreises wird nicht genannt – ist unklar; mit »Leib« meint Paulus wohl nicht nur den Körper, sondern die gesamte Existenz.

Ihr seid teuer **erkauft**; werdet nicht der Menschen Knechte.

1Kor 7,23. – »Der Menschen Knechte werden« bedeutet, wie Paulus in V. 17–22 ausführt: sich an den Maßstäben der Welt orientieren und sich an sie binden.

Es wird keiner den andern noch ein Bruder den andern lehren und sagen: »**Erkenne** den HERRN«, sondern sie sollen mich alle erkennen, beide, Klein und Groß, spricht der HERR; denn ich will ihnen ihre Missetat vergeben und ihrer Sünde nimmermehr gedenken.

Jer 31,34. – Dieser Text gehört zur Verheißung des neuen Bundes (V. 31–34) und stellt den Israeliten in Aussicht, dass sie ohne Belehrung Gott »erkennen«, seinem Willen gemäß leben.

Jetzt **erkenne** ich stückweise; dann aber werde ich erkennen, wie ich erkannt bin.

1Kor 13,12. – Der Glaubende kommt erst im Jenseits zur vollen Erkenntnis Gottes, der den Menschen schon in der irdischen Existenz »erkannt«, angenommen hat.

Den Heiligen **erkennen**, das ist Verstand.

Spr 9,10. – Weisheit (»Verstand«) wird hier mit der Ehrfurcht vor Gott (»den Heiligen erkennen«) gleichgesetzt.

(Jesus sagt:) Das ist aber das ewige Leben, dass sie (die Glaubenden) dich, der du allein wahrer Gott bist, und den du gesandt hast, Jesus Christus, **erkennen**.

Joh 17,3.

(Gott spricht zu Adam:) Von dem Baum der **Erkenntnis** des Guten und Bösen sollst du nicht essen.

1Mose 2,17. – Der Sinn des Ausdrucks »Erkenntnis des Guten und Bösen« ist sehr umstritten. Wahrscheinlich meint die Wortverbindung »gut und böse« so viel wie »alles« und schließt der Begriff »Erkenntnis« das *Können*, die praktisch-technische Fähigkeit, ein; dementsprechend sagt die Schlange zu Eva: »An dem Tage, da ihr davon (von den Früchten des verbotenen Baumes) esst, werden eure Augen aufgetan, und ihr werdet sein wie Gott und wissen (wörtlich: erkennen), was gut und böse ist« (3,5), d. h. die »Erkenntnis des Guten und Bösen« bedeutet: sein wie Gott.

Die **Erkenntnis** eines weisen Mannes wächst wie eine Flut, und sein Rat ist wie eine lebendige Quelle.

Sir 21,16.

O welch eine Tiefe des Reichtums, beides, der Weisheit und der **Erkenntnis** Gottes! Wie unbegreiflich sind seine Gerichte und unerforschlich seine Wege!

Röm 11,33. – Hier (der erste Teil des Textes lautet wörtlich übersetzt: »O Tiefe des Reichtums, der Weisheit und der Erkenntnis Gottes!«) liegt ein Lobpreis auf die Herrlichkeit und Größe Gottes vor: Er macht aus seinem Reichtum die Glaubenden reich, d. h. er schenkt ihnen das Heil; seine Weisheit, die in Christus wirkt (1Kor 1,30), gibt dem Leben der Glaubenden Sinn; er wendet sich ihnen in seiner »Erkenntnis«, d. h. Erwählung, zu; und seine »Gerichte«, d. h. Rechtsentscheide, lenken die Welt.

(Christus,) in welchem verborgen liegen alle Schätze der Weisheit und der **Erkenntnis**.

Kol 2,3. – Wahre und alleinige Weisheit und Erkenntnis – beide Wörter sind hier wohl gleichbedeutend gebraucht und meinen die glaubende und gehorsame Existenz – gibt es nur für den, der anerkennt, dass in Christus die ganze Offenbarung Gottes ein für allemal erfolgt ist; allerdings sind diese Weisheit und Erkenntnis »verborgen«, d. h. dem Menschen unverfügbar, immer neu von Gott geschenkt.

Alles ist mir **erlaubt**, aber nicht alles dient zum Guten. Alles ist mir erlaubt, aber es soll mich nichts gefangen nehmen.

1Kor 6,12. – In dem Abschnitt V. 12–20 behandelt Paulus das Thema »christliche Freiheit und Unzucht«. Der Satz »alles ist mir erlaubt« war offenbar das Schlagwort einiger Christen in Korinth, nach deren Verständnis von christlicher Freiheit der Geschlechtsverkehr mit einer Dirne nur den Leib, nicht jedoch den Geist berühre; der Parole »alles ist mir erlaubt« stimmt Paulus zwar grundsätzlich zu, schränkt sie aber dahingehend ein, dass man die Freiheit nicht zum eigenen Schaden oder zum Schaden anderer missbrauchen darf. Das gilt auch für die Frage, ob ein Christ Götzenopferfleisch essen darf (10,23–11,1), deren Erörterung Paulus mit dem Satz einleitet: »Alles ist erlaubt, aber nicht alles dient zum Guten. Alles ist erlaubt, aber nicht alles baut auf« (V. 23).

(Hiob sagt:) Ich weiß, dass mein **Erlöser** lebt, und als der Letzte wird er über dem Staub sich erheben.

Hiob 19,25. – Hiob ist überzeugt, dass Gott als sein »Erlöser«, sein Anwalt oder Rechtsbeistand, auf die Erde, den »Staub«, kommt und im Prozess als der »Letzte« das entscheidende Schlussplädoyer hält.

Ich helfe dir, spricht der HERR, und dein **Erlöser** ist der Heilige Israels.

Jes 41,14.

Für Zion wird er (Gott) als **Erlöser** kommen und für die in Jakob (d. h. Israel), die sich von der Sünde abwenden.

Jes 59,20.

Du hast mich **erlöst**, HERR, du treuer Gott.

Ps 31,6. – Das Wort »erlösen« bedeutet hier, dass Gott den Beter vor seinen Feinden (V. 5.9.12–14.16.18) rettet.

(Gott spricht zu Israel:) Fürchte dich nicht, denn ich habe dich **erlöst**; ich habe dich bei deinem Namen gerufen; du bist mein!

Jes 43,1. – Mit »erlösen« ist hier gemeint, dass Gott Israel aus der Babylonischen Gefangenschaft befreit und ihm seine Heimat wiedergibt.

Die **Erlösten** des HERRN werden wiederkommen und nach Zion kommen mit Jauchzen; ewige Freude wird über ihrem Haupte sein; Freude und Wonne werden sie ergreifen, und Schmerz und Seufzen wird entfliehen.

Jes 35,10.

Bei dem HERRN ist die Gnade und viel **Erlösung** bei ihm.

Ps 130,7.

(Jesus sagt zu den Jüngern:) Die **Ernte** ist groß, aber wenige sind der Arbeiter. Darum bittet den Herrn der Ernte, dass er Arbeiter in seine Ernte sende.

Mt 9,37–38 (ähnlich Lk 10,2). – Das Bild der Ernte meint hier die Sammlung der Menschen für das anbrechende Reich Gottes.

Ernten, was man nicht gesät hat.
(Im »Gleichnis von den anvertrauten Zentnern/Pfunden« Mt 25,14–30; Lk 19,12–27 sagt der Knecht zu seinem Herrn:) Du erntest, wo du nicht gesät hast.

Mt 25,24 (ähnlich Lk 19,21).

Hastig **errafftes** Gut zerrinnt; wer aber ruhig sammelt, bekommt immer mehr.

Spr 13,11.

Es ist **erschienen** die heilsame Gnade Gottes allen Menschen.

Tit 2,11.

Dazu ist **erschienen** der Sohn Gottes, dass er die Werke des Teufels zerstöre.

1Joh 3,8.

(Jesus sagt zu den Jüngern:) Euer Herz **erschrecke** nicht! Glaubt an Gott und glaubt an mich!

Joh 14,1.

Das ist gewisslich wahr und ein Wort, des Glaubens wert, dass Christus Jesus in die Welt gekommen ist, die Sünder selig zu machen, unter denen ich der **erste** bin.

1Tim 1,15. – Hier sagt der Verfasser des Briefes, angeblich Paulus, dass er als »erster«, in herausragender Weise, das Heilshandeln Jesu und die Barmherzigkeit Gottes (V. 16) erfahren hat.

So spricht der HERR ...: Ich bin der **Erste** und ich bin der Letzte, und außer mir ist kein Gott.

Jes 44,6.

(Christus sagt zu Johannes:) Fürchte dich nicht! Ich bin der **Erste** und der Letzte und der Lebendige. Ich war tot, und siehe, ich bin lebendig von Ewigkeit zu Ewigkeit und habe die Schlüssel des Todes und der Hölle.

Offb 1,17–18. – Christus hat das dämonische Paar »Tod« und »Hölle« – das griechische Wort *hádēs* bezeichnet das Totenreich, das in der Offenbarung als widergöttliche Macht gilt (6,8; 20,14) und als Zeichen seiner Gewalt in griechischen Darstellungen den Schlüssel trägt – bezwungen.

(Jesus sagt:) Viele, die die **Ersten** sind, werden die Letzten und die Letzten werden die Ersten sein.

Mt 19,30 (ähnlich Mk 10,31; Lk 13,30; ferner Mt 20,16 »so werden die Letzten die Ersten und die Ersten die Letzten sein«). – Im Endgericht können auf Erden Reiche verloren sein und umgekehrt.

Sie (die Liebe) **erträgt** alles, sie glaubt alles, sie hofft alles, sie duldet alles.

1Kor 13,7.

Ertragt einer den andern in Liebe.

Eph 4,2 (ähnlich Kol 3,13).

(Jesus sagt zu den Jüngern:) Nicht ihr habt mich **erwählt**, sondern ich habe euch erwählt und bestimmt, dass ihr hingeht und Frucht bringt und eure Frucht bleibt, damit, wenn ihr den Vater bittet in meinem Namen, er's euch gebe.

Joh 15,16.

Erzbösewicht.

Wer sich vornimmt, Böses zu tun, den nennt man einen Erzbösewicht.

Spr 24,8.

(Elifas sagt:) Frevel geht nicht aus der Erde hervor, und Unheil wächst nicht aus dem Acker, sondern der Mensch **erzeugt** sich selbst das Unheil.

Hiob 5,6–7.

Essen → Viele haben sich zu Tode gefressen; wer aber mäßig **isst**, der lebt desto länger.

Wenn die Toten nicht auferstehen, dann »lasst uns **essen** und trinken; denn morgen sind wir tot!«

1Kor 15,32. – Wenn mit dem Tode alles aus ist, dann hat es keinen Zweck, Leiden auf sich zu nehmen, sondern dann gilt es, das irdische Leben möglichst zu genießen, was Paulus mit dem Zitat Jes 22,13 zum Ausdruck bringt.

Das Reich Gottes ist nicht **Essen** und Trinken, sondern Gerechtigkeit und Friede und Freude in dem Heiligen Geist.

Röm 14,17. – Die Herrschaft Gottes kommt nicht im Essen von angeblich unreiner Speise – was manche Christen damals für ein Zeichen christlicher Freiheit hielten – zum Vorschein.

Wie **Essig** den Zähnen und Rauch den Augen tut, so tut der Faule denen, die ihn senden.

Spr 10,26.

Estomihi (lat., »sei mir«).

Der Name des siebenten Sonntags vor Ostern leitet sich her von den Anfangsworten des Introitus: *esto mihi in lapidem fortissimum*, »sei mir ein starker Fels« (Ps 31,3).

(Jesus sagt:) Tut Buße und glaubt an das **Evangelium**.

Mk 1,15. – Das griechische Wort *euangélion* (lateinische Form *evangelium*) bedeutet »gute, frohe Botschaft, Nachricht« und wird im Neuen Testament auf die rettende Heilsbotschaft von Gottes Wirken im Leben und Geschick Jesu angewendet.

Dass ich das **Evangelium** predige, dessen darf ich mich nicht rühmen; denn ich muss es tun. Und wehe mir, wenn ich das Evangelium nicht predige!

1Kor 9,16.

Christus Jesus, der dem Tode die Macht genommen und das Leben und ein unvergängliches Wesen ans Licht gebracht hat durch das **Evangelium**.

2Tim 1,10.

Ich schäme mich des **Evangeliums** nicht; denn es ist eine Kraft Gottes, die selig macht alle, die daran glauben, die Juden zuerst und ebenso die Griechen.

Röm 1,16. – Mit »Griechen« meint Paulus die Heiden (ebenso z.B. 1Kor 1,23–24; 10,32).

Sieh, ob ich auf bösem Wege bin, und leite mich auf **ewigem** Wege.

Ps 139,24. – Der »ewige« Weg ist wohl der »uralte«, bewährte Weg, d.h. der rechte Wandel vor Gott.

Den **ewigen** Schlaf schlafen.

Wenn sie (die Babylonier) vor Gier brennen, will ich ihnen ein Mahl zurichten und will sie trunken machen, dass sie matt werden und zum ewigen Schlaf einschlafen, von dem sie nimmermehr aufwachen sollen, spricht der HERR.

Jer 51,39 (ähnlich V. 57).

Gelobt sei der HERR, der Gott Israels, von **Ewigkeit** zu Ewigkeit!

1Chr 16,36 (»von Ewigkeit zu Ewigkeit« ferner z.B. 29,10; Ps 41,14; 90,2; 1Petr 5,11).

Gelobt sei der Name des HERRN von nun an bis in **Ewigkeit**!

Ps 113,2 (»von nun an bis in Ewigkeit« ferner z. B. 121,8; Jes 9,6).

Exaudi (lat., »erhöre«).

Der Name des sechsten Sonntags nach Ostern leitet sich her von den Anfangsworten des Introitus: (*exaudi Domine vocem meam*, »HERR, höre meine Stimme« (Ps 27,7).

F

Ein Gerechter **fällt** siebenmal und steht wieder auf, aber die Gottlosen versinken im Unglück.

Spr 24,16.

Fall nicht auf die Schönheit einer Frau **herein**, und begehre sie nicht deswegen.

Sir 25,27.

Wer meint, er stehe, mag zusehen, dass er nicht **falle**.

1Kor 10,12.

Wie ein **Fallstrick** über einen kommen.

(Jesus sagt:) Hütet euch aber, dass eure Herzen nicht beschwert werden mit Fressen und Saufen und mit täglichen Sorgen und dieser Tag nicht plötzlich über euch kommt wie ein Fallstrick.

Lk 21,34–35. – »Dieser Tag« ist die Endzeit; das griechische Wort, das Luther mit »Fallstrick« übersetzt, meint die Schlinge, in die ein Vogel unversehens gerät.

Du sollst nicht **falsch** Zeugnis reden wider deinen Nächsten.

2Mose 20,16 (= 5Mose 5,20; ähnlich zitiert z.B. in Mt 19,18; Mk 10,19; Lk18,20). – Der Text lautet wörtlich übersetzt: »Du sollst nicht als Lügen-/Falschzeuge gegen deinen Nächsten aussagen«, nämlich vor Gericht.

Jesus sah Nathanael kommen und sagt von ihm: Siehe, ein rechter Israelit, in dem kein **Falsch** ist.

Joh 1,47.

Falsche Brüder.

Ich bin oft gereist, ... in Gefahr unter falschen Brüdern.

2Kor 11,26 (»falsche Brüder« auch Gal 2,4).

Falsche Propheten.

(Jesus sagt:) Seht euch vor vor den falschen Propheten, die in Schafskleidern zu euch kommen, inwendig aber sind sie reißende Wölfe.

Mt 7,15 (»falsche Propheten« außerdem z.B. 24,11; 2Petr 2,1; 1Joh 4,1).

(Salomo betet:) Der Himmel und aller Himmel Himmel können dich nicht **fassen**.

1Kön 8,27 (= 2Chr 6,18; ähnlich 2,5).

(Jesus sagt:) Wer es **fassen** kann, der fasse es!

Mt 19,12. – Dieser Satz schließt ein rätselhaftes Wort über die Unfähigkeit zur Ehe ab.

(Jesus sagt:) **Fasset** eure Seelen mit Geduld.

Lk 21,19 nach der Übersetzung Luthers; in der heutigen Lutherbibel lautet der Text: »Seid standhaft, und ihr werdet euer Leben gewinnen.«

(Jesus sagt:) Wenn ihr **fastet**, sollt ihr nicht sauer dreinsehen wie die Heuchler; denn sie verstellen ihr Gesicht, um sich vor den Leuten zu zeigen mit ihrem Fasten.

Mt 6,16. – Indem die Heuchler traurig aussehen, verändert sich ihr Gesicht.

Der **Faule** spricht: »Es ist ein Löwe draußen; ich könnte getötet werden auf der Gasse.«

Spr 22,13 (ähnlich 26,13).

Der Weg des **Faulen** ist wie eine Dornenhecke; aber der Weg der Rechtschaffenen ist wohlgebahnt.

Spr 15,19. – Wenn eine Dornenhecke den Weg versperrt, kommt man nicht voran.

Ein **Fauler** wendet sich im Bett wie die Tür in der Angel.

Spr 26,14. – Gemeint ist wohl: Während das Drehen der Tür ein wichtiger Teil ihrer Funktion ist, übt der Faule, der sich auf seinem Bett wendet, keine sinnvolle Tätigkeit aus.

Lasst kein **faules** Geschwätz aus eurem Mund gehen, sondern redet, was gut ist, was erbaut und was notwendig ist.

Eph 4,29. – Die Warnung vor »fauler« Rede ist sehr bildhaft: Faules stinkt; wer »Faules« redet, strömt schlechten Geruch aus, verbreitet Fäulnis.

In die **Faust** (ins Fäustchen) lachen.

Seinen Kopf wird er (der Feind) schütteln und in die Faust lachen, dein spotten und das Maul aufwerfen.

Sir 12,19 nach der Übersetzung Luthers; in der heutigen Lutherbibel lautet der Text: »Mit dem Kopf nickt er Beifall und klatscht in die Hände; er beklagt dich höhnisch und zeigt dir sein wahres Gesicht.«

Wer kann merken, wie oft er **fehlet**? Verzeihe mir die verborgenen Sünden!

Ps 19,13.

Feigenblatt.

Dieses Wort verwenden wir als Ausdruck für die schamhafte Verhüllung der Nacktheit nach 1Mose 3,7: »Da wurden ihnen beiden (Adam und Eva) die Augen aufgetan, und sie wurden gewahr, dass sie nackt waren, und flochten Feigenblätter zusammen und machten sich Schurze.«

(Saul sagt zu David:) Wo ist jemand, der seinen **Feind** findet und lässt ihn mit Frieden seinen Weg gehen? Der HERR vergelte dir Gutes für das, was du heute an mir getan hast!

1Sam 24,20.

Der letzte **Feind**, der vernichtet wird, ist der Tod.

1Kor 15,26. – Indem Paulus den Tod als *Person* beschreibt, bringt er zum Ausdruck, dass der Tod eine die Menschen beherrschende Macht und der Widersacher Gottes ist.

(Gott spricht zur Schlange:) Ich will **Feindschaft** setzen zwischen dir und der Frau und zwischen deinem Nachkommen und ihrem Nachkommen; der soll dir den Kopf zertreten, und du wirst ihn in die Ferse stechen.

1Mose 3,15. – Es handelt sich um einen Strafspruch Gottes, nachdem die Schlange das erste Menschenpaar verführt hat, von der verbotenen Frucht zu essen. Mit diesem Strafspruch will der Verfasser der Erzählung

2,4b–3,24 eine Antwort auf die Frage geben, warum zwischen den Menschen – hier als Nachkommen der Frau bezeichnet, weil sie das unmittelbare Opfer der Schlange war – und den Schlangen Todfeindschaft herrscht. In der christlichen Tradition wurde der »Nachkomme der Frau« auf Christus, den Sohn Marias, und der »Nachkomme der Schlange« auf den Teufel, der von Christus besiegt wird, gedeutet.

(Jesus sagt:) Du bist Petrus, und auf diesen **Felsen** will ich meine Gemeinde bauen, und die Pforten der Hölle sollen sie nicht überwältigen.

Mt 16,18. – Jesus gab seinem Jünger Simon nach Joh 1,42 den Beinamen Kephas (aram. *Kēphā'*, »Stein« [vielleicht im Sinne von »Edelstein«], griech. *pétros*, »Stein«, in lateinischer Form *Petrus*). Der zitierte Text nennt in einem Wortspiel Petrus den »Felsen« (griech. *pétra*), die Gründergestalt der Kirche. Der Schlussteil des Textes meint wohl: das Totenreich (»die Tore der Unterwelt«) ist nicht stärker als die Kirche, d. h. die Kirche wird für immer bleiben.

Er (Christus) ist gekommen und hat im Evangelium Frieden verkündigt euch, die ihr **fern** wart, und Frieden denen, die nahe waren.

Eph 2,17. – Die einst »fern« waren, sind ehemalige Heiden im Gegensatz zu den Judenchristen.

Das sei **ferne**.

Das Volk sprach zu Saul: Sollte Jonatan sterben, der dies große Heil in Israel vollbracht hat? Das sei ferne!

1Sam 14,45 (»das sei ferne« auch 20,2; »das sei ferne von mir« z. B. 1Mose 44,17; 1Sam 2,30; »das sei ferne von uns« Jos 22,29; 24,16; »das sei ferne von dir« 1Mose 18,25).

Du (Gott) verstehst meine Gedanken von **ferne**.

Ps 139,2. – Obwohl Gott hoch im Himmel thront, nimmt er die Absichten des Menschen wahr.

Bin ich nur ein Gott, der nahe ist, spricht der HERR, und nicht auch ein Gott, der **ferne** ist? Meinst du, dass sich jemand so heimlich verbergen könne, dass ich ihn nicht sehe?, spricht der

HERR. Bin ich es nicht, der Himmel und Erde erfüllt?, spricht der HERR.

Jer 23,23–24. – Die Aussage dieses schwierigen Textes lässt sich vielleicht so umschreiben: Gott ist nicht nur ein Gott der Nähe, der sich dem Menschen gnädig zuwendet, sondern auch ein Gott der Ferne, als der Unbegreifliche und der Herr der Welt, vor dem niemand sich verbergen kann.

(Paulus sagt zu den Athenern:) Er (Gott) ist nicht **ferne** von einem jeden unter uns.

Apg 17,27.

Friede, Friede denen in der **Ferne** und denen in der Nähe, spricht der HERR.

Jes 57,19.

Fernhalten → Halt dich **fern** vom Unrecht, so trifft dich kein Unglück.

Fette Jahre.

Dieser Ausdruck beruht auf der Erzählung 1Mose 41,1–32, wonach der Pharao von je sieben fetten und mageren Kühen und Ähren träumt, was Josef auf sieben reiche Jahre und sieben Jahre des Hungers deutet.

(Mose sagt zu Israel:) Der HERR, dein Gott, ist ein verzehrendes **Feuer** und ein eifernder Gott.

5Mose 4,24.

Wenn kein Holz mehr da ist, so verlischt das **Feuer**, und wenn der Verleumder weg ist, so hört der Streit auf.

Spr 26,20.

Ist mein Wort nicht wie ein **Feuer**, spricht der HERR, und wie ein Hammer, der Felsen zerschmeißt?

Jer 23,29.

(Jesus sagt:) Ich bin gekommen, ein **Feuer** anzuzünden auf Erden; was wollte ich lieber, als dass es schon brennte!

Lk 12,49. – Das Feuer ist ein Bild sowohl des Gerichts als auch der Läuterung.

Feuersäule.

Der HERR zog vor ihnen (den Israeliten) her, am Tage in einer Wolkensäule, um sie den rechten Weg zu führen, und bei Nacht in einer Feuersäule, um ihnen zu leuchten.

2Mose 13,21 (»Wolken-« und »Feuersäule« außerdem z. B. 4Mose 14,14).

Feuertaufe.

(Johannes der Täufer sagt:) Ich taufe euch mit Wasser zur Buße; der aber nach mir kommt, ... der wird euch mit dem Heiligen Geist und mit Feuer taufen.

Mt 3,11 (ähnlich Lk 3,16). – Die »Feuertaufe« ist die erste Bewährungsprobe.

Hungert deinen Feind, so speise ihn mit Brot, dürstet ihn, so tränke ihn mit Wasser, denn du wirst **feurige** Kohlen auf sein Haupt häufen, und der HERR wird dir's vergelten.

Spr 25,21–22 (zitiert in Röm 12,20). – Hinter dem Bild von den feurigen Kohlen steht vielleicht ein ägyptischer Bußritus, wonach ein Übeltäter ein Kohlebecken mit Feuer zum Zeichen der Reue und Umkehr auf dem Kopf trug.

Gottes **Finger**.

Da (nachdem Aaron Stechmücken aus dem Staub entstehen ließ) sprachen die Zauberer zum Pharao: Das ist Gottes Finger.

2Mose 8,15.

(Gott spricht:) Wenn das Volk des Landes bei dem Menschen durch die **Finger** sehen würde, der eins seiner Kinder dem Moloch gegeben hat, dass es ihn nicht tötet, so will ich doch mein Antlitz gegen diesen Menschen kehren.

3Mose 20,4–5. – »Durch die Finger sehen« bedeutet: gegen jemanden nachsichtig sein.

(Jesus sagt:) Sie (die Schriftgelehrten und Pharisäer) binden schwere und unerträgliche Bürden und legen sie den Menschen auf die Schultern; aber sie selbst wollen keinen **Finger** dafür krümmen.

Mt 23,4 (in Lk 11,46 heißt es: »Ihr beladet die Menschen mit unerträglichen Lasten, und ihr selbst rührt sie nicht mit einem Finger an«).

Der **Finger** Gottes.

(Jesus sagt:) Wenn ich aber durch Gottes Finger die bösen Geister austreibe, so ist ja das Reich Gottes zu euch gekommen.

Lk 11,20.

Das Volk, das im **Finstern** wandelt, sieht ein großes Licht, und über denen, die da wohnen im finstern Lande, scheint es hell.

Jes 9,1 (ähnlich zitiert in Mt 4,16). – Mit diesen Sätzen beginnt eine Verheißung (V. 1–6), die dem bedrängten Israel eine heilvolle Zukunft ansagt.

Spräche ich: **Finsternis** möge mich decken und Nacht statt Licht um mich sein –, so wäre auch Finsternis nicht finster bei dir (Gott), und die Nacht leuchtete wie der Tag.

Ps 139,11–12.

(Jesus sagt zu denen, die ihn verhaften:) Dies ist eure Stunde und die Macht der **Finsternis**.

Lk 22,53. – »Finsternis« meint hier das Reich des Satans.

Lass mich ... Zuflucht haben unter deinen (Gottes) **Fittichen**.

Ps 61,5. – Das Bild von den Fittichen (ferner 91,4) oder dem »Schatten der Flügel« (z. B. 17,8; 36,8) Gottes stammt vom Vogel, der seine Jungen birgt.

Ich hasse die **Flattergeister** und liebe dein (Gottes) Gesetz.

Ps 119,113 nach der Übersetzung Luthers; in der heutigen Lutherbibel lautet der Text: »Ich hasse die Wankelmütigen und liebe dein Gesetz.«

Höre die Stimme meines **Flehens**.

Ps 28,2 (ähnlich z. B. 86,6; 130,2).

Das Wort ward **Fleisch** und wohnte unter uns, und wir sahen seine Herrlichkeit, eine Herrlichkeit als des eingeborenen Sohnes vom Vater, voller Gnade und Wahrheit.

Joh 1,14. – »Fleisch« (griech. *sarx*) bezeichnet hier den Bereich des Irdischen, Menschlichen und Leiblichen, in den Jesus Christus, das laut V. 1 schon vor der Schöpfung bei Gott existierende »Wort«, eintrat, als er Mensch wurde. Die Begriffe »Gnade« und »Wahrheit« (im Sinne von »Treue«) umschreiben das Heilshandeln Gottes.

Fleischtöpfe Ägyptens.

Sie (die Israeliten) sprachen: Wollte Gott, wir wären in Ägypten gestorben durch des HERRN Hand, als wir bei den Fleischtöpfen saßen und hatten Brot die Fülle zu essen.

2Mose 16,3. – Die Redewendung, dass man sich nach den »Fleischtöpfen Ägyptens« sehnt, besagt, dass man ein vormals – wirklich oder vermeintlich – schöneres Wohlleben zurückwünscht.

Flöte und Harfe klingen schön; aber eine freundliche Rede ist besser als sie beide.

Sir 40,21.

Christus aber hat uns erlöst vom **Fluch** des Gesetzes, da er zum Fluch wurde für uns.

Gal 3,13a. – Alle, die durch das Tun des Gesetzes, d. h. der Ge- und Verbote des Alten Testaments, das Heil erlangen wollen, stehen, wie Paulus in V. 10–12 ausführt, unter dem Fluch; indem Christus, dessen Kreuzigung Paulus als Verfluchung durch Gott deutet (V. 13b), an unserer Stelle zum Fluchobjekt wurde, hat er den auf uns liegenden Fluch abgelöst.

(Mose sagt:) Nun, Israel, was **fordert** der HERR, dein Gott, noch von dir, als dass du den HERRN, deinen Gott, fürchtest, dass du in allen seinen Wegen wandelst und ihn liebst und dem HERRN, deinem Gott, dienst von ganzem Herzen und von ganzer Seele ...?

5Mose 10,12.

Lieblich und schön sein ist nichts; eine **Frau**, die den HERRN fürchtet, soll man loben.

Spr 31,30.

Genieße das Leben mit deiner **Frau**, die du lieb hast, solange du das eitle Leben hast, das dir Gott unter der Sonne gegeben hat.

Pred 9,9.

Wache nicht zu eifersüchtig über die **Frau** in deinen Armen, sonst bringst du sie dahin, dir Böses anzutun.

Sir 9,1.

Wohl dem, der eine gute **Frau** hat! Der lebt noch einmal so lange.

Sir 26,1.

Eine gute **Frau** ist eine köstliche Gabe und wird dem gegeben, der Gott fürchtet. Ob er reich oder arm ist, sein Herz ist guter Dinge, und er ist allezeit fröhlich.

Sir 26,3–4.

Wer eine **Frau** erwirbt, erwirbt damit noch mehr: eine Gehilfin, die zu ihm passt, und eine Säule, an die er sich lehnt.

Sir 36,26.

Wo kein Zaun ist, wird Hab und Gut geraubt; und wo keine **Frau** ist, da irrt der Mann seufzend umher.

Sir 36,27.

Es ist kein Kopf so listig als der Schlangen Kopf und ist kein Zorn so bitter als der **Frauen** Zorn.

Sir 25,21 nach der Übersetzung Luthers; in der heutigen Lutherbibel lautet der Text: »Es ist kein Gift so stark wie Schlangengift und ist kein Zorn so bitter wie Feindeszorn.«

Die Zeit ist kurz. Fortan sollen auch die, die **Frauen** haben, sein, als hätten sie keine; und die weinen, als weinten sie nicht; und die sich freuen, als freuten sie sich nicht; und die kaufen, als behielten sie es nicht; und die diese Welt gebrauchen, als brauchten sie sie nicht. Denn das Wesen dieser Welt vergeht.

1Kor 7,29–31. – Paulus mahnt hier nicht zur Askese und Weltflucht, sondern dazu, dass der Glaubende sich nicht von den Dingen dieser Welt beherrschen lässt, vielmehr all sein Tun am Gehorsam gegen den Willen Gottes ausrichtet.

Wie in allen Gemeinden der Heiligen sollen die **Frauen** schweigen in der Gemeindeversammlung; denn es ist ihnen nicht gestattet zu reden, sondern sie sollen sich unterordnen, wie auch das Gesetz sagt. Wollen sie aber etwas lernen, so sollen sie daheim ihre Männer fragen. Es steht der Frau schlecht an, in der Gemeinde zu reden.

1Kor 14,33b–35. – Ob dieser Abschnitt, der den Zusammenhang unterbricht (V. 37 knüpft an V. 33a an) und im Widerspruch zu 11,5 steht (wo Paulus anerkennt, dass Frauen im Gottesdienst beten und prophezeien), von Paulus stammt, ist sehr zweifelhaft.

Ihr **Frauen**, ordnet euch euren Männern unter, wie sich's gebührt in dem Herrn.

Kol 3,18 (ähnlich 1Petr 3,1).

Es ist keine List über **Frauenlist**.

Sir 25,18 nach der Übersetzung Luthers; in der heutigen Lutherbibel lautet der Text: »Es ist keine Bosheit so schlimm wie Frauenbosheit.«

(Jesus sagt zu den Juden, die an ihn glauben:) Wenn euch nun der Sohn **frei** macht, so seid ihr wirklich frei.

Joh 8,36.

Zur **Freiheit** hat uns Christus befreit! So steht nun fest und lasst euch nicht wieder das Joch der Knechtschaft auflegen!

Gal 5,1.

(Die Gemeinde betet:) Gib deinen Knechten, mit allem **Freimut** zu reden dein Wort.

Apg 4,29.

Vor einem **Fremden** tu nichts, was geheim bleiben soll; denn du weißt nicht, was er daraus macht.

Sir 8,21.

(Jesus, der »Menschensohn«, sagt:) Ich bin ein **Fremder** gewesen, und ihr habt mich aufgenommen.

Mt 25,35.

(Tobias schreit, wie ein großer Fisch ihn verschlingen will:) O Herr, er will mich **fressen**!

Tob 6,3. – Diese Worte wendet man umgangssprachlich auf das Gähnen an.

(Esra sagt zu den Juden:) Die **Freude** am HERRN ist eure Stärke.

Neh 8,10.

Das ist meine **Freude**, dass ich mich zu Gott halte und meine Zuversicht setze auf Gott, den HERRN, dass ich verkündige all dein Tun.

Ps 73,28.

(Im »Gleichnis von den anvertrauten Zentnern« Mt 25,14–30 sagt der Herr zu zweien seiner Knechte:) Recht so, du tüchtiger und treuer Knecht, du bist über wenigem treu gewesen, ich will dich über viel setzen; geh hinein zu deines Herrn **Freude**!

Mt 25,21 und 23. – Mit »Freude« ist wohl das Freuden- oder Festmahl gemeint, zu dem der Herr die Knechte einlädt, die das Anvertraute gewinnbringend nutzten.

(Der Engel sagt bei der Geburt Jesu zu den Hirten:) Fürchtet euch nicht! Siehe, ich verkündige euch große **Freude**, die allem Volk widerfahren wird.

Lk 2,10.

(Jesus sagt zu den Jüngern:) Ihr habt nun Traurigkeit; aber ich will euch wiedersehen, und euer Herz soll sich freuen, und eure **Freude** soll niemand von euch nehmen.

Joh 16,22.

Wer gern in **Freuden** lebt, wird Mangel haben; und wer Wein und Salböl liebt, wird nicht reich.

Spr 21,17.

Ihr werdet mit **Freuden** Wasser schöpfen aus dem Heilsbrunnen.

Jes 12,3. – Hier wird bildhaft der Empfang heilvoller Kräfte verheißen.

Wie lieblich sind auf den Bergen die Füße der **Freudenboten**, die da Frieden verkündigen, Gutes predigen, Heil verkündigen, die da sagen zu Zion: Dein Gott ist König!

Jes 52,7 (leicht abgewandelt zitiert in Röm 10,15). – Der Prophet sieht vor seinem geistigen Auge einen Läufer (im hebräischen Urtext steht die Einzahl), der über die Jerusalem (Zion) umgebenden Berge kommt und die Heimkehr Gottes nach Jerusalem ankündigt.

Ich **freue** mich im HERRN, und meine Seele ist fröhlich in meinem Gott.

Jes 61,10.

Freue dich und sei fröhlich, du Tochter Zion! Denn siehe, ich komme und will bei dir wohnen, spricht der HERR.

Sach 2,14.

Ich will mich **freuen** des HERRN und fröhlich sein in Gott, meinem Heil.

Hab 3,18.

Freuet euch in dem Herrn allewege, und abermals sage ich: Freuet euch!

Phil 4,4.

Mein **Freund** ist mein, und ich bin sein.

Hld 2,16 (= 6,3).

Mein **Freund** ist weiß und rot, auserkoren unter vielen Tausenden.

Hld 5,10. – »Weiß« und »rot« bezeichnen wohl das frische, gesunde Aussehen des Freundes.

Du schonst aber alles; denn es gehört dir, Herr, du **Freund** des Lebens.

Weish 11,26.

Ein treuer **Freund** ist ein starker Schutz; wer ihn findet, der findet einen großen Schatz.

Sir 6,14.

Ein treuer **Freund** ist nicht mit Geld oder Gut zu bezahlen.

Sir 6,15.

Ein treuer **Freund** ist ein Trost im Leben; wer Gott fürchtet, der bekommt solchen Freund.

Sir 6,16. Das hebräische Wort, das Luther mit »Trost« übersetzt, ist im Sinne von »Schutz« zu verstehen.

Gib einen alten **Freund** nicht auf; denn du weißt nicht, was du am neuen hast.

Sir 9,14.

Die Schläge des **Freundes** meinen es gut; aber die Küsse des Hasses sind trügerisch.

Spr 27,6.

Siehe, meine **Freundin**, du bist schön; schön bist du, deine Augen sind wie Taubenaugen.

Hld 1,15 (ähnlich 4,1).

Der HERR ist **freundlich** dem, der auf ihn harrt, und dem Menschen, der nach ihm fragt.

Klgl 3,25.

Seid aber untereinander **freundlich** und herzlich und vergebt einer dem andern, wie auch Gott euch vergeben hat in Christus.

Eph 4,32.

Wisst ihr nicht, dass **Freundschaft** mit der Welt Feindschaft mit Gott ist?

Jak 4,4.

Mein Herz **freut** sich, dass du (Gott) so gerne hilfst.

Ps 13,6.

(Jesus sagt zu den zweiundsiebzig Jüngern:) Darüber **freut** euch nicht, dass euch die Geister untertan sind. Freut euch aber, dass eure Namen im Himmel geschrieben sind.

Lk 10,20. – Der wahre Grund für die Freude der Jünger liegt nicht in ihrer Fähigkeit, Dämonen auszutreiben (V. 17), sondern darin, dass sie im »Buch des Lebens« (Phil 4,3) als Teilhaber des endzeitlichen Heils aufgezeichnet sind.

Freut euch mit den Fröhlichen und weint mit den Weinenden.

Röm 12,15.

Sie (die Liebe) **freut** sich nicht über die Ungerechtigkeit, sie freut sich aber an der Wahrheit.

1Kor 13,6.

(Gott spricht zu Gideon:) **Friede** sei mit dir!

Richt 6,23 (ferner 19,20; 1Sam 25,6; Dan 10,19).

So spricht der HERR, dein Erlöser, der Heilige Israels ...: O dass du auf meine Gebote gemerkt hättest, so würde dein **Friede** sein wie ein Wasserstrom und deine Gerechtigkeit wie Meereswellen.

Jes 48,17–18. – Der Prophet bringt bildhaft zum Ausdruck, dass Friede und »Gerechtigkeit«, das gemeinschaftstreue Verhalten, ständig in Bewegung sind, weitergehen, keinen Stillstand kennen.

So wurde wieder **Friede** im Lande Juda.

1Makk 7,50.

(Jesus sagt zu den Jüngern:) **Friede** sei mit euch!

Lk 24,36 (ebenso Joh 20,19.21.26). – Diese Worte sind in der Form *Pax vobiscum* Teil der lateinischen Messliturgie.

Er (Christus) ist unser **Friede**.

Eph 2,14.

Und der **Friede** Gottes, der höher ist als alle Vernunft, bewahre eure Herzen und Sinne in Christus Jesus.

Phil 4,7. – Dieser Satz ist Teil der gottesdienstlichen Liturgie.

(Jitro sagt zu Mose:) Geh hin mit **Frieden**.

2Mose 4,18 (ferner 1Sam 1,17; 20,42; 2Sam 15,9; »zieh / zieht hin mit Frieden« Richt 18,6; 1Sam 29,7; 2Kön 5,19).

Aber die Gottlosen, spricht der HERR, haben keinen **Frieden**.

Jes 48,22.

(Der greise Simeon sagt:) Herr, nun lässt du deinen Diener in **Frieden** fahren, wie du gesagt hast; denn meine Augen haben deinen Heiland gesehen.

Lk 2,29.

(Jesus sagt:) Ich bin nicht gekommen, **Frieden** zu bringen, sondern das Schwert.

Mt 10,34 (ähnlich Lk 12,51). – Dieser Text gehört zu einem Abschnitt (V. 34–36; ähnlich Lk 12,51–53), in dem gesagt wird, dass Jesus Zwietracht unter die Menschen bringen will, und der kaum von Jesus, sondern aus einer späteren Zeit stammt, als die Christenheit einer feindseligen Umwelt gegenüberstand.

(Jesus sagt zu einer Frau, die er vom Blutfluss geheilt hat:) Geh hin in **Frieden**.

Mk 5,34 (= Lk 8,48; ferner 7,50; »geht hin in Frieden« Apg 16,36; Jak 2,16).

(Jesus sagt zu den Jüngern:) Den **Frieden** lasse ich euch, meinen Frieden gebe ich euch. Nicht gebe ich euch, wie die Welt gibt.

Joh 14,27. – Das griechische Wort, das Luther mit »lassen« übersetzt, bedeutet »hinterlassen, zurücklassen«: Jesus lässt in seinen Worten den Frieden Gottes als Abschiedsgeschenk für die Seinen zurück.

Da wir nun gerecht geworden sind durch den Glauben, haben wir **Frieden** mit Gott durch unsern Herrn Jesus Christus.

Röm 5,1.

Ist's möglich, soviel an euch liegt, so habt mit allen Menschen **Frieden**.

Röm 12,18.

Er aber, der Gott des **Friedens**, heilige euch durch und durch und bewahre euren Geist samt Seele und Leib unversehrt, untadelig für die Ankunft unseres Herrn Jesus Christus.

1Thess 5,23.

Friedenstaube.

Dieser Ausdruck leitet sich von einem Abschnitt der Sintfluterzählung her, wo es heißt: »Da harrte er (Noah) noch weitere sieben Tage und ließ abermals eine Taube fliegen aus der Arche. Die kam zu ihm um die Abendzeit, und siehe, ein Ölblatt hatte sie abgebrochen und trug's in ihrem Schnabel. Da merkte Noah, dass die Wasser sich verlaufen hätten auf Erden« (1Mose 8,10–11).

(Jesus sagt:) Selig sind die **Friedfertigen**; denn sie werden Gottes Kinder heißen.

Mt 5,9. – Das griechische Wort, das Luther mit »friedfertig« übersetzt, bedeutet »Frieden schaffend«.

(Jesus sagt zu den Jüngern:) Seid **fröhlich** und getrost; es wird euch im Himmel reichlich belohnt werden.

Mt 5,12. – Der Grund zur Freude derer, die um Christi willen verfolgt werden (V. 11), liegt in der Umkehr der Verhältnisse, die das Jenseits, das letzte Gericht bringen wird.

(Im »Gleichnis vom verlorenen Sohn« Lk 15,11–32 sagt der Vater zu seinen Knechten:) Lasst uns essen und **fröhlich** sein!

Lk 15,23.

Er (der Kämmerer aus Äthiopien) zog aber seine Straße **fröhlich**.

Apg 8,39.

Seid **fröhlich** in Hoffnung, geduldig in Trübsal, beharrlich im Gebet.

Röm 12,12.

Seid allezeit **fröhlich**, betet ohne Unterlass, seid dankbar in allen Dingen.

1Thess 5,16–18.

Versäume keinen **fröhlichen** Tag, und lass dir die Freuden nicht entgehen, die dir beschieden sind.

Sir 14,14.

Einen **fröhlichen** Geber hat Gott lieb.

2Kor 9,7.

Ein **fröhliches** Herz macht ein fröhliches Angesicht.

Spr 15,13. – Im hebräischen Urtext werden hier für die Wörter, die Luther mit »fröhlich« wiedergibt, zwei verschiedene Wörter verwendet; zutreffender ist wohl die Übersetzung: »Ein fröhliches/frohes Herz macht das Angesicht schön«, wobei das »Herz« die innere Verfassung bezeichnet.

Ein **fröhliches** Herz ist des Menschen Leben, und seine Freude verlängert sein Leben.

Sir 30,23.

Er (Gott) gebe uns ein **fröhliches** Herz und verleihe immerdar Frieden zu unsrer Zeit in Israel und dass seine Gnade stets bei uns bleibe und uns erlöse, solange wir leben.

Sir 50,25–26.

(Jesus sagt:) Habt Acht auf eure **Frömmigkeit**, dass ihr die nicht übt vor den Leuten, um von ihnen gesehen zu werden; ihr habt sonst keinen Lohn bei eurem Vater im Himmel.

Mt 6,1. – Mit »Frömmigkeit« übersetzt Luther an dieser Stelle das griechische Wort *dikaiosýnē*, »Gerechtigkeit«, das hier Almosen, Beten und Fasten umschließt (V. 2–18) und das rechte Verhältnis des Menschen zu Gott und zum Mitmenschen bezeichnet.

Übe dich selbst aber in der **Frömmigkeit**!

1Tim 4,7.

Die **Frömmigkeit** aber ist ein großer Gewinn für den, der sich genügen lässt. Denn wir haben nichts in die Welt gebracht; darum werden wir auch nichts hinausbringen. Wenn wir aber Nahrung und Kleider haben, so wollen wir uns daran genügen lassen.

1Tim 6,6–8. – Dieser Text steht in einem Abschnitt (V. 6–10), der vor der Geldgier warnt.

Bleibe **fromm** und halte dich recht; denn einem solchen wird es zuletzt gut gehen.

Ps 37,37.

Alle, die **fromm** leben wollen in Christus Jesus, müssen Verfolgung leiden.

2Tim 3,12.

Die **Frucht** aber des Geistes ist Liebe, Freude, Friede, Geduld, Freundlichkeit, Güte, Treue, Sanftmut, Keuschheit.

Gal 5,22–23.

Gott segnete sie (den ersten Mann und die erste Frau) und sprach zu ihnen: Seid **fruchtbar** und mehret euch.

1Mose 1,28.

(Jesus sagt:) An ihren **Früchten** sollt ihr sie (die falschen Propheten) erkennen.

Mt 7,16 (ebenso V. 20).

(Jesus sagt:) **Führe** uns nicht in Versuchung, sondern erlöse uns von dem Bösen.

Mt 6,13 (in Lk 11,4 heißt es nur: »führe uns nicht in Versuchung«). – Die Schlussbitte des Vaterunsers ist nicht leicht zu verstehen. Vielleicht meint sie im Sinne von »lass uns nicht in Versuchung geraten«: Gott möge uns vor der Versuchung bewahren, uns nicht auf die Probe stellen.

Er (Gott) **führet** mich auf rechter Straße um seines Namens willen. Und ob ich schon wanderte im finstern Tal, fürchte ich kein Unglück; denn du bist bei mir, dein Stecken und Stab trösten mich.

Ps 23,3b–4. – Hier wird das Bild von Gott als dem Hirten (V. 1–3a) dahingehend entfaltet, dass Gott den, der ihm vertraut, auf – so wörtlich – »Pfaden des Heils«, die zum Heil führen, »um seines Namens willen«, d. h. wie es seinem Wesen entspricht, und durch Gefahren sicher leitet und ihn »tröstet«, ihm die Furcht nimmt und ihm hilft.

Von seiner (Jesu Christi) **Fülle** haben wir alle genommen Gnade um Gnade.

Joh 1,16. – Die »Fülle« (griech. *plḗrōma*) ist die Welt der himmlischen Herrlichkeit, an der die Glaubenden aufgrund der unerschöpflichen Gnade Jesu Christi Anteil haben.

In ihm (Jesus Christus) wohnt die ganze **Fülle** der Gottheit leibhaftig.

Kol 2,9. – Die »Fülle« (griech. *plḗrōma*) ist die jenseitige, göttliche Lichtsubstanz, die den Glaubenden in Jesus Christus zugänglich ist.

Der HERR ist mit mir, darum **fürchte** ich mich nicht; was können mir Menschen tun?

Ps 118,6.

(Gott spricht zu Israel:) **Fürchte** dich nicht, ich bin mit dir; weiche nicht, denn ich bin dein Gott. Ich stärke dich, ich helfe dir auch, ich halte dich durch die rechte Hand meiner Gerechtigkeit.

Jes 41,10 (die Formel »fürchte dich nicht« kommt häufig in der Bibel vor, z.B. 1Mose 15,1; 21,17; 5Mose 1,21; Rut 3,11; Mt 1,20). – Der Ausdruck »die rechte Hand meiner Gerechtigkeit« ist im Sinne von »meine heilvolle, helfende rechte Hand« zu verstehen.

(Jesus sagt zu den Jüngern:) Seid getrost, ich bin's; **fürchtet** euch nicht!

Mt 14,27 (= Mk 6,50; ähnlich Joh 6,20; die Formel »fürchtet euch nicht« kommt häufig in der Bibel vor, z.B. 1Mose 43,23; 50,19; 2Mose 14,13; Lk 2,10).

Was der Gottlose **fürchtet**, das wird ihm begegnen; und was die Gerechten begehren, wird ihnen gegeben.

Spr 10,24.

Wenn jemand sündigt, so haben wir einen **Fürsprecher** bei dem Vater, Jesus Christus, der gerecht ist. Und er ist die Versöhnung für unsre Sünden, nicht allein aber für die unseren, sondern auch für die der ganzen Welt.

1Joh 2,1–2.

Der **Fürst** dieser Welt.

(Jesus sagt:) Jetzt ergeht das Gericht über diese Welt; nun wird der Fürst dieser Welt ausgestoßen werden.

Joh 12,31. – Der Teufel heißt »Fürst dieser Welt« (der Ausdruck kommt noch 14,30 und 16,11 vor), weil er alles Böse in dieser Welt repräsentiert.

Jemanden mit **Füßen** treten.

Dieser Ausdruck ist gebildet nach Jos 10,24, wo Josua zu den Israeliten sagt: »Kommt her und setzt eure Füße auf den Nacken dieser Könige« und es dann weiter heißt: »Und sie kamen und setzten ihre Füße auf ihren Nacken.«

(Paulus berichtet den Bürgern von Jerusalem:) Ich bin ein jüdischer Mann, geboren in Tarsus in Zilizien, aufgewachsen aber in dieser Stadt und mit aller Sorgfalt unterwiesen im väterlichen Gesetz zu **Füßen** Gamaliels.

Apg 22,3. – Daher sagen wir: »zu den Füßen eines Lehrers sitzen«.

Die **Furcht** des HERRN, das ist Weisheit, und meiden das Böse, das ist Einsicht.

Hiob 28,28.

Die **Furcht** des HERRN ist der Weisheit Anfang.

Ps 111,10 (= Sir 1,16; ähnlich Spr 1,7 »die Furcht des HERRN ist der Anfang der Erkenntnis«; 9,10 »der Weisheit Anfang ist die Furcht des HERRN«).

Mit **Furcht** und Zittern.

Er (Titus) ist überaus herzlich gegen euch gesinnt, wenn er an den Gehorsam von euch allen denkt, wie ihr ihn mit Furcht und Zittern aufgenommen habt.

2Kor 7,15. – Der Ausdruck »mit Furcht und Zittern« (auch Eph 6,5; Phil 2,12; ähnlich 1Kor 2,3) beschreibt eine demütige und ehrfurchtsvolle Haltung vor Gott.

Furcht ist nicht in der Liebe, sondern die vollkommene Liebe treibt die Furcht aus; denn die Furcht rechnet mit Strafe. Wer sich aber fürchtet, der ist nicht vollkommen in der Liebe.

1Joh 4,18. – Wer in der von Gott geschenkten Liebe zum Nächsten lebt, kennt nicht (mehr) die Furcht vor der Strafe des richtenden Gottes.

Bewahre deinen **Fuß**, wenn du zum Hause Gottes gehst, und komm, dass du hörst.

Pred 4,17a. – Gemeint ist wohl: Man soll den Tempel mit Bedacht aufsuchen, und zwar um zu hören (z. B. Lesungen aus heiligen Schriften), nicht aber um Opfer darzubringen (V. 17b).

Dein Wort ist meines **Fußes** Leuchte und ein Licht auf meinem Wege.

Ps 119,105.

Wenn ihr um guter Taten willen leidet und es ertragt, das ist Gnade bei Gott. Denn dazu seid ihr berufen, da auch Christus gelitten hat für euch und euch ein Vorbild hinterlassen, dass ihr sollt nachfolgen seinen **Fußtapfen**.

1Petr 2,20–21.

G

Eine **Gabe** Gottes.

Ein Mensch, der da isst und trinkt und hat guten Mut bei all seinem Mühen, das ist eine Gabe Gottes.

Pred 3,13.

Alle gute **Gabe** und alle vollkommene Gabe kommt von oben herab, von dem Vater des Lichts, bei dem keine Veränderung ist noch Wechsel des Lichts und der Finsternis.

Jak 1,17. – Im Zusammenhang von V. 13–18 geht es darum, dass von Gott keine Versuchung und nichts Böses kommen kann, weil er in seiner Güte unwandelbar ist.

Es sind verschiedene **Gaben**; aber es ist e i n Geist. Und es sind verschiedene Ämter; aber es ist e i n Herr. Und es sind verschiedene Kräfte; aber es ist e i n Gott, der da wirkt alles in allen.

1Kor 12,4–6. – Paulus legt hier die »Geistesgaben« (V. 1) in drei Begriffe auseinander: »Gnadengaben« (bei Luther »Gaben«), »Dienste« (»Ämter«) und »Wirkungen, Kraftbetätigungen« (»Kräfte«).

So seid ihr nun nicht mehr **Gäste** und Fremdlinge, sondern Mitbürger der Heiligen und Gottes Hausgenossen, erbaut auf dem Grund der Apostel und Propheten, da Jesus Christus der Eckstein ist.

Eph 2,19–20. – Angeredet sind Heidenchristen, die jetzt zusammen mit den Judenchristen, den »Heiligen«, die Kirche bilden.

Ich bin ein **Gast** bei dir (Gott), ein Fremdling wie alle meine Väter.

Ps 39,13b. – Die hebräischen Ausdrücke, die Luther mit »Gast« und »Fremdling« übersetzt, sind Bezeichnungen für in einer fremden Gemeinschaft lebende und unter deren Schutz stehende Personen; so verleiht der Beter seiner Bitte um Gottes Hilfe (V. 13a) Nachdruck durch den Hinweis, dass er als unter dem Schutz Gottes stehend Anspruch auf dessen Beistand hat.

Ich bin ein **Gast** auf Erden.

Ps 119,19. – Auch hier – wie im vorangehenden Zitat – bezeichnet das hebräische Wort, das Luther mit »Gast« wiedergibt, den auf Gottes Schutz Angewiesenen.

Gastfrei zu sein vergesst nicht; denn dadurch haben einige ohne ihr Wissen Engel beherbergt.

Hebr 13,2. – Hier wird auf die Gastfreundschaft Abrahams (1Mose 18,2–3) und Lots (19,2–3), die Engel zu sich einluden, angespielt.

Geben → Der HERR hat's **gegeben**, der HERR hat's genommen; der Name des HERRN sei gelobt!

Geben → Wem viel **gegeben** ist, bei dem wird man viel suchen; und wem viel anvertraut ist, von dem wird man umso mehr fordern.

(Paulus sagt zu den Ältesten in Ephesus:) **Geben** ist seliger als nehmen.

Apg 20,35.

Des Gerechten **Gebet** vermag viel, wenn es ernstlich ist.

Jak 5,16.

(Jesus sagt zu Nikodemus:) Es sei denn, dass jemand von Neuem **geboren** werde, so kann er das Reich Gottes nicht sehen.

Joh 3,3. – »Wiedergeburt« bedeutet, dass man durch den Glauben an Jesus ein neuer Mensch wird.

(Jesus sagt zu Nikodemus:) Es sei denn, dass jemand **geboren** werde aus Wasser und Geist, so kann er nicht in das Reich Gottes kommen.

Joh 3,5. – Hier bezieht der Evangelist die »Wiedergeburt« des vorangehenden Zitats auf die Taufe, bei der dem Glaubenden – so die auch sonst im Neuen Testament (z.B. Apg 2,38) zum Ausdruck kommende Auffassung – der Geist verliehen wird.

(Jesus sagt zu den Jüngern:) Ein neues **Gebot** gebe ich euch, dass ihr euch untereinander liebt, wie ich euch geliebt habe, damit auch ihr einander lieb habt.

Joh 13,34 (ähnlich 15,12: »Das ist mein Gebot, dass ihr euch untereinander liebt, wie ich euch liebe; 1Joh 4,21: »Dies Gebot haben wir von ihm [Gott], dass, wer Gott liebt, dass der auch seinen Bruder liebe«). – Mit dem »neuen Gebot« der Bruderliebe wird im Johannesevangelium und im 1. Johannesbrief das Gebot der Nächstenliebe (z.B. Lk 10,27) und erst recht das der Feindesliebe (z.B. Mt 5,44) eingeschränkt.

Die Zehn **Gebote**.

Die Reihe der Zehn Gebote, der Dekalog, findet sich in zwei Fassungen (2Mose 20,2–17 und 5Mose 5,6–21), die vor allem beim Sabbat-Gebot (2Mose 20,8–11 und 5Mose 5,12–15) voneinander abweichen. Der Dekalog ist in einem längeren Wachstumsprozess entstanden, und das hat unter anderem dazu geführt, dass er jetzt nicht mehr zehn, sondern elf Ge- und Verbote enthält.

Behalte meine (des Weisheitslehrers) **Gebote**, so wirst du leben, und hüte meine Weisung wie deinen Augapfel.

Spr 7,2.

(Jesus sagt:) **Gebt**, so wird euch gegeben.

Lk 6,38.

Meine **Gedanken** sind nicht eure Gedanken, und eure Wege sind nicht meine Wege, spricht der HERR, sondern so viel der Himmel höher ist als die Erde, so sind auch meine Wege höher als eure Wege und meine Gedanken als eure Gedanken.

Jes 55,8–9.

Ehe ich **gedemütigt** wurde, irrte ich; nun aber halte ich dein (Gottes) Wort.

Ps 119,67. – Der Beter sieht sein Leiden (»ich wurde gedemütigt«) als Erziehungsmaßnahme Gottes an.

Man **gedenkt** des Weisen nicht für immer, ebenso wenig wie des Toren, und in künftigen Tagen ist alles vergessen.

Pred 2,16. – Hier wird der – z.B. Sir 37,29 zum Ausdruck kommenden – Auffassung widersprochen, dass der Name eines Weisen ewig bleibe.

Durch **Geduld** wird ein Fürst überredet, und eine linde Zunge zerbricht Knochen.

Spr 25,15.

Diese Prüfung aber ließ Gott über ihn (Tobias) kommen, damit die Nachwelt an ihm ein Beispiel der **Geduld** hätte wie an dem heiligen Hiob.

Tob 2,12. – Die »Prüfung« besteht darin, dass Tobias erblindet (V. 11).

Geduld aber habt ihr nötig, damit ihr den Willen Gottes tut und das Verheißene empfangt.

Hebr 10,36. – Das griechische Wort *hypomoné*, das »Ausdauer« und »Geduld« bedeutet, ist hier im ersteren Sinne gemeint.

Hier ist **Geduld** und Glaube der Heiligen!

Offb 13,10. – Es handelt sich um einen Aufruf zur Standhaftigkeit – auch hier bedeutet das griechische Wort *hypomoné* »Ausdauer«, wie im vorangehenden Zitat – angesichts der Bedrohung der Christen durch das widergöttliche Tier (V. 1–8), mit dem das Römische Reich gemeint ist.

Geduldig wie ein Lamm.

Dieser Ausdruck beruht auf Jes 53,7, wo es vom »Knecht Gottes« heißt: »Als er gemartert ward, litt er doch willig und tat seinen Mund nicht auf wie ein Lamm, das zur Schlachtbank geführt wird.«

So seid nun **geduldig**, liebe Brüder, bis zum Kommen des Herrn.

Jak 5,7. – Das griechische Wort, das Luther mit »geduldig sein« übersetzt, bedeutet hier: »geduldig auf etwas warten«.

(Jesus, der »Menschensohn«, sagt:) Ich bin im **Gefängnis** gewesen, und ihr seid zu mir gekommen.

Mt 25,36.

Wer sich in **Gefahr** begibt, der kommt darin um.

Sir 3,27.

(Hiob sagt, nachdem er seinen Besitz und seine Kinder verloren hat:) Der HERR hat's **gegeben**, der HERR hat's genommen; der Name des HERRN sei gelobt!

Hiob 1,21.

(Jesus sagt:) Wem viel **gegeben** ist, bei dem wird man viel suchen; und wem viel anvertraut ist, von dem wird man umso mehr fordern.

Lk 12,48. – Es geht hier um die Verantwortung, die umso größer ist, je mehr Gaben ein Mensch besitzt.

(Jesus sagt zu seinem Gesprächspartner, nachdem er das »Gleichnis vom barmherzigen Samariter« Lk 10,30–35 erzählt hat:) So **geh** hin und tu desgleichen!

Lk 10,37.

Wer ein **Geheimnis** preisgibt, der verliert das Vertrauen und wird nie mehr einen treuen Freund finden.

Sir 27,17.

Wunden kann man verbinden, Scheltworte kann man sühnen; aber wenn man ein **Geheimnis** preisgibt, ist's ganz aus.

Sir 27,23–24.

(Jesus sagt zu den Jüngern:) **Gehet hin** in alle Welt und predigt das Evangelium aller Kreatur.

Mk 16,15. – Das griechische Wort *ktísis*, das Luther mit »Kreatur« übersetzt, bedeutet »Schöpfung«; hier klingt der Gedanke an, dass nicht nur die Menschenwelt, sondern die ganze Natur unter der Herrschaft Christi steht.

Hast du etwas **gehört**, so lass es mit dir sterben; sei ohne Sorge, du wirst ja nicht davon platzen!

Sir 19,10. – Neuigkeiten über andere soll man für sich behalten, auch wenn es erfahrungsgemäß schwer fällt.

Mein Sohn, **gehorche** der Zucht deines Vaters und verlass nicht das Gebot deiner Mutter; denn das ist ein schöner Schmuck für dein Haupt und eine Kette an deinem Halse.

Spr 1,8–9.

(Samuel sagt zu Saul:) **Gehorsam** ist besser als Opfer.

1Sam 15,22.

Und der **Geist** Gottes schwebte auf dem Wasser.

1Mose 1,2. – Die hebräische Wortverbindung *rū*^{a}*ch* $^{'ae}$*lohīm*, die man gewöhnlich mit »Geist Gottes« übersetzt, dürfte im Zusammenhang der Schöpfungsaussagen von 1Mose 1 entweder als »göttlicher, d. h. gewaltiger Sturm« (*rū*^{a}*ch* »Sturm« z. B. 1Kön 19,11; Jona 1,4), der über dem Wasser braust, oder als »Atem, Hauch Gottes« (*rū*^{a}*ch* »Atem, Hauch« z. B. Hiob 27,3; Ps 33,6), der über dem Wasser vibriert, zu verstehen sein.

Dein (Gottes) guter **Geist** führe mich auf ebner Bahn.

Ps 143,10. – Mit dem »Geist« Gottes ist hier wohl Gott selbst gemeint.

Der **Geist** Gottes des HERRN ist auf mir, weil der HERR mich gesalbt hat. Er hat mich gesandt, den Elenden gute Botschaft zu bringen, die zerbrochenen Herzen zu verbinden, zu verkündigen den Gefangenen die Freiheit, den Gebundenen, dass sie frei und ledig sein sollen; zu verkündigen ein gnädiges Jahr des HERRN und einen Tag der Vergeltung unsres Gottes, zu trösten alle Trauernden.

Jes 61,1–2. – Hier sagt ein unbekannter Prophet von sich, er sei von Gott bevollmächtigt (das Wort »salben« ist an dieser Stelle im uneigentlichen, übertragenen Sinne verwendet) und mit Gottes Geist begabt, mit der Kraft Gottes, die ihm, dem Propheten, besondere Fähigkeiten verleiht; diese Fähigkeiten entfaltet der Prophet in den anschließenden Sätzen: Durch seine Verkündigung wird er den Leidenden das Heil, Trost und Freiheit, bringen. Den zitierten Text hat nach Lk 4,18–19 Jesus auf sich bezogen.

Den **Geist** aufgeben.
Zu ihren Müttern sprechen sie: Wo ist Brot und Wein?, da sie

auf den Gassen der Stadt verschmachten … und in den Armen ihrer Mütter den Geist aufgeben.

Klgl 2,12 (»den Geist aufgeben« ferner Apg 5,5.10; 12,23). – Der zitierte Text gehört zu einem Abschnitt (V. 1–19), in dem das traurige Schicksal der Stadt Jerusalem und des Landes Juda nach der Eroberung durch die Babylonier geschildert wird.

(Gott spricht zu den Israeliten:) Ich will meinen **Geist** in euch geben und will solche Leute aus euch machen, die in meinen Geboten wandeln und meine Rechte halten und danach tun.

Hes 36,27.

(Gott spricht:) Nach diesem will ich meinen **Geist** ausgießen über alles Fleisch, und eure Söhne und Töchter sollen weissagen, eure Alten sollen Träume haben, und eure Jünglinge sollen Gesichte sehen.

Joel 3,1 (zitiert in Apg 2,17). – In einer ferneren Zeit »nach diesem«, d. h. nach dem Eintreffen der in 2,18–27 ausgesprochenen Verheißung Gottes, wird »alles Fleisch« – damit ist hier das Volk Israel gemeint – den Geist, d. h. die Kraft, Gottes erhalten, wodurch es in prophetischer, nämlich ganz auf Gott ausgerichteter Existenzweise leben kann.

(Jesus sagt zu den Jüngern, die, statt mit ihm zu wachen, eingeschlafen sind:) Der **Geist** ist willig, aber das Fleisch ist schwach.

Mt 26,41 (= Mk 14,38). – Mit »Geist« wird hier wohl der dem Menschen verliehene Geist Gottes, mit »Fleisch« die menschliche Natur bezeichnet.

(Jesus sagt zu einer Samariterin:) Gott ist **Geist**, und die ihn anbeten, die müssen ihn im Geist und in der Wahrheit anbeten.

Joh 4,24. – Wenn Gott selbst hier »Geist« genannt wird, dann soll zum Ausdruck kommen, dass Gott – ähnlich dem Wind, dem Sturm – eine unsichtbare, aber wirkende Macht ist, wobei dieser Satz an den Vergleich des Geistes mit dem Wind in 3,8 anknüpft (ein solcher Vergleich liegt im Urtext deshalb nahe, weil das griechische Wort *pneúma*, wie auch das hebräische Wort *rûᵃch*, sowohl »Wind, Sturm« als auch »Geist« bedeutet); entsprechend dem Wesen Gottes als »Geist« betet man ihn nur »im Geist«, d. h. als ein durch die Gabe des Geistes Wiedergeborener (3,5), und »in der Wahrheit«, d. h. als einer, der das Liebesgebot Jesu hält (3,21), richtig, gebührenderweise an.

(Jesus sagt zu den Jüngern, indem er sie anhaucht:) Nehmt hin den Heiligen **Geist**! Welchen ihr die Sünden erlasst, denen sind sie erlassen; und welchen ihr sie behaltet, denen sind sie behalten.

Joh 20,22–23. – Der auferstandene Jesus übermittelt als der in den Himmel zurückgekehrte Gott durch Anhauchen – wobei wahrscheinlich auf 1Mose 2,7 »da machte Gott der HERR den Menschen aus Erde vom Acker und blies ihm den Odem des Lebens in seine Nase« angespielt wird – den Jüngern die Gabe des Heiligen Geistes, was die Vollmacht, Sünden zu vergeben oder »zurückzuhalten«, »festzuhalten«, einschließt.

(Der sterbende Stephanus ruft:) Herr Jesus, nimm meinen **Geist** auf!

Apg 7,59. – »Geist« ist hier – wie z. B. Ps 31,6 (»in deine Hände befehle ich meinen Geist«), woran der zitierte Text anklingt – der (Lebens-)Geist, das Leben.

Welche der **Geist** Gottes treibt, die sind Gottes Kinder.

Röm 8,14. – Die vom Geist Gottes »geleitet werden« (so der Text wörtlich übersetzt), die ihr Leben vom Geist Gottes, d. h. von seiner Kraft, die er den Glaubenden schenkt, bestimmt sein lassen, hat Gott gleichsam als seine Kinder adoptiert, die nicht mehr Knechte der Sünde, sondern frei sind.

Der **Geist** erforscht alle Dinge, auch die Tiefen der Gottheit.

1Kor 2,10. – Der dem Glaubenden von Gott verliehene Geist, d. h. die Kraft Gottes, die sich nicht nur im Handeln der Glaubenden, sondern auch in ihrer Erkenntnis auswirkt, macht sie fähig, »die Tiefen Gottes« (nur an dieser Stelle übersetzt Luther das griechische Wort *theós*, »Gott«, mit »Gottheit«) zu durchschauen, nämlich seinen Heilsplan, den er durch Christus vollendet hat.

In einem jeden offenbart sich der **Geist** zum Nutzen aller.

1Kor 12,7. – Der Text lautet wörtlich übersetzt: »Einem jeden wird die Offenbarung des Geistes zum Nutzen gegeben«, wobei die »Offenbarung des Geistes« die in V. 8–10 genannten »Geistesgaben« meint, die dem Glaubenden zum Nutzen aller, d. h. zum Aufbau der Gemeinde, verliehen sind.

Der Herr ist der **Geist**; wo aber der Geist des Herrn ist, da ist Freiheit.

2Kor 3,17. – Der erste dieser beiden Sätze knüpft unmittelbar an den vorangehenden Satz an: »Wenn Israel aber sich bekehrt zu dem Herrn, so wird die Decke abgetan« (V. 16), wobei Paulus die Kultmaske, die Mose nach 2Mose 34,29–35 trug, als »Decke«, als Schleier, der über dem Alten Testament und dessen Lesern oder Hörern liegt, deutet. Indem Paulus anschließend schreibt: »Der Herr ist der Geist«, legt er den »Herrn« von V. 16 auf den Geist Christi aus, meint also: Wenn einer sich dem Geist zuwendet, d. h. den Geist Christi empfängt, dann wird ihm die »Decke« weggenommen, was der nächste Satz sehr allgemein, umfassend zum Ausdruck bringt: »Wo aber der Geist des Herrn ist, da ist Freiheit«, nämlich Freiheit von der Knechtschaft der Sünde und des Gesetzes.

Im **Geist** habt ihr angefangen, wollt ihr's denn nun im Fleisch vollenden?

Gal 3,3. – Vorwurfsvoll fragt Paulus die Galater, ob ihr Leben, das vom Geist, von der Kraft Gottes, bestimmt war, wieder dem Bereich des »Fleisches«, womit Paulus hier die Sphäre des Widergöttlichen, der Sünde meint, angehören soll.

Wenn wir im **Geist** leben, so lasst uns auch im Geist wandeln.

Gal 5,25. – Dass der Glaubende den Geist, die Kraft Gottes und Christi erhalten hat, soll in seinem Lebenswandel sichtbar werden.

(Jesus sagt zu Jakobus und Johannes:) Wisst ihr nicht, welches **Geistes** Kinder ihr seid?

Lk 9,55 (dazu bemerkt die Lutherbibel, die den Satz aus dem laufenden Text herausnimmt: »Die Versteile 55b [das ist das obige Zitat] und 56a finden sich erst in der späteren Überlieferung«). – Mit diesem Wort weist Jesus Jünger zurecht, die über ein Dorf, das Boten Jesu nicht aufnimmt, Feuer vom Himmel herabrufen wollen (V. 54).

(Jesus sagt zu den Jüngern:) Ihr werdet die Kraft des Heiligen **Geistes** empfangen, der auf euch kommen wird, und werdet meine Zeugen sein.

Apg 1,8.

Geiz ist eine Wurzel alles Übels.

1Tim 6,10 nach der Übersetzung Luthers; in der heutigen Lutherbibel lautet der Text: »Geldgier ist eine Wurzel alles Übels.« – Das griechische

Wort, das hier steht, bedeutet »Geiz« und »Geldgier«; hier ist nach dem Zusammenhang, der vor der Gewinnsucht warnt (V. 5–10), die Geldgier gemeint.

(Jesus sagt:) Ich bin **gekommen**, die Sünder zu rufen und nicht die Gerechten.

Mt 9,13 (= Mk 2,17; in Lk 5,32 heißt es: »Ich bin gekommen, die Sünder zur Buße zu rufen und nicht die Gerechten«).

(Jesus sagt von sich:) Der Menschensohn ist **gekommen**, zu suchen und selig zu machen, was verloren ist.

Lk 19,10.

Wer **Geld** liebt, wird vom Geld niemals satt.

Pred 5,9. – Der Geldgierige kann nie genug Geld haben.

Wer **Geld** lieb hat, der bleibt nicht ohne Sünde; und wer Gewinn sucht, der wird damit zugrunde gehen.

Sir 31,5. – Der zweite Satz lautet wörtlich übersetzt: »Wer den Gewinn liebt, wird durch ihn in Sünde geraten.«

Geldgier ist eine Wurzel alles Übels.

1Tim 6,10.

(Gott spricht zu Israel:) Ich habe dich je und je **geliebt**, darum habe ich dich zu mir gezogen aus lauter Güte.

Jer 31,3. – Der zweite Satzteil lautet wörtlich übersetzt: »darum habe ich dir die Huld bewahrt.«

Gelobt sei der Herr täglich. Gott legt uns eine Last auf, aber er hilft uns auch.

Ps 68,20. – Die Übersetzung Luthers weicht erheblich vom hebräischen Urtext ab, dessen wörtliche Übersetzung lautet: »Gelobt sei der Herr täglich. Er trägt uns. Gott ist unsere Hilfe.«

(Zacharias, der Vater Johannes' des Täufers, sagt:) **Gelobt** sei der Herr, der Gott Israels! Denn er hat besucht und erlöst sein Volk.

Lk 1,68. – Nach dem Anfangswort »gelobt« (lat. *benedictus*), heißt der Lobgesang des Zacharias (V. 68–79) »Benedictus« und ist ein liturgischer Hymnus im katholischen Stundengebet.

Der **Gerechte** muss viel erleiden, aber aus alledem hilft ihm der HERR.

Ps 34,20. – Das hebräische Wort *zaddīq*, das man normalerweise mit »gerecht« übersetzt, bedeutet allgemein so viel wie »gemeinschaftstreu« (z.B. Ps 37,21; Spr 21,26); im Verhältnis zu Gott heißt der Mensch »gerecht«, der nach dem Willen Gottes lebt (z.B. Hes 18,5–9) und dem Gott darum seine, Gottes, »Gerechtigkeit« (hebr. *z*^{e}*dāqā* oder *zaedaeq*), d.h. Wohlergehen, Heil, Segen, schenkt (z.B. Ps 24,4–5).

Der **Gerechte** erbarmt sich seines Viehs; aber das Herz der Gottlosen ist unbarmherzig.

Spr 12,10. – Das hebräische Wort *zaddīq*, »gemeinschaftstreu«, schließt also ein, dass man sein Vieh gut behandelt.

Der **Gerechte** aber wird durch seinen Glauben leben.

Hab 2,4 (zitiert in Röm 1,17; Gal 3,11; Hebr 10,38). Dieser Satz gehört zu einem Gotteswort an Habakuk, das den Untergang der Babylonier ankündigt (V. 1–5), und lautet wörtlich übersetzt: »Der Gerechte wird durch seine Treue leben«, d.h. durch sein unbeirrtes Festhalten an Gott, das mit »Glauben, Vertrauen« identisch ist.

Der HERR kennt den Weg der **Gerechten**, aber der Gottlosen Weg vergeht.

Ps 1,6.

Siehe, es kommt die Zeit, spricht der HERR, dass ich dem David einen **gerechten** Spross erwecken will. Der soll ein König sein, der wohl regieren und Recht und Gerechtigkeit im Lande üben wird. Zu seiner Zeit soll Juda geholfen werden und Israel sicher wohnen. Und dies wird sein Name sein, mit dem man ihn nennen wird: »Der HERR unsere Gerechtigkeit«.

Jer 23,5–6. – Dieses Wort kündigt einen Herrscher aus den Nachkommen Davids an, der »gerecht« (hebr. *zaddīq*), dem Willen Gottes entsprechend, regiert, der »Gerechtigkeit« (hebr. *z*^{e}*dāqā*), Gemeinschaftstreue, Wohlergehen, Heil, für das Volk Israel schafft und darum den Namen »Der HERR ist unsere Gerechtigkeit« (hebr. *Jahwe zidqénū*) erhält; dieser Name klingt an den Namen des letzten Königs des Staates Juda, Zidkija (»Jahwe ist Gerechtigkeit«, in der Lutherbibel *Zedekia*), an, der ein schwacher König war und im obigen Zitat wahrscheinlich als negative Kontrastfigur zum erwarteten Herrscher dient.

(Gott spricht:) In jenen Tagen und zu jener Zeit will ich dem David einen **gerechten** Spross aufgehen lassen; der soll Recht und Gerechtigkeit schaffen im Lande. Zu derselben Zeit soll Juda geholfen werden und Jerusalem sicher wohnen, und man wird es nennen »Der HERR unsere Gerechtigkeit«.

Jer 33,15–16. – Es handelt sich um eine Interpretation, neue Deutung des vorangehenden Zitats: Nicht der Davidsspross, sondern Jerusalem erhält den Namen »Der HERR (ist) unsere Gerechtigkeit«, d. h. Gott wird Jerusalem seine »Gerechtigkeit«, sein Heil, zuwenden.

Abram glaubte dem HERRN und das rechnete er ihm zur **Gerechtigkeit**.

1Mose 15,6. – Diese Form des Textes beruht auf der griechischen Übersetzung des Alten Testaments; im hebräischen Urtext erscheint der Name Abram nicht. Den zweiten Teil des Textes versteht die traditionelle Auslegung im Sinne der neutestamentlichen Zitate: »Abraham hat Gott geglaubt und das ist ihm zur Gerechtigkeit gerechnet worden« (Röm 4,3; Jak 2,23; ähnlich Gal 3,6), aber neuere Ausleger halten Abram für das Subjekt des Satzes: »Das (nämlich die in V. 5 von Gott ausgesprochene Verheißung zahlreicher Nachkommenschaft) rechnete er (Abram) ihm (dem HERRN) als Gerechtigkeit (hebr. *z*^{e}*dāqā*) an«, d. h. als ein der Gemeinschaft zwischen Gott und Mensch entsprechendes Verhalten.

(Hiob sagt:) **Gerechtigkeit** war mein Kleid, das ich anzog, und mein Recht war mir Mantel und Kopfbund.

Hiob 29,14. – »Gerechtigkeit« und »Recht« bilden nach alttestamentlicher Auffassung einen heilvollen Bereich, der den Menschen, wenn er gemeinschaftstreu handelt, wie ein Gewand umgibt.

Gerechtigkeit erhöht ein Volk; aber die Sünde ist der Leute Verderben.

Spr 14,34. – »Gerechtigkeit« meint hier das Wohlverhalten einer staatlichen Gemeinschaft im Inneren und nach außen, das zu deren Ansehen unter den Völkern führt.

Deine (Gottes) Stärke ist der Ursprung der **Gerechtigkeit**.

Weish 12,16. – Im Zusammenhang (V. 11b–21) geht es darum, dass Gott, der Herrscher über alle Menschen, gerecht ist und deshalb einen Unschuldigen nicht bestraft, zugleich gegenüber dem Sünder auch Milde walten lässt; obiges Zitat will dann besagen: Auf Gottes Macht gründet seine Gerechtigkeit, wobei das Wort »Gerechtigkeit« (griech. *dikaiosýnē*) nicht im Sinne einer strengen, sondern einer begnadenden Gerechtigkeit verstanden ist und sich damit dem Sprachgebrauch des (hebräischen) Alten und des Neuen Testaments nähert.

(Jesus sagt:) Selig sind, die um der **Gerechtigkeit** willen verfolgt werden; denn ihrer ist das Himmelreich.

Mt 5,10. – Wer die »Gerechtigkeit« (griech. *dikaiosýnē*), das von Gott geschenkte Heil, in seinem Tun verwirklicht, d.h. nach dem Willen Gottes handelt (hier nimmt das Wort »Gerechtigkeit« vielleicht schon die Bedeutung »christlicher Glaube« an), und darum Verfolgung leidet, wird Anteil an Gottes endzeitlichem Heil bekommen.

Darin (im Evangelium) wird offenbart die **Gerechtigkeit**, die vor Gott gilt, welche kommt aus Glauben in Glauben; wie geschrieben steht: »Der Gerechte wird aus Glauben leben.«

Röm 1,17. – Der erste Satz lautet wörtlich übersetzt: »Die Gerechtigkeit Gottes wird in ihm offenbart aus Glauben auf Glauben hin« und bedeutet: Die »Gerechtigkeit Gottes« (griech. *dikaiosýnē theū́*), das Heilshandeln Gottes, das von Gott heraufgeführte Heil, wird im Evangelium, d.h. in der Botschaft vom Geschick Jesu Christi, enthüllt; Anteil an der »Gerechtigkeit Gottes« bekommt der Mensch nur aufgrund des Glaubens, und sie steht dem Glauben, d.h. allen Glaubenden (3,22), offen.

Dem aber, der nicht mit Werken umgeht, glaubt aber an den, der die Gottlosen gerecht macht, dem wird sein Glaube gerechnet zur **Gerechtigkeit**.

Röm 4,5. – Wer nicht durch Werke das Heil zu gewinnen sucht, sondern an Gott als den glaubt, der den »Gottlosen«, d.h. den sündigen Frevler, »gerecht macht«, d.h. ihm Anteil am Heil gibt, dem wird sein Glaube als »Gerechtigkeit«, d. h. als eine dem Heilshandeln Gottes entsprechende Haltung, »angerechnet«.

Wie nun durch die Sünde des Einen die Verdammnis über alle Menschen gekommen ist, so ist auch durch die **Gerechtigkeit** des Einen für alle Menschen die Rechtfertigung gekommen, die zum Leben führt.

Röm 5,18. – Durch Adams Vergehen kam die Sünde – Paulus sieht in ihr eine den Menschen beherrschende Macht – in die Welt, weshalb Gott alle Menschen als Sünder verurteilte; aber die »gerechte Tat«, d.h., wie V. 19 erläutert, der Gehorsam, Jesu Christi bewirkte die »Rechtfertigung, die zum Leben führt«, d. h. die Teilhabe am Heil, in dem allein wahres Leben möglich ist.

Nachdem Gott vorzeiten vielfach und auf vielerlei Weise **geredet** hat zu den Vätern durch die Propheten, hat er in diesen letzten Tagen zu uns geredet durch den Sohn.

Hebr 1,1–2.

Es **gereut** ihn (Gott) bald die Strafe.

Joel 2,13.

Geh nicht ins **Gericht** mit deinem (Gottes) Knecht; denn vor dir ist kein Lebendiger gerecht.

Ps 143,2. – Das hebräische Wort, das man mit »gerecht sein« übersetzt, bedeutet hier: »rein, schuldlos sein« (so stehen »gerecht sein« und »rein sein« Hiob 4,17; 15,14; Ps 51,6 parallel).

(Jesus sagt:) Wer mein Wort hört und glaubt dem, der mich gesandt hat, der hat das ewige Leben und kommt nicht in das **Gericht**, sondern er ist vom Tode zum Leben hindurchgedrungen.

Joh 5,24. – Der Glaubende hat nach Auffassung des Johannesevangeliums den Bereich des Todes verlassen, gehört schon der himmlischen Welt an und erfährt das Gericht (griech. *krísis*) Gottes, das anderwärts im Neuen Testament als noch ausstehend gedacht wird (z. B. Mt 13,40–43; Röm 14,12; 1Kor 3,12–15; 4,5; 2Kor 5,10), nicht mehr.

(Der Altar, der hier als Person erscheint, sagt:) Ja, Herr, allmächtiger Gott, deine **Gerichte** sind wahrhaftig und gerecht.

Offb 16,7.

Wer dem **Geringen** Gewalt tut, lästert dessen Schöpfer; aber wer sich des Armen erbarmt, der ehrt Gott.

Spr 14,31. – Der »Geringe« ist der wenig begüterte Kleinbauer, den ein Wohlhabender ausbeuten (»Gewalt tun«) konnte.

(Jesus sagt:) Wer im **Geringsten** treu ist, der ist auch im Großen treu; und wer im Geringsten ungerecht ist, der ist auch im Großen ungerecht.

Lk 16,10. – Vom folgenden V. 11 her, der dem Mammon das »wahre Gut« gegenüberstellt, meint der zitierte Satz wahrscheinlich: Nur wer bei der Verwaltung irdischer Dinge zuverlässig ist, kann es auch im Umgang mit der Gabe des ewigen Heils sein.

Mein Kind, verliere dich nicht in viele **Geschäfte**; denn wenn du dir zu viel vornimmst, bleibst du nicht ohne Schuld.

Sir 11,10.

Wer **Geschenke** verspricht und hält's nicht, der ist wie Wolken und Wind ohne Regen.

Spr 25,14. – Die Wolken, die der (West-)Wind heranführt, ziehen manchmal ohne den ersehnten Regen vorüber.

(Pilatus sagt:) Was ich **geschrieben** habe, das habe ich geschrieben.

Joh 19,22. – Mit diesen Worten lehnt Pilatus die Bitte der Hohenpriester ab, die Kreuzesinschrift »Jesus von Nazareth, der König der Juden« dahingehend zu ändern, dass Jesus gesagt habe, er sei der König der Juden (V. 19–21).

(Gott spricht zu Abram:) In dir sollen **gesegnet** werden alle Geschlechter auf Erden.

1Mose 12,3 (zitiert in Gal 3,8). – Gemeint ist, dass die Völkerwelt an dem Segen, d. h. der umfassenden Lebensmacht, die Gott dem durch Abram repräsentierten Volk Israel verleiht, teilhaben wird.

Gesegnet ist der Mann, der sich auf den HERRN verlässt und dessen Zuversicht der HERR ist.

Jer 17,7.

Weil er (Henoch) mit Gott wandelte, nahm ihn Gott hinweg und er ward nicht mehr **gesehen**.

1Mose 5,24. – Der Text lautet wörtlich übersetzt: »Und Henoch wandelte mit Gott, und er war nicht mehr da, denn Gott hatte ihn hinweggenommen«; es handelt sich wohl um ein Traditionsfragment, das sagen will: Wegen seiner engen Gemeinschaft mit Gott starb Henoch nicht eines natürlichen Todes, sondern wurde zu Lebzeiten in den Himmel entrückt.

Wenn dein (Gottes) **Gesetz** nicht mein Trost gewesen wäre, so wäre ich vergangen in meinem Elend.

Ps 119,92. – Gottes »Gesetz« (hebr. *tōrā*) ist hier seine »Weisung«, seine gnädige, lebensspendende Willensäußerung, die dem Menschen »Trost« (wörtlich »Wonne«), Freude (V. 70.77.174) und Frieden (V. 165) schenkt, wobei für uns offen bleibt, welchen Inhalt diese »Weisung« hatte und ob sie bereits in schriftlicher Form vorlag.

Die Juden antworteten ihm (Pilatus): Wir haben ein **Gesetz**, und nach dem Gesetz muss er (Jesus) sterben.

Joh 19,7.

Durch das **Gesetz** kommt Erkenntnis der Sünde.

Röm 3,20b. – Das »Gesetz« (griech. *nómos*), d. h. die Ge- und Verbote des Alten Testaments, verleiht dem Menschen nicht – wie Paulus in V. 20a sagt – die Fähigkeit, »gerecht« zu werden, d. h. die Sünde zu überwinden, sondern es bringt (nur) zum Bewusstsein, dass der Mensch der Macht der Sünde ausgeliefert ist.

Das ganze **Gesetz** ist in e i n e m Wort erfüllt, in dem: »Liebe deinen Nächsten wie dich selbst!«

Gal 5,14. – Das »Gesetz«, d. h. die Ge- und Verbote des Alten Testaments, sind im Liebesgebot (3Mose 19,18) »erfüllt«, d. h. vollständig enthalten, und so kann das Alte Testament die in V. 13 vorangehende Mahnung begründen: »Durch die Liebe diene einer dem andern.«

Christus ist des **Gesetzes** Ende; wer an den glaubt, der ist gerecht.

Röm 10,4. – Der Text lautet wörtlich übersetzt: »Christus ist das Ende des Gesetzes zur Gerechtigkeit für jeden, der glaubt« und bedeutet: Von nun an ist nicht mehr das »Gesetz«, d. h. die Ge- und Verbote des Alten Testaments, sondern der Glaube an das Gnadenhandeln Gottes in Christus für die »Gerechtigkeit«, das Heil, entscheidend, und als Glaubender wird der Mensch frei für das rechte Verständnis des »Gesetzes«.

(Bildad sagt:) Wir sind von **gestern** her und wissen nichts; unsere Tage sind ein Schatten auf Erden.

Hiob 8,9. – Der Anfang des Textes lautet wörtlich übersetzt: »Wir sind ein Gestern«: das Leben des Einzelnen ist so kurz, dass es sich ausnimmt wie der schon vergangene gestrige Tag.

Gestern war's an mir, heute ist's an dir.

Sir 38,23b. – Der ganze Vers lautet wörtlich übersetzt: »Sei bei seinem (eines Verstorbenen, der einem nahestand) Geschick eingedenk, dass dies auch dein Geschick ist, ihm gestern und dir heute« und steht in einem Abschnitt (V. 21–24), der davon handelt, dass eine zu lange Trauer den Hinterbliebenen schadet und den Verstorbenen nichts nützt. Auf den zitierten Text geht unsere Redensart »Heute mir, morgen dir« zurück.

(»Frau Torheit« sagt:) »**Gestohlenes** Wasser ist süß, und heimliches Brot schmeckt fein.«

Spr 9,17. – Dieser Satz ist vielleicht ein Volkssprichwort; er macht kaum verschleierte Anspielungen auf den geschlechtlichen Genuss (»Wasser« 5,15, »Essen« 30,20).

(Im »Gleichnis vom verlorenen Sohn« Lk 15,11–32 sagt der heimkehrende Sohn zu seinem Vater:) Vater, ich habe **gesündigt** gegen den Himmel und vor dir; ich bin hinfort nicht mehr wert, dass ich dein Sohn heiße.

Lk 15,21 (ebenso V. 18–19). – Die Anfangsworte werden auch in der lateinischen Form *pater peccavi*, »Vater, ich habe gesündigt«, zitiert.

Sorge für deine **Gesundheit**, bevor du krank wirst.

Sir 18,20.

Wisst ihr nicht, dass alle, die wir auf Christus Jesus **getauft** sind, die sind in seinen Tod getauft? So sind wir ja mit ihm begraben durch die Taufe in den Tod, damit, wie Christus auferweckt ist von den Toten durch die Herrlichkeit des Vaters, auch wir in einem neuen Leben wandeln.

Röm 6,3–4. – Paulus deutet die Taufe (mit dem Taufbekenntnis) als Teilhabe am Todesschicksal Jesu, die zur Teilhabe an seiner Auferstehung führt, was dem Glaubenden ein neues, von der Macht der Sünde befreites Leben ermöglicht.

(Christus sagt der Gemeinde in Smyrna:) Sei **getreu** bis an den Tod, so will ich dir die Krone des Lebens geben.

Offb 2,10. – Die »Krone«, wörtlich der »Kranz« (griech. *stéphanos*), des Lebens bezeichnet das ewige Heil, das Christus denen zuteil werden lässt, die in den Drangsalen der gegenwärtigen Weltzeit ausgeharrt und dabei ihr Leben aufs Spiel gesetzt haben.

(Gott spricht zu Josua:) Siehe, ich habe dir geboten, dass du **getrost** und unverzagt seist. Lass dir nicht grauen und entsetze dich nicht; denn der HERR, dein Gott, ist mit dir in allem, was du tun wirst.

Jos 1,9. – Die hebräischen Wörter für »sei getrost und unverzagt« bedeuten wörtlich übersetzt: »Sei stark und fest«.

(Der Prophet Asarja sagt zum König Asa und zu den Judäern:) Seid **getrost** und lasst eure Hände nicht sinken; denn euer Werk hat seinen Lohn.

2Chr 15,7. – Für »getrost sein« steht im hebräischen Urtext derselbe Wortstamm wie in Jos 1,9 und bedeutet »stark sein«.

(Habakuk klagt:) Es geht **Gewalt** vor Recht.

Hab 1,3. – Der Text lautet wörtlich übersetzt: »Es gibt Streit, und Zank erhebt sich«, wobei wohl an Mängel des Rechtslebens in Juda gedacht ist.

Rette den, dem **Gewalt** geschieht, vor dem, der ihm Unrecht antut.

Sir 4,9.

(Jesus sagt:) Mir ist gegeben alle **Gewalt** im Himmel und auf Erden.

Mt 28,18. – Dieser Satz leitet den »Missionsbefehl« (V. 18–20) ein, der Bestandteil der Taufliturgie ist. Das griechische Wort *exūsía*, das Luther hier mit »Gewalt« übersetzt, gibt er unterschiedlich wieder, etwa mit »Macht« (z. B. Lk 12,5; 22,53; Offb 9,3) oder mit »Vollmacht« (z. B. 2Kor 10,8; 13,10).

Was mir **Gewinn** war, das habe ich um Christi willen für Schaden erachtet.

Phil 3,7. – Die Vorzüge als frommer, gesetzestreuer Jude, deren Paulus sich rühmen kann und die er in V. 5–6 aufzählt, betrachtet er als einen »Schaden«, als einen Verlust, weil es ihn nicht zu Christus hinführt.

(Paulus sagt vor dem Statthalter Felix:) Darin übe ich mich, allezeit ein unverletztes **Gewissen** zu haben vor Gott und den Menschen.

Apg 24,16. – Das griechische Wort, das Luther mit »unverletzt« wiedergibt, ist im Sinne von »tadellos, rein« zu verstehen.

Selig ist, der sich selbst kein **Gewissen** macht in dem, was er annimmt.

Röm 14,22 nach der älteren Revision der Lutherbibel; in der heutigen Lutherbibel lautet der Text: »Selig ist, der sich selbst nicht zu verurteilen braucht, wenn er sich prüft.«

Gewissensbisse.

(Hiob sagt:) Mein Gewissen beißt mich nicht wegen eines meiner Tage.

Hiob 27,6. – Der Text lautet wörtlich übersetzt: »Mein Herz schmäht mich an keinem meiner Tage«, wobei »Herz« hier – wie auch zuweilen sonst (z. B. 1Sam 24,6; 2Sam 24,10) – für unser Wort »Gewissen« steht, ein Wort, das es im Hebräischen nicht gibt.

Gewogen und zu leicht befunden → **Menetekel**.

Was du **gibst**, das gib gern.

Sir 35,11.

Wer reichlich **gibt**, wird gelabt, und wer reichlich tränkt, der wird auch getränkt werden.

Spr 11,25.

Gift und Galle.

Ihr (der Feinde Israels) Wein ist Drachengift und wütiger Ottern Galle.

5Mose 32,33 nach der Übersetzung Luthers; in der heutigen Lutherbibel lautet der Text: »Ihr Wein ist Drachengift und verderbliches Gift der Ottern.«

Aus Zion bricht an der schöne **Glanz** Gottes. Unser Gott kommt und schweiget nicht.

Ps 50,2–3. – Der Text lautet wörtlich übersetzt: »Von Zion, der Krone der Schönheit, strahlt Gott auf. Unser Gott komme und schweige nicht.« Der erste Satz (V. 2) schildert eine Lichterscheinung Gottes, eine Theophanie, die von Zion, d. h. Jerusalem (dessen Schönheit auch z. B. 48,3; Klgl 2,15 gepriesen wird), ausgeht, und hatte ursprünglich wohl seine Fortsetzung im Mittel- und Schlussteil von V. 3 (»Feuer frisst vor ihm her, und rings um ihn stürmt es gewaltig«), während die Worte »unser Gott komme und schweige nicht« ein nachträglicher Zusatz sein dürften.

Die da lehren, werden leuchten wie des Himmels **Glanz**, und die viele zur Gerechtigkeit weisen, wie die Sterne immer und ewiglich.

Dan 12,3. – Dieser Satz gehört zu einem Abschnitt (V. 1–3), in dem der Engel Michael das Weltende weissagt, das eine Notzeit und für die Frommen in Israel die Auferstehung bringen wird; das Zitat hebt besonders die »Weisen« heraus, die viele »gerecht gemacht«, d. h. vielen das endzeitliche Heil vermittelt haben und darum in ewiger Freude leben, was mit dem Bild von den Sternen, »des Himmels Glanz«, umschrieben wird.

(Jesus sagt zu einer nichtjüdischen Frau, die ihn bittet, ihre Tochter zu heilen:) Dein **Glaube** ist groß. Dir geschehe, wie du willst!

Mt 15,28. – Der »Glaube« (griech. *pístis*) ist das Vertrauen darauf, dass in Jesus Gott selbst handelt und hilft.

(Jesus sagt zum Vorsteher der Synagoge, dessen Tochter gestorben war:) Fürchte dich nicht, **glaube** nur!

Mk 5,36 (in Lk 8,50 heißt es: »Fürchte dich nicht; glaube nur, so wird sie gesund!«).

(Der Vater eines von einem »bösen Geist« besessenen Knaben sagt zu Jesus:) Ich **glaube**, hilf meinem Unglauben!

Mk 9,24. – Wer zu sagen wagt: »Ich glaube«, kann das nur, weil er darauf vertraut, dass Gott ihm immer neu zum Glauben verhilft, immer neu sein Nichtglauben heilt.

(Jesus sagt zu einer Frau, die vormals eine Sünderin war, nun die Füße Jesu salbt und von ihm die Vergebung ihrer Sünden erhält:) Dein **Glaube** hat dir geholfen; geh hin in Frieden!

Lk 7,50.

(Jesus sagt zu Simon Petrus:) Ich aber habe für dich gebeten, dass dein **Glaube** nicht aufhöre.

Lk 22,32. – »Glaube« meint hier wohl die Treue zu Jesus, die der Satan erschüttern (V. 31) und die Petrus unter Beweis stellen (V. 33) will.

(Paulus und Silas sagen zu dem Aufseher des Gefängnisses:) **Glaube** an den Herrn Jesus, so wirst du und dein Haus selig!

Apg 16,31. – Mit diesem Satz beantworten die beiden die Frage des Aufsehers: »Was muss ich tun, dass ich gerettet werde?« (V. 30). Im griechischen Urtext steht zweimal das Wort *sṓzesthai*, das Luther sowohl mit »gerettet werden« (V. 30) als auch mit »selig werden« (V. 31) übersetzt.

So kommt der **Glaube** aus der Predigt, das Predigen aber durch das Wort Christi.

Röm 10,17. – Paulus stellt hier lehrsatzartig heraus: Der Glaube entspringt der »Predigt«, d. h. der christlichen Botschaft, und diese geschieht durch das »Wort Christi«, d. h. durch die Verkündigung des von Christus beauftragten Apostels (der zitierte Satz greift V. 14–15 auf).

Nun aber bleiben **Glaube**, Hoffnung, Liebe, diese drei; aber die Liebe ist die größte unter ihnen.

1Kor 13,13 (in 1Thess 1,3; 5,8 findet sich die Reihenfolge: Glaube, Liebe, Hoffnung). – Die Liebe (griech. *agápē*), so sagt Paulus, bleibt in Ewigkeit, während alles andere, was der Mensch leisten und erreichen kann, mit dem Tode vergeht (V. 1–3.8–9); wenn Paulus auch dem Glauben (griech. *pístis*) und der Hoffnung (griech. *elpís*) ewige Dauer zuspricht, dann meint er wohl, dass die jenseitige Existenz des Menschen nicht Einswerden mit Gott bedeutet, sondern ein Gegenüber zu ihm.

»Ich **glaube**, darum rede ich.«

2Kor 4,13. – Paulus sagt, Ps 116,10 (nach der griechischen Übersetzung des Alten Testaments) zitierend: Der Glaube sieht das durch Gottes Handeln in Christus bewirkte Heil nicht als Privatbesitz an, sondern verkündigt die Heilsbotschaft anderen weiter.

Unser **Glaube** ist der Sieg, der die Welt überwunden hat.

1Joh 5,4. – Hier ist der Begriff »Welt« (griech. *kósmos*) – wie auch sonst oft im Neuen Testament (z. B. Joh 8,23; 12,31; Jak 1,27) – als der gottfeindliche, der Macht des Bösen unterworfene Bereich verstanden, dem der Glaube, das Bekenntnis zu und die Bindung an Jesus, siegreich entgegentritt.

Es ist aber der **Glaube** eine feste Zuversicht auf das, was man hofft, und ein Nichtzweifeln an dem, was man nicht sieht.

Hebr 11,1. – Der Text lautet wörtlich übersetzt etwa so: »Es ist aber der Glaube ein Feststehen bei dem, was man erhofft, ein Beweis für Dinge, die man nicht sieht« und bedeutet wohl: Der Glaube hält standhaft an den Heilszusagen Gottes fest, und insofern beweist er die Existenz des Unsichtbaren, der himmlischen Wirklichkeit.

So ist auch der **Glaube**, wenn er nicht Werke hat, tot in sich selber.

Jak 2,17. – Dieser Satz gehört zu einem Abschnitt (V. 14–26), in dem der Jakobusbrief gegen die These des Paulus, dass der Mensch das Heil durch den Glauben, nicht aber durch Werke erlangt, polemisiert, diese aber missversteht, denn nach Paulus nimmt der Glaube in der Liebe, also in »Werken«, Gestalt an (z. B. Gal 5,6).

Allein durch den **Glauben**.
So halten wir nun dafür, dass der Mensch gerecht wird ohne des Gesetzes Werke, allein durch den Glauben.

Röm 3,28. – Lehrsatzartig (»wir halten dafür«, d. h. »ich bin der Auffassung«) sagt Paulus: Der Mensch wird »gerecht«, er bekommt Anteil an der »Gerechtigkeit« Gottes, an dem von Gott mit dem Tod und der Auferweckung Jesu heraufgeführten Heil, durch den Glauben, d. h. indem er seine Existenz glaubend, vertrauensvoll der Herrschaft Jesu Christi unterstellt (was sich dann in Werken der Liebe konkretisieren soll), nicht aber, indem er sich das Heil durch das Einhalten des »Gesetzes«, der Ge- und Verbote des Alten Testaments, gleichsam erkaufen will. Das »allein«, das nicht im Urtext steht, sondern von Luther hinzugefügt wurde, markiert den unüberbrückbaren Gegensatz von »Glauben« und »Werken des Gesetzes« durchaus sachgemäß; der Ausdruck »allein durch den Glauben« (lat. *sola fide*) kennzeichnet den zentralen Grundsatz der Theologie Luthers.

Was aber nicht aus dem **Glauben** kommt, das ist Sünde.

Röm 14,23. – Dieser Satz gehört zu einem Abschnitt (V. 13–23), in dem es um die Rücksicht auf den Nächsten, insbesondere beim Essen angeblich unreiner Speise, geht, und will besagen: Wer sein Handeln nicht vom Glauben, vom Bekenntnis zu Jesus Christus, sondern von seiner eigenen Auffassung leiten lässt, der sündigt, weil er gegen das Ziel des Glaubens, nämlich die Liebe, verstößt.

Wenn ich prophetisch reden könnte und wüsste alle Geheimnisse und alle Erkenntnis und hätte allen **Glauben**, sodass ich Berge versetzen könnte, und hätte die Liebe nicht, so wäre ich nichts.

1Kor 13,2.

Wir wandeln im **Glauben** und nicht im Schauen.

2Kor 5,7. – Paulus unterscheidet hier die irdische (»im Glauben«) von der zukünftigen Existenz in der vollendeten Gottesherrschaft, wo der Mensch Gott unmittelbar schauen wird.

Ohne **Glauben** ist's unmöglich, Gott zu gefallen.

Hebr 11,6. – Hier geht es um Henoch, der nicht starb, sondern von Gott entrückt wurde (1Mose 5,21–24), weil er, wie V. 5 aufgrund der griechischen Übersetzung von 1Mose 5,22 und 24 sagt, »Gott gefiel«.

Am **Glauben** Schiffbruch erleiden.

Das (nämlich das gute Gewissen) haben einige von sich gestoßen und am Glauben Schiffbruch erlitten.

1Tim 1,19. – Wer nicht mit reinem Gewissen in den Kampf des Glaubens zieht, muss unterliegen.

Lasst uns Gutes tun an jedermann, allermeist aber an des **Glaubens** Genossen.

Gal 6,10.

(Jesus sagt:) Wer da **glaubt** und getauft wird, der wird selig werden; wer aber nicht glaubt, der wird verdammt werden.

Mk 16,16. – Dieser in einem nachträglich an das Markusevangelium angehängten Abschnitt (V. 9–20) stehende Satz, der in sehr verkürzter und missverständlicher Weise das ewige Heil – mit »selig werden« übersetzt Luther das griechische Wort *sṓzesthai*, das »gerettet werden« bedeutet –

oder das Jüngste Gericht an die Begriffe »Glauben« und »Unglauben« bindet, ist die Quelle der sprichwörtlichen Redensart »Wer's glaubt, wird selig.«

(Jesus sagt:) Wer **glaubt**, der hat das ewige Leben.

Joh 6,47 (in 3,36 heißt es: »Wer an den Sohn glaubt, der hat das ewige Leben«). – Nach Meinung des Johannesevangeliums hat der Glaubende das ewige Leben schon in der Gegenwart.

Wenn man von Herzen **glaubt**, so wird man gerecht; und wenn man mit dem Munde bekennt, so wird man gerettet.

Röm 10,10. – Der Text lautet wörtlich übersetzt: »Mit dem Herzen glaubt man zur Gerechtigkeit, aber mit dem Munde bekennt man zur Rettung« und bedeutet, wie der vorangehende V. 9 sagt: Wer mit dem Herzen, d. h. mit dem Zentrum der menschlichen Person, daran glaubt, dass Gott Jesus auferweckt hat, und (in der Gemeindeversammlung) bekennt, dass Jesus der Herr ist, der bekommt Anteil an der »Gerechtigkeit« (griech. *dikaiosýnē*), an der »Rettung«, dem »Heil« (griech. *sōtēría*).

Wenn e i n **Glied** leidet, so leiden alle Glieder mit, und wenn e i n Glied geehrt wird, so freuen sich alle Glieder mit.

1Kor 12,26. – Dieser Satz beschließt einen Abschnitt (V. 12–26), in dem Paulus mit dem Bild vom Zusammenwirken der vielen Glieder des menschlichen Körpers die Einheit der Kirche, des »Leibes Christi«, veranschaulicht.

Gloria in excelsis Deo (lat., »Ehre [sei] Gott in der Höhe«)!

Mit diesen Worten beginnt ein im Anschluss an den Lobgesang der Engel (Lk 2,14) entstandener Gesang der christlichen Liturgie.

(Abraham sagt zu Gott, der ihn unerkannt besucht:) Herr, hab ich **Gnade** gefunden vor deinen Augen, so geh nicht an deinem Knecht vorüber.

1Mose 18,3.

Deine (Gottes) **Gnade** reicht, so weit der Himmel ist, und deine Treue, so weit die Wolken gehen.

Ps 108,5 (ähnlich 57,11).

Gnade und Barmherzigkeit.
Ich habe meinen Frieden von diesem Volk weggenommen, die Gnade und die Barmherzigkeit, spricht der HERR.

Jer 16,5 (»Gnade und Barmherzigkeit« ferner Ps 103,4; Hos 2,21; Weish 3,9).

Gnade sei mit euch und Friede von Gott, unserm Vater, und dem Herrn Jesus Christus!

Röm 1,7. – Dieser Segenswunsch, der häufig am Beginn der neutestamentlichen Briefe erscheint (z.B. 1Kor 1,3; 2Kor 1,2; Phil 1,2), wird in der gottesdienstlichen Liturgie als »Kanzelgruß« vor der Predigt verwendet.

Durch Gottes **Gnade** bin ich, was ich bin.

1Kor 15,10.

Siehe, jetzt ist die Zeit der **Gnade**, siehe, jetzt ist der Tag des Heils!

2Kor 6,2b. – Mit diesem Satz deutet Paulus das Zitat aus Jes 49,8: »Ich (Gott) habe dich zur Zeit der Gnade erhört und habe dir am Tag des Heils geholfen« (V. 2a) auf die durch das Christusgeschehen verwandelte Gegenwart und begründet er die in V. 1 ausgesprochene Mahnung, »dass ihr die Gnade Gottes nicht vergeblich empfangt«, d. h. Gottes Heilshandeln verpflichtet die Glaubenden zu einem Leben in Liebe und Gehorsam.

Lass dir an meiner **Gnade** genügen; denn meine Kraft ist in den Schwachen mächtig.

2Kor 12,9. – Paulus zitiert ein Wort, das er vom »Herrn« – gemeint ist Jesus Christus – erhalten hat und das bedeutet: Die »Kraft« (griech. *dýnamis*), hier fast gleichbedeutend mit »Gnade« (griech. *cháris*), Christi kommt in der Leidensexistenz des Apostels voll zur Wirkung, denn das Leiden ist Zeichen seiner engen Verbundenheit mit Christus.

Die **Gnade** unseres Herrn Jesus Christus und die Liebe Gottes und die Gemeinschaft des Heiligen Geistes sei mit euch allen!

2Kor 13,13. – Diese Schlussformel des 2. Korintherbriefs wird in der gottesdienstlichen Liturgie als »Kanzelgruß« vor der Predigt verwendet.

Aus **Gnade** seid ihr selig geworden durch Glauben, und das nicht aus euch: Gottes Gabe ist es, nicht aus Werken, damit sich nicht jemand rühme.

Eph 2,8–9. – Im Sinne der Lehre des Paulus von der »Gerechtigkeit« heißt es hier, dass der Mensch durch den Glauben, nicht aber durch »Werke«, d. h. durch das Halten der alttestamentlichen Ge- und Verbote, »selig (wörtlich: gerettet) wird«.

Von Gottes **Gnaden**.

Diese Formel, in der lateinischen Form *Dei gratia* Zusatz zum Titel von Bischöfen, früher auch von Fürsten, geht zurück auf 1Kor 3,10: »Ich nach Gottes Gnade, die mir gegeben ist, habe den Grund gelegt als ein weiser Baumeister.«

(Gott spricht:) Wem ich **gnädig** bin, dem bin ich gnädig, und wessen ich mich erbarme, dessen erbarme ich mich.

2Mose 33,19 (zitiert in Röm 9,15). – Der Satz meint nicht, dass Gott seine Gunst beliebig, willkürlich erweist, sondern dass er es auch dann tut, wenn es nach menschlichen Maßstäben und Erwartungen ausgeschlossen ist.

Du sollst keine anderen **Götter** haben neben mir.

2Mose 20,3 (= 5Mose 5,7). – Dieses Verbot setzt die Existenz anderer Götter voraus, fordert jedoch von Israel die alleinige Verehrung des Gottes, den es »Jahwe« (in der Lutherbibel steht dafür »HERR«) nannte. Solch eine Form der Gottesverehrung bezeichnet man als »Monolatrie« im Gegensatz zum »Monotheismus«, dem Glauben, dass es nur einen einzigen Gott gibt, wie er sich später in Israel durchgesetzt hat.

Wie das **Gold** durchs Feuer, so werden auch, die Gott gefallen, durchs Feuer der Trübsal erprobt.

Sir 2,5.

Gold und Silber lassen einen Mann sicher stehen, aber mehr als beides ein guter Rat.

Sir 40,25.

Goldenes Kalb.

Dieser Ausdruck wie auch die Wendung »Tanz um das Goldene Kalb« leitet sich her von der Erzählung 2Mose 32, wonach Moses Bruder Aaron, als Mose auf dem Berg Sinai blieb, für die Israeliten als »Gott«

ein goldenes Stierbild anfertigte und die Israeliten dann fröhlich feierten und tanzten, bis Mose, vom Berg herabgekommen, das Stierbild vernichtete.

Seine Worte mit (auf) der **Goldwaage** wägen.

Die Schwätzer reden, wovon sie nichts verstehen; die Weisen aber wägen ihre Worte mit der Goldwaage.

Sir 21,27. – Die griechische Vorlage bietet statt des Wortes für »Goldwaage« nur das Wort für »Waage« und in 28,29 die Wörter für »Waage und Gewicht«.

Goliat.

Dieser Ausdruck bezeichnet nach der Erzählung 1Sam 17, die schildert, wie der junge David den Goliat, den gewaltigen Krieger der Philister, mit einer Steinschleuder tötet, einen Menschen von riesenhafter Gestalt.

(Bileam sagt:) **Gott** ist nicht ein Mensch, dass er lüge, noch ein Menschenkind, dass ihn etwas gereue. Sollte er etwas sagen und nicht tun? Sollte er etwas reden und nicht halten?

4Mose 23,19.

(Hiob sagt:) So wahr **Gott** lebt …: Meine Lippen reden nichts Unrechtes.

Hiob 27,2 und 4. – Diese Schwurformel findet sich nur hier und 2Sam 2,27; häufig ist dagegen die Formel »so wahr der HERR lebt« (z.B. 1Sam 14,39; 19,6; 1Kön 1,29; 17,1.12).

(Elihu sagt:) Siehe, **Gott** ist groß und unbegreiflich; die Zahl seiner Jahre kann niemand erforschen.

Hiob 36,26.

Mein **Gott**, mein Gott, warum hast du mich verlassen?

Ps 22,2. – Diese Worte rief Jesus nach Mt 27,46 und Mk 15,34 – beide Male erscheinen sie als Übersetzung des hebräischen Urtextes »Eli, eli, lama asabtani« – am Kreuz.

Mit **Gott** wollen wir Taten tun.

Ps 60,14 (= 108,14).

Gott, dein Weg ist heilig. Wo ist ein so mächtiger Gott, wie du, Gott, bist?

Ps 77,14. – Der erste Satz lautet wörtlich übersetzt: »Gott, dein Weg ist in Heiligkeit« und bedeutet wohl: Der »Weg«, das Handeln und Planen, Gottes geschieht auf göttliche Weise, kaum fassbar.

Unser **Gott** ist im Himmel; er kann schaffen, was er will.

Ps 115,3. – Dieser Satz antwortet auf den Vorwurf der (nichtisraelitischen) Völker: »Wo ist denn ihr (der Israeliten) Gott?« (V. 2).

(König Darius schreibt an alle Völker:) Er ist der lebendige **Gott**, der ewig bleibt, und sein Reich ist unvergänglich, und seine Herrschaft hat kein Ende.

Dan 6,27.

Wo ist solch ein **Gott**, wie du bist, der die Sünde vergibt und erlässt die Schuld denen, die übrig geblieben sind von seinem Erbteil; der an seinem Zorn nicht ewig festhält, denn er ist barmherzig!

Mich 7,18. – Dieser Text stammt höchstwahrscheinlich aus der Zeit nach dem Babylonischen Exil und preist Gottes Barmherzigkeit an denen, die das Exil überlebt haben.

Gott lieben, das ist die allerschönste Weisheit.

Sir 1,14. – Der Text lautet wörtlich übersetzt: »Der Anfang der Weisheit ist es, den Herrn zu fürchten« und entspricht der Sentenz »die Furcht des HERRN ist der Weisheit Anfang« (z. B. Ps 110,10).

Gott mit uns.
(Ein Engel kündigt dem Josef die Geburt Jesu mit dem Zitat Jes 7,14 an:) »Siehe, eine Jungfrau wird schwanger sein und einen Sohn gebären, und sie werden ihm den Namen Immanuel geben«, das heißt übersetzt: Gott mit uns.

Mt 1,23. – Die Worte »Gott mit uns« waren seit dem 18. Jahrhundert der Wahlspruch der preußischen Könige und standen dann auch auf dem Koppelschloss deutscher Soldaten.

(Jesus sagt:) Ihr könnt nicht **Gott** dienen und dem Mammon.

Mt 6,24b (= Lk 16,13b). – Das aus dem Aramäischen stammende Wort »Mammon« bezeichnet den Besitz, das Vermögen und ist im Neuen Testament, wo es noch Lk 16,9 und 11 vorkommt, negativ gemeint.

(Jesus sagt:) Was nun **Gott** zusammengefügt hat, das soll der Mensch nicht scheiden!

Mt 19,6 (= Mk 10,9). – Damit antwortet Jesus auf die Frage, ob ein Mann sich von seiner Frau scheiden lassen dürfe (Mt 19,3; Mk 10,2).

(Jesus sagt:) **Gott** ist nicht ein Gott der Toten, sondern der Lebenden.

Mt 22,32 (= Mk 12,27; in Lk 20,38 heißt es: »Gott aber ist nicht ein Gott der Toten, sondern der Lebenden; denn ihm leben sie alle«). – Hier geht es um die Frage der Auferstehung, und der zitierte Satz besagt: Wo Gott eines Menschen Gott wird, kann das auch nicht vom Tod aufgehoben werden, was die Lukas-Fassung unterstreicht: Der Glaubende erfährt jetzt schon den Einbruch Gottes und damit eines Lebens, das dem physischen Tod nicht unterworfen ist.

(Der Engel Gabriel sagt zu Maria:) Bei **Gott** ist kein Ding unmöglich.

Lk 1,37 (ähnlich Mt 19,26 »bei Gott sind alle Dinge möglich«; Mk 10,27 »alle Dinge sind möglich bei Gott«; Lk 18,27 »was bei den Menschen unmöglich ist, das ist bei Gott möglich«).

(Petrus und die [anderen] Apostel sagen vor dem Hohen Rat:) Man muss **Gott** mehr gehorchen als den Menschen.

Apg 5,29.

(Paulus sagt zu den Juden in Ephesus:) Will's **Gott**, so will ich wieder zu euch kommen.

Apg 18,21 (ähnlich 1Kor 4,19 »ich werde aber, wenn der Herr will, recht bald zu euch kommen«; Hebr 6,3 »das wollen wir tun, wenn Gott es zulässt«; Jak 4,15 »wenn der Herr will, werden wir leben und dies oder das tun«).

Ist **Gott** für uns, wer kann wider uns sein? Der auch seinen eigenen Sohn nicht verschont hat, sondern hat ihn für uns alle dahingegeben – wie sollte er uns mit ihm nicht alles schenken?

Röm 8,31–32.

Gott ist nicht ein Gott der Unordnung, sondern des Friedens.

1Kor 14,33a. – Dieser Satz gehört zu einem Abschnitt (V. 26–33a), in dem Paulus fordert, im Gottesdienst solle so geredet werden, dass die Gemeinde es versteht, wozu ein geordneter Ablauf des Gottesdienstes notwendig ist.

Gott weiß es.

2Kor 11,11 (ferner 12,2.3). – Paulus hält es nicht für nötig, seine Liebe zur Gemeinde eigens herauszustellen, sondern begnügt sich mit dem Hinweis auf Gott, der in die Herzen sieht.

Irret euch nicht! **Gott** lässt sich nicht spotten.

Gal 6,7. – Paulus warnt die Galater, Gottes Gabe, nämlich seinen Geist, die von ihm verliehene Kraft, auszuschlagen.

Die Torheit **Gottes** ist weiser, als die Menschen sind, und die Schwachheit Gottes ist stärker, als die Menschen sind.

1Kor 1,25. – Mit einer allgemeinen Sentenz stellt Paulus heraus, dass Gott den Menschen unendlich überlegen ist; konkret meint er mit der »Torheit« und »Schwachheit« das Kreuz Christi, an dem Gott seine Weisheit und Kraft bewies, weil er diesen Ort des schmachvollen Todes zur Quelle des Lebens gemacht hat.

Das Reich **Gottes** steht nicht in Worten, sondern in Kraft.

1Kor 4,20. – Dieser sentenzartige Satz richtet sich gegen Widersacher des Paulus, die er darauf prüfen will, ob hinter ihrem aufgeblasenen Reden auch Kraft (griech. *dýnamis*) stehe (V. 18–19), nämlich die Kraft, die den Glauben in der Liebe verwirklicht.

Wenn Gott einem Menschen Reichtum und Güter gibt und lässt ihn davon essen und trinken und sein Teil nehmen und fröhlich sein bei seinem Mühen, so ist das eine **Gottesgabe**.

Pred 5,18. – »Sein Teil nehmen«, wörtlich: »seinen Anteil davontragen«, bedeutet: Der Wohlhabende hat Anteil an seinem Besitz im Genuss (»essen und trinken«).

Ein **Gräuelbild** der Verwüstung.

Im Heiligtum wird stehen ein Gräuelbild, das Verwüstung anrichtet.

Dan 9,27. – Gemeint ist ein von dem seleukidischen König Antiochus IV. im Jahre 167 v. Chr. auf den Brandopferaltar des Jerusalemer Tempels gesetzter, dem Zeus Olympius geweihter Altar, »der Verwüstung anrichtet«, d. h. den korrekten Kult unmöglich macht; statt »Gräuelbild, das Verwüstung anrichtet« steht 11,31; 1Makk 1,57; 6,7; Mt 24,15; Mk 13,14 »Gräuelbild der Verwüstung«.

Ein Mensch ist in seinem Leben wie **Gras**, er blüht wie eine Blume auf dem Felde; wenn der Wind darüber geht, ist sie nimmer da, und ihre Stätte kennet sie nicht mehr.

Ps 103,15–16.

Alles Fleisch ist **Gras**, und alle seine Güte ist wie eine Blume auf dem Felde. Das Gras verdorrt, die Blume verwelkt; denn des HERRN Odem bläst darein. Ja, Gras ist das Volk! Das Gras verdorrt, die Blume verwelkt, aber das Wort unseres Gottes bleibt ewiglich.

Jes 40,6–8 (zitiert in 1Petr 1,24–25). – Hier bekommt der Prophet den Auftrag, angesichts der Übermacht der Babylonier zu verkündigen, dass »alles Fleisch«, d. h. die ganze Völkerwelt, insbesondere die Babylonier, nur wie Gras ist und all seine »Güte« (das hebräische Wort, das Luther mit »Güte« übersetzt, bedeutet hier wohl »Kraft« oder »Dauer«) wie eine Blume, die rasch dahinwelkt (die Worte »ja, das Volk ist Gras«, in denen das »Volk« wohl Israel sein soll, dürften ein nachträglicher Zusatz sein), dass aber Gottes Wort, nämlich die tröstende und neues Heil schaffende Botschaft des Propheten, bis in die ferne Zukunft besteht.

Graue Haare sind eine Krone der Ehre; auf dem Weg der Gerechtigkeit wird sie gefunden.

Spr 16,31. – »Gerechtigkeit«, d. h. gemeinschaftstreues Verhalten, bewirkt ein hohes Alter.

Vor einem **grauen** Haupt sollst du aufstehen und die Alten ehren und sollst dich fürchten vor deinem Gott; ich bin der HERR.

3Mose 19,32.

Mit einem eisernen **Griffel** schreiben.

(Hiob sagt:) Ach dass meine Reden … aufgezeichnet würden als Inschrift, mit einem eisernen Griffel in Blei geschrieben.

Hiob 19,23–24.

(Gott spricht zu David:) Ich will dir einen großen Namen machen gleich den Namen der **Großen** auf Erden.

2Sam 7,9.

(Jakob klagt um Josef:) Ich werde mit Leid hinunterfahren in die **Grube** zu meinem Sohn.

1Mose 37,35 nach der Übersetzung Luthers; in der heutigen Lutherbibel lautet der Text: »Ich werde mit Leid hinunterfahren zu den Toten, zu meinem Sohn.« – Die heutige Lutherbibel übersetzt das hebräische Wort *schᵉʾōl*, »Totenreich«, meistens – wie im zitierten Text – mit »die Toten« (z. B. 4Mose 16,30; 1Sam 2,6; Ps 6,6; Jes 14,11), manchmal mit »Totenreich« (z. B. Jes 38,10; 57,9), während sie mit »Grube« im Sinne von »Grab« die hebräischen Wörter *bōr* (z. B. Ps 28,1; Jes 14,15) oder *schachat* (z. B. Ps 30,10; Hes 28,8) wiedergibt.

Wer eine **Grube** macht, der wird hineinfallen; und wer einen Stein wälzt, auf den wird er zurückkommen.

Spr 26,27. – Der Spruch stellt fest, dass jemand, der Gruben aushebt oder Steine bewegt und diese, weil sie schwer sind, wälzen muss, dabei zu Schaden kommen kann. Dieser Gedanke wird auch in Pred 10,8 ausgesprochen: »Wer eine Grube gräbt, der kann selbst hineinfallen, und wer eine Mauer einreißt, den kann eine Schlange beißen.« Vom Zusammenhang (Spr 26,23–26), wo es um Heimtücke geht, erhält der zitierte Satz den Sinn, den z. B. unser Sprichwort »wer anderen eine Grube gräbt, fällt selbst hinein« hat und den bereits die griechische Übersetzung des Alten Testaments dem zitierten Satz gab, indem sie den »Nächsten« einfügte: »Wer dem Nächsten eine Grube gräbt, wird in sie hineinfallen.« (Vgl. auch Sir 27,29.)

Grünen und blühen.

Die Gottlosen grünen wie das Gras, und die Übeltäter blühen alle.

Ps 92,8.

Einen andern **Grund** kann niemand legen als den, der gelegt ist, welcher ist Jesus Christus.

1Kor 3,11. – Paulus verwendet in V. 10–15 für die christliche Verkündigung das Bild des Baumeisters und des Baus, dessen Fundament Christus ist.

(Gott spricht:) Siehe, ich lege in Zion einen **Grundstein**, einen bewährten Stein, einen kostbaren Eckstein, der fest gegründet ist. Wer glaubt, der flieht nicht.

Jes 28,16 (zitiert in 1Petr 2,6). – Der vieldiskutierte Text bleibt rätselhaft. Vielleicht ist gemeint, dass Gott die Burg von Jerusalem fest gegründet *hat*, aber die Stadt nun prüft (V. 17a); und vielleicht wurde der Satz »wer glaubt, der flieht nicht« später hinzugefügt.

HERR, deine **Güte** reicht, so weit der Himmel ist, und deine Wahrheit, so weit die Wolken gehen.

Ps 36,6. – Das hebräische Wort *ʾ^{ae}mūnā*, das Luther hier mit »Wahrheit« wiedergibt, bedeutet »Treue« (so übersetzt Luther das Wort z. B. Ps 89,34; 119,75).

Eure **Güte** lasst kund sein allen Menschen!

Phil 4,5. – »Güte« ist hier im Sinne von »Milde, Nachsicht« gemeint.

Wo viele **Güter** sind, da sind viele, die sie aufessen; und was hat ihr Besitzer mehr davon als das Nachsehen?

Pred 5,10.

(Jesus sagt:) Niemand lebt davon, dass er viele **Güter** hat.

Lk 12,15b. – Der Satz begründet die Warnung vor der Habgier (V. 15a).

Der HERR ist **gütig** und eine Feste zur Zeit der Not und kennt die, die auf ihn trauen.

Nah 1,7.

Sich **gütlich** tun.

Da merkte ich, dass es nichts Besseres dabei gibt als fröhlich sein und sich gütlich tun in seinem Leben.

Pred 3,12. – Statt »sich gütlich tun« ist hier eher »Gutes tun« (wie 7,20) gemeint.

Gott sah an alles, was er gemacht hatte, und siehe, es war sehr **gut**.

1Mose 1,31. – Im Schöpfungsbericht (1,1–2,4a) soll die Formel »und Gott sah, dass es gut war« (V. 10.12.18.21.25; in V. 4 heißt es: »und Gott sah, dass das Licht gut war«), die der zitierte Satz zu einem umfassenden Urteil Gottes über seine Schöpfung bündelt, den bewundernden Lobpreis über die Werke Gottes zum Ausdruck bringen, die »gut« sind, wobei die Bandbreite des hebräischen Wortes *tōb* von »gut«, »angenehm«, »zweckmäßig« bis »schön« reicht.

Es ist dir gesagt, Mensch, was **gut** ist und was der HERR von dir fordert, nämlich Gottes Wort halten und Liebe üben und demütig sein vor deinem Gott.

Mich 6,8. – Auf die Frage, welches Opfer Gott vom Menschen erwartet (V. 6–7), antwortet der zitierte Satz, der Wille Gottes sei dem Menschen längst übermittelt (durch wen, sagt der Text nicht), und Gott verlange – so lautet der Text wörtlich übersetzt – »(nichts anderes als) Recht üben, Freundlichkeit lieben und besonnen/aufmerksam wandeln vor deinem Gott«.

Weh dem, der sein **Gut** mehrt mit fremdem Gut – wie lange wird's währen? – und häuft viele Pfänder bei sich auf!

Hab 2,6. – Dieser Weheruf, der anscheinend Höhergestellten der judäischen Gesellschaft die Ausbeutung sozial Schwächerer vorwirft und ihnen deshalb den Untergang androht, wurde nachträglich auf eine Feindmacht, wohl die Babylonier, bezogen (V. 8).

Wenn dir's **gut** geht, so bedenke, dass dir's wieder schlecht gehen kann; und wenn dir's schlecht geht, so bedenke, dass dir's wieder gut gehen kann.

Sir 11,26.

(Petrus sagt zu Jesus:) Herr, hier ist **gut** sein! Willst du, so will ich hier drei Hütten bauen, dir eine, Mose eine und Elia eine.

Mt 17,4 (ähnlich Mk 9,5; Lk 9,33). – Dieser Text gehört zu einer Erzählung (V. 1–9; ähnlich Mk 9,2–9; Lk 9,28–36), in der Jesus in Begleitung des Petrus, Jakobus und Johannes auf einem Berg »verklärt« wird und ihnen Mose und Elia erscheinen. Petrus will »Hütten« (das griechische Wort *skēnḗ* bedeutet eigentlich »Zelt«) bauen, weil er meint, die Endzeit sei schon angebrochen, in der Gott und die himmlische Welt auf dieser Erde »zelten« (griech. *skēnū́n*) (Offb 21,3).

Einer trat zu ihm (Jesus) und fragte: Meister, was soll ich Gutes tun, damit ich das ewige Leben habe? Er aber sprach zu ihm: Was fragst du mich nach dem, was gut ist? **Gut** ist nur Einer.

Mt 19,16–17 (in Mk 10,17–18 und Lk 18,18–19 lautet die Frage: »Guter Meister, was soll/muss ich tun, damit ich das ewige Leben ererbe?« und die Antwort: »Was nennst du mich gut? Niemand ist gut als Gott allein«).

Alles, was Gott geschaffen hat, ist **gut**, und nichts ist verwerflich, was mit Danksagung empfangen wird; denn es wird geheiligt durch das Wort Gottes und Gebet.

1Tim 4,4. – Dieser Text wendet sich gegen Irrlehrer, die den Verzicht auf die Ehe und die Enthaltsamkeit bei Speisen als Mittel zum Gewinnen des Heils ansehen, und begründet dies damit, dass in der neuen, von Gott durch Jesus heraufgeführten Welt alles gut – wie in der ersten Schöpfung (1Mose 1,31) – und nichts verwerflich ist, wenn es mit »Danksagung« und »Wort Gottes« und »Gebet« – d. h. wohl: unter dem Dankgebet bei Tisch, das Gott als den Schöpfer und Herrn preist – genossen wird.

Am **guten** Tage sei guter Dinge, und am bösen bedenke: Diesen hat Gott geschaffen wie jenen.

Pred 7,14.

(Josef lässt seinen Brüdern sagen:) Warum habt ihr **Gutes** mit Bösem vergolten?

1Mose 44,4 (»Gutes mit Bösem vergelten« auch z. B. 1Sam 25,21; Ps 35,12; Jer 18,20).

(Hiob sagt, nachdem der Satan mit Erlaubnis Gottes über seinen, Hiobs, Körper Geschwüre kommen ließ, zu seiner Frau:) Haben wir **Gutes** empfangen von Gott und sollten das Böse nicht auch annehmen?

Hiob 2,10.

Gutes und Barmherzigkeit werden mir folgen mein Leben lang.

Ps 23,6. – Anknüpfend an das Bild vom Gastgeber (V. 5), spricht der Beter die Überzeugung aus, dass Gottes Heilswirken ihn immer begleitet.

Er (Gott) wird kein **Gutes** mangeln lassen den Frommen.

Ps 84,12.

Willst du **Gutes** tun, so sieh zu, wem du es tust; dann verdienst du Dank damit.

Sir 12,1.

Lasst uns aber **Gutes** tun und nicht müde werden.

Gal 6,9.

Gutes zu tun und mit andern zu teilen vergesst nicht; denn solche Opfer gefallen Gott.

Hebr 13,16.

Wer nun weiß, **Gutes** zu tun, und tut's nicht, dem ist's Sünde.

Jak 4,17. – Wer sein Wissen um das Gute nicht in die Praxis umsetzt, dem wird diese Unterlassung als Sünde angerechnet.

H

(Elifas sagt:) Es standen mir die **Haare** zu Berge an meinem Leibe.

Hiob 4,15.

(Jesus sagt zu den Jüngern:) Nun aber sind auch eure **Haare** auf dem Haupt alle gezählt.

Mt 10,30 (ähnlich Lk 12,7). – Das Schicksal jedes einzelnen Jüngers liegt in Gottes Hand, und nichts geschieht ohne den Willen Gottes.

Wenn ich alle meine **Habe** den Armen gäbe und ließe meinen Leib verbrennen und hätte die Liebe nicht, so wäre mir's nichts nütze.

1Kor 13,3.

(Jesus sagt:) Wer mein Wort **hält**, der wird den Tod nicht sehen in Ewigkeit.

Joh 8,51.

(Gott spricht zu Jerusalem:) Siehe, in die **Hände** habe ich dich gezeichnet; deine Mauern sind immerdar vor mir.

Jes 49,16. – Gemeint ist wohl: Als Gedenkzeichen ritzt Gott sich den Bauplan der zukünftigen Mauern Jerusalems in seine Hand (vergleichbar ist Hes 4,1, wo Hesekiel den Grundriss Jerusalems in einen Ziegelstein ritzt).

Seine **Hände** in Unschuld waschen.

Als aber Pilatus sah, dass er (gegen das die Kreuzigung Jesu fordernde Volk) nichts ausrichtete, sondern das Getümmel immer größer wurde, nahm er Wasser und wusch sich die Hände vor dem Volk und sprach: Ich bin unschuldig an seinem Blut; seht ihr zu!

Mt 27,24 (ähnlich die Wendung »ich wasche meine Hände in Unschuld« Ps 26,6; »soll es denn umsonst sein, dass ich mein Herz rein hielt und meine Hände in Unschuld wasche?« 73,13). – Hinter diesem Ausdruck steht wohl ein Ritus, wie er in 5Mose 21,1–9 beschrieben wird: Wenn jemand von unbekannter Hand erschlagen ist, sollen die Ältesten der nächstgelegenen Stadt einer jungen Kuh das Genick brechen und über ihr die Hände waschen und sagen: »Unsere Hände haben dies Blut nicht vergossen, und unsere Augen haben's nicht gesehen. Entsühne dein Volk Israel, das du, der HERR, erlöst hast; lege nicht das unschuldig vergossene Blut auf dein Volk Israel!« (V. 7–8).

Stärkt die müden **Hände** und macht fest die wankenden Knie!

Jes 35,3 (zitiert in Hebr 12,12).

Jemanden auf **Händen** tragen.

Er (Gott) hat seinen Engeln befohlen, dass sie dich behüten auf allen deinen Wegen, dass sie dich auf den Händen tragen und du deinen Fuß nicht an einen Stein stoßest.

Ps 91,11–12 (zitiert in Mt 4,6 und Lk 4,10–11).

(Jesus sagt zu Petrus:) In dieser Nacht, ehe der **Hahn** kräht, wirst du mich dreimal verleugnen.

Mt 26,34 (ähnlich Mk 14,30; Lk 22,34).

Halleluja (hebr., »preist Jah«, wobei »Jah« eine Kurzform des Gottesnamens »Jahwe« ist, den Luther mit »HERR« wiedergibt).

Diese Formel gehört in den Aufruf zum Lobpreis Gottes, zum Hymnus (z. B. Ps 113,1; 135,1; 148,1), erscheint dann später auch als Lobruf der Gemeinde, der auf den Hymnus antwortet (z. B. Ps 105,45; 148,14), und ebenso als ein Lobruf im Neuen Testament (Offb 19,1.3.4.6). Das Halleluja wurde als stehende Formel in die christliche Liturgie übernommen.

Halljahr → Jubeljahr.

Den **Hals** kosten.

(Die Fürsten der Philister sagen:) Wenn er (David) wieder zu Saul, seinem Herrn, überginge, so könnte es uns den Hals kosten.

1Chr 12,20.

Halt dich **fern** vom Unrecht, so trifft dich kein Unglück.

Sir 7,2.

(Christus sagt der Gemeinde in Philadelphia:) **Halte**, was du hast, dass niemand deine Krone nehme!

Offb 3,11. – Die Gemeinde soll das im Bild des Siegerkranzes (»Krone«) dargestellte Heil der Christusgemeinschaft bewahren, d. h. im Glauben standhalten.

(Abrahams Knecht sagt zu Rebekkas Angehörigen:) **Haltet** mich nicht **auf**, denn der HERR hat Gnade zu meiner Reise gegeben. Lasst mich, dass ich zu meinem Herrn ziehe.

1Mose 24,56. – Dieser Text wurde oft beim christlichen Begräbnis verwendet.

Der HERR aber sprach zu Mose: Ist denn die **Hand** des HERRN zu kurz?

4Mose 11,23 (ähnlich Jes 50,2; 59,1, wo Luther das hebräische Wort für »Hand« mit »Arm« übersetzt). – Das Bild der ausgestreckten Hand soll Macht darstellen.

Seine **Hand** von jemandem abziehen.
(Gott spricht zu den Israeliten:) Nach der Zahl der vierzig Tage, in denen ihr das Land erkundet habt …, sollt ihr vierzig Jahre eure Schuld tragen, auf dass ihr innewerdet, was es sei, wenn ich die Hand abziehe.

4Mose 14,34.

Seine **Hand** auftun.
Du (Gott) tust deine Hand auf und sättigst alles, was lebt, nach deinem Wohlgefallen.

Ps 145,16 (»Hand auftun« ferner 5Mose 15,8.11 und Ps 104,28: »wenn du [Gott] ihnen [den Tieren] gibst, so sammeln sie; wenn du deine Hand auftust, so werden sie mit Gutem gesättigt«).

Deine **Hand** soll nicht offen sein, wenn's ums Nehmen geht, aber auch nicht geschlossen, wenn's ans Geben geht.

Sir 4,36.

(Ahab von Israel lässt Ben-Hadad von Aram sagen:) Wer den **Harnisch** anlegt, soll sich nicht rühmen wie der, der ihn abgelegt hat.

1Kön 20,11. – Gemeint ist: Man soll den Tag nicht vor dem Abend loben.

Hass erregt Hader; aber Liebe deckt alle Übertretungen zu.

Spr 10,12 (der Schlussteil wird zitiert in 1Petr 4,8 »die Liebe deckt auch der Sünden Menge«). – Hierauf beruht letztlich die Redensart »mit dem Mantel der Liebe (zu)decken«.

(Jesus sagt zu den Jüngern:) Selig seid ihr, wenn euch die Menschen **hassen** und euch ausstoßen und schmähen und verwerfen euren Namen als böse um des Menschensohnes willen.

Lk 6,22 (ähnlich Mt 5,11). – Das Bekenntnis zu Jesus, dem »Menschensohn«, hat den Ausschluss aus der Synagogengemeinschaft zur Folge.

(Jesus sagt zu den Jüngern:) Wer da **hat**, dem wird gegeben, dass er die Fülle habe; wer aber nicht hat, dem wird auch das genommen, was er hat.

Mt 13,12 (ähnlich 25,29; Mk 4,25; Lk 8,18; 19,26). – Es handelt sich um ein Sprichwort, das von Hause aus darüber klagt, dass die Reichen immer reicher und die Armen immer ärmer werden, das hier aber wohl meint: Die Jünger wachsen fortwährend im Verstehen und in der Frömmigkeit, während Israel, das sich auf die Botschaft Jesu nicht einlässt, seine Erwählung verliert.

Lasst uns aber wahrhaftig sein in der Liebe und wachsen in allen Stücken zu dem hin, der das **Haupt** ist, Christus.

Eph 4,15. – Dieser Text gehört zu einem Abschnitt (V. 1–16), der in mythischer Bildlichkeit Christus als das Haupt des »Leibes Christi«, der Kirche, deutet.

Sein **Haupt** betten.

(Jesus sagt von sich:) Die Füchse haben Gruben und die Vögel unter dem Himmel haben Nester; aber der Menschensohn hat nichts, wo er sein Haupt hinlege.

Mt 8,20 (= Lk 9,58).

Lasst uns die **Hauptsumme** aller Lehre hören: Fürchte Gott und halte seine Gebote; denn das gilt für alle Menschen. Denn Gott wird alle Werke vor Gericht bringen, alles, was verborgen ist, es sei gut oder böse.

Pred 12,13–14. – Die hebräische Wortverbindung, die Luther mit »Hauptsumme aller Lehre« übersetzt, bedeutet wörtlich: »als Ende aller Worte«, d. h. als Abschluss des Predigerbuches.

(Nathan sagt zu David:) Der HERR verkündigt dir, dass der HERR dir ein **Haus** bauen will. Wenn nun deine Zeit um ist und du dich zu deinen Vätern schlafen legst, will ich dir einen Nachkommen erwecken, der von deinem Leibe kommen wird; dem will ich sein Königtum bestätigen. Der soll meinem Namen ein Haus bauen, und ich will seinen Königsthron bestätigen ewiglich.

2Sam 7,11–13 (ähnlich 1Chr 17,11–13). – Hier liegt ein Wortspiel vor, weil das hebräische Wort *bajit*, »Haus«, auch den Tempel und die Familie bezeichnen kann: Gott sagt dem David ein »Haus«, eine Dynastie, zu, und Davids Sohn, nämlich Salomo, soll einen Tempel, nämlich den in Jerusalem, bauen.

Sein **Haus** bestellen.

(Jesaja sagt zu König Hiskia): Bestelle dein Haus, denn du wirst sterben und nicht am Leben bleiben.

2Kön 20,1 (= Jes 38,1).

Durch Weisheit wird ein **Haus** gebaut und durch Verstand erhalten.

Spr 24,3. – Das Wort »Haus« ist hier stellvertretend für »Wohlstand« gebraucht.

Wer sein **Haus** baut mit fremdem Hab und Gut, der sammelt Steine für sein Grab.

Sir 21,9. – Mit dem Grab ist der Grabhügel gemeint.

(Jesus sagt zu den Jüngern:) In meines Vaters **Hause** sind viele Wohnungen.

Joh 14,2. – Der Ausdruck »viele Wohnungen« bezeichnet die Fülle der künftigen Existenz, den Reichtum der Lichtwelt.

Dient einander, ein jeder mit der Gabe, die er empfangen hat, als die guten **Haushalter** der mancherlei Gnade Gottes.

1Petr 4,10. – Jeder einzelne Christ verfügt über seine Gabe (griech. *chárisma*) und ist an seinem Ort ein »Verwalter« (griech. *oikonómos*) der vielgestaltigen Gnade (griech. *cháris*) Gottes.

(Jesus sagt zum Teufel, der ihn versuchen will:) **Hebe** dich weg von mir, Satan!

Mt 4,10 nach der älteren Revision der Lutherbibel; in der heutigen Lutherbibel lautet der Text: »Weg mit dir, Satan!«

(Der Engel sagt zu Serubbabel:) Es soll nicht durch **Heer** oder Kraft, sondern durch meinen Geist geschehen, spricht der HERR Zebaoth.

Sach 4,6. – Hier wird dem »Statthalter« Serubbabel mitgeteilt, dass bei seinem Vorhaben – gemeint ist wohl der Wiederaufbau des Tempels in Jerusalem – menschliche Machtmittel nichts ausrichten, sondern nur der Geist Gottes, d. h. Gott selbst mit seiner Kraft, helfen kann.

(Paulus sagt zu den Juden in Rom:) So sei es euch kundgetan, dass den **Heiden** dies Heil Gottes gesandt ist; und sie werden es hören.

Apg 28,28. – Das griechische Wort *éthnē* (Mehrzahl von *éthnos*), »Völker«, bezeichnet sowohl die ganze Völkerwelt (z. B. Mt 20,25; 24,14; 28,19) als auch die Heiden im Gegensatz zu den Juden (z. B. Apg 14,5; Röm 3,29).

Heidenlärm.

Dieser Ausdruck geht wohl zurück auf Ps 2,1: »Warum toben die Heiden und murren die Völker so vergeblich?«, wo das hebräische Wort, das Luther mit »Heiden« übersetzt, ebenfalls »Völker« bedeutet und wo es um die Revolte der nichtisraelitischen Völker gegen Gott und seinen »Gesalbten« (wohl den judäischen König) geht.

HERR, ich warte auf dein **Heil**!

1Mose 49,18 (= Ps 119,166a). – Dieser Satz wurde nachträglich in die Sammlung der Sprüche über die Stämme Israels (V. 3–27) eingefügt.

Siehe, Gott ist mein **Heil**, ich bin sicher und fürchte mich nicht; denn Gott der HERR ist meine Stärke und mein Psalm und ist mein Heil.

Jes 12,2. – Das hebräische Wort, das Luther mit »Psalm« übersetzt, bedeutet hier wohl »Stärke, Kraft«.

(Gott spricht:) Israel, du bringst dich ins Unglück; denn dein **Heil** steht allein bei mir.

Hos 13,9. – Der hebräische Urtext ist fehlerhaft und zu korrigieren, so dass die richtige Übersetzung lautet: »Ich vernichte dich, Israel; wer wird/kann dir helfen?«

(Petrus sagt:) In keinem andern (als Jesus) ist das **Heil**, auch ist kein andrer Name unter dem Himmel den Menschen gegeben, durch den wir sollen selig werden.

Apg 4,12. – Das griechische Wort *sṓzesthai*, das Luther auch sonst (z.B. Mt 10,22; 19,25; Joh 5,34; Röm 5,10) mit »selig werden« übersetzt, bedeutet »gerettet werden«.

(Nachdem der Erzengel Michael und seine Engel den Teufel aus dem Himmel geworfen haben, sagt eine Stimme im Himmel:) Nun ist das **Heil** und die Kraft und das Reich unseres Gottes geworden und die Macht seines Christus; denn der Verkläger unserer Brüder ist verworfen, der sie verklagte Tag und Nacht vor unserm Gott.

Offb 12,10. – Die Vorstellung vom Satan als dem Ankläger der Menschen vor dem göttlichen Tribunal findet sich auch sonst (Hiob 1,9–11; Sach 3,1; Röm 8,33–34).

(Die Samariter sagen:) Dieser (Jesus) ist wahrlich der Welt **Heiland**.

Joh 4,42. – Mit »Heiland« übersetzt Luther das griechische Wort *sōtḗr*, »Retter, Befreier«, das in der griechischen Religion ein Kultname für Götter, dann ein Ehrentitel für hellenistische Könige und römische Kaiser war und das im Neuen Testament auf Gott (z.B. 1Tim 1,1; 2,3; Tit 1,3) und auf Jesus (z.B. Apg 5,31; 2Tim 1,10; 2Petr 1,1; 2,20) angewendet wird.

(Jeremia betet:) **Heile** du mich, HERR, so werde ich heil; hilf du mir, so ist mir geholfen.

Jer 17,14.

(Gott spricht:) Ich erzeige mich **heilig** an denen, die mir nahe sind, und vor allem Volk erweise ich mich herrlich.

3Mose 10,3. – Das hebräische Wort *qādōsch*, »heilig«, und die sprachlich damit verwandten Wörter bezeichnen Gott und das zu ihm Gehörende als völlig abgesondert vom Gewöhnlichen und Normalen und damit als in besonderer Weise machtvoll; auch das Wort, das Luther mit »sich herrlich erweisen« übersetzt, bringt Gottes Macht zum Ausdruck.

(Gott spricht zu den Israeliten:) Ihr sollt **heilig** sein, denn ich bin heilig, der HERR, euer Gott.

3Mose 19,2 (zitiert in 1Petr 1,16) – Israel ist »heilig«, ausgesondert für Gott, indem es sich dem Willen Gottes entsprechend verhält, wofür die anschließenden Ge- und Verbote (V. 3–37) als Erläuterung dienen.

(Im Himmel rufen die Serafim, geflügelte Wesen, einander zu:) **Heilig**, heilig, heilig ist der HERR Zebaoth, alle Lande sind seiner Ehre voll!

Jes 6,3. – Gott ist »heilig«, also machtvoll, und das Moment des Machtvollen liegt auch in dem hebräischen Wort *kābōd*, das Luther hier mit »Ehre« wiedergibt, anderwärts mit »Herrlichkeit« (z. B. 4Mose 14,21 »so wahr ich lebe und alle Welt der Herrlichkeit des HERRN voll werden soll«). Dann bedeutet der zweite Teil des zitierten Textes: Alle Formen und Vorgänge der belebten und der unbelebten Natur spiegeln die Herrlichkeit, die Macht und Größe Gottes wider, und so dienen sie seiner Ehre. Der zitierte Text – auch lat. *Sanctus*, »heilig«, genannt – ist Bestandteil der Abendmahlsliturgie.

(Ein Himmelswesen sagt zu Daniel:) Das Reich und die Macht und die Gewalt über die Königreiche unter dem ganzen Himmel wird dem Volk der **Heiligen** des Höchsten gegeben werden, dessen Reich ewig ist, und alle Mächte werden ihm dienen und gehorchen.

Dan 7,27. – Mit diesem Satz endet Daniels »Vision von den vier Tieren und dem Menschensohn« (V. 2–27). Das »Volk der Heiligen des Höchsten« ist offenbar Israel, aber unklar bleibt, ob die »Heiligen des

Höchsten« (V. 18.22a.25; in V. 21 und 22b nur »Heilige«) Engelmächte sind oder ob dieser Ausdruck ebenfalls eine Bezeichnung für Israel darstellt.

Das ist der Wille Gottes, eure **Heiligung**.

1Thess 4,3a. – Der Begriff »Heiligung« wird im Folgenden entfaltet: »dass ihr meidet die Unzucht und ein jeder von euch seine eigene Frau zu gewinnen suche in Heiligkeit und Ehrerbietung … Niemand gehe zu weit und übervorteile seinen Bruder im Handel« (V. 3b–6a), und dementsprechend heißt es: »Gott hat uns nicht berufen zur Unreinheit, sondern zur Heiligung« (V. 7), d. h. »Heiligung« meint: »leben, um Gott zu gefallen« (V. 1).

(Ein Knecht sagt zu Nabals Frau Abigajil:) Er (Nabal) aber ist ein **heilloser** Mensch, dem niemand etwas zu sagen wagt.

1Sam 25,17 (»heilloser Mensch« auch V. 25 und Spr 16,27). – Mit »heillos« übersetzt Luther ein hebräisches Wort, das so viel wie »gemeinschaftsschädigend, gesellschaftsfeindlich« bedeutet.

Es **heilte** sie (die Israeliten) weder Kraut noch Pflaster, sondern dein Wort, Herr, das alles heilt.

Weish 16,12. – Nach diesem Text kamen während Israels Aufenthalt in Ägypten nicht nur über die Ägypter »Plagen«, sondern auch über die Israeliten, aber diese wurden geheilt, wobei das entscheidende »Heilmittel« das Wort Gottes war, das den Menschen sich als von Gott begnadet und gefordert sehen lässt.

Also, wer seine Jungfrau **heiratet**, der handelt gut; wer sie aber nicht heiratet, der handelt besser.

1Kor 7,38. – Der Satz steht in einem Abschnitt (V. 36–38) der die Frage behandelt, ob ein (Junger) Mann seine »Jungfrau«, d. h. Braut, angesichts der in Bälde erwarteten Wiederkunft Christi heiraten soll oder nicht; Paulus empfiehlt, auf die Ehe zu verzichten, sofern jemand die Gabe der Enthaltsamkeit besitzt. Von dieser Stelle leitet sich unsere Redensart »Heiraten ist gut, nicht heiraten ist besser« her.

(Jonatan sagt zu seinem Waffenträger:) Es ist dem HERRN nicht schwer, durch viel oder wenig zu **helfen**.

1Sam 14,6. – Gott kann helfen, auch wenn die Kämpfer nur wenige sind (wie in diesem Fall gegen die Übermacht der Philister).

Der letzte **Heller**.

(Jesus sagt:) Du wirst nicht von dannen (aus dem Gefängnis) herauskommen, bis du auch den letzten Heller bezahlest.

Mt 5,26 nach der Übersetzung Luthers; in der heutigen Lutherbibel lautet der Text: »Du wirst nicht von dort herauskommen, bis du auch den letzten Pfennig bezahlt hast« (in Lk 12,59 steht »allerletzten Heller«). – Der vorangehende V. 25 (ähnlich Lk 12,58) mahnt, sich mit seinem Widersacher »auf dem Weg« zu versöhnen, damit man nicht ins Gefängnis komme; wahrscheinlich meint der Abschnitt V. 25–26 (ähnlich Lk 12,58–59), man solle sich auf seinem Lebensweg mit seinem Gegner versöhnen, damit der einen nicht vor Gottes Endgericht anklagt.

(Jesus sagt:) Fürchte dich nicht, du kleine **Herde**! Denn es hat eurem Vater wohlgefallen, euch das Reich zu geben.

Lk 12,32. – Auch wenn die Jüngerschar – damit ist die Gemeinde der Christen gemeint – nur klein ist, so wird sie doch an der Herrschaft Gottes beteiligt.

Hereinfallen → **Fall** nicht auf die Schönheit einer Frau **herein**, und begehre sie nicht deswegen.

Von **Herodes** zu Pilatus schicken.

In Lk 23,6–11 wird berichtet, dass Pilatus, der römische Statthalter Judäas, den von ihm für unschuldig gehaltenen Jesus zu Herodes, dem Landesherrn Jesu, schickt und dass Herodes ihn wieder zu Pilatus schickt, weil Jesus ihm auf seine Fragen keine Antwort gibt. Die Wendung »von Herodes zu Pilatus schicken/laufen« wurde später alliterierend umgestaltet zu »von Pontius zu Pilatus schicken/laufen«.

Er soll dein **Herr** sein.

(Gott spricht zu Eva:) Dein Verlangen soll nach deinem Mann sein, aber er soll dein Herr sein.

1Mose 3,16. – Es handelt sich um einen Strafspruch Gottes, nachdem Eva von der verbotenen Frucht gegessen hatte. Mit diesem Spruch will der Verfasser der Erzählung 2,4b–3,24 eine Antwort auf die Frage geben, warum die Frau, deren Lebensziel nach damaliger Auffassung in der Zugehörigkeit zum Mann liegt, dies nur dadurch gewinnt, dass sie sich dem Mann unterordnen muss.

Ich bin der **HERR**, dein Gott, der ich dich aus Äyptenland, aus der Knechtschaft, geführt habe.

2Mose 20,1 (ähnlich 5Mose 5,6). – In diesem Satz, der die Zehn Gebote einleitet, stellt Gott sich mit seinem Eigennamen vor; dieser erschien im ursprünglichen Text des Alten Testaments, der nur aus Konsonanten bestand, als *JHWH* und wurde – wie man durch Kombination erschließen kann – *Jahwe* ausgesprochen. Seit etwa 300 v. Chr. las man den Gottesnamen aus Scheu, ihn auszusprechen, als *ᵃdonāj*, »Herr«, was die Lutherbibel durch die Schreibung »HERR« zum Ausdruck bringt.

(Jesus sagt:) Es werden nicht alle, die zu mir sagen: **Herr**, Herr!, in das Himmelreich kommen, sondern die den Willen tun meines Vaters im Himmel.

Mt 7,21 (in Lk 6,46 fragt Jesus die Jünger: »Was nennt ihr mich aber Herr, Herr, und tut nicht, was ich euch sage?«).

(Der zunächst ungläubige Thomas sagt zu Jesus, nachdem er ihn erkannt hat:) Mein **Herr** und mein Gott!

Joh 20,28.

Der **Herr** ist nahe!

Phil 4,5. – Paulus erwartete die baldige Wiederkunft Christi als Richter und Vollender der Geschichte (z. B. 1Thess 2,19; 3,13).

So der **Herr** will und wir leben, wollen wir dies oder das tun.

Jak 4,15 nach der Übersetzung Luthers; in der heutigen Lutherbibel lautet der Text: »Wenn der Herr will, werden wir leben und dies oder das tun.« – Dieser Satz gehört zu einem Abschnitt (V. 13–17), in dem der Verfasser des Briefes die Adressaten vor Selbstsicherheit warnt und sie auffordert, den zitierten Satz zu sprechen, der Gott als den Herrn über das Leben und Tun des Christen anerkennt und heutzutage – oft in der Form »So Gott will und wir leben« – gebraucht wird, um eine Absichtserklärung oder Erwartung mit einem Vorbehalt zu versehen.

Herrlich und in Freuden leben.

(Die »Erzählung vom reichen Mann und armen Lazarus« Lk 16,19–31 beginnt mit dem Satz:) Es war aber ein reicher Mann, der kleidete sich in Purpur und kostbares Leinen und lebte alle Tage herrlich und in Freuden.

Lk 16,19.

Unsre Trübsal, die zeitlich und leicht ist, schafft eine ewige und über alle Maßen gewichtige **Herrlichkeit**, uns, die wir nicht sehen auf das Sichtbare, sondern auf das Unsichtbare. Denn was sichtbar ist, das ist zeitlich; was aber unsichtbar ist, das ist ewig.

2Kor 4,17–18. – Das gegenwärtige Leiden führt den Glaubenden in die »Herrlichkeit« (griech. *dóxa*; das Wort bedeutet auch »Ehre«, z. B. Lk 2,14 »Ehre sei Gott in der Höhe«), den Lichtglanz der himmlischen Welt, und auf diesem Weg orientiert er sich nicht mehr an den Maßstäben der sichtbaren Welt, sondern an Christus, der die unvergängliche Gottesherrschaft aufrichten wird.

Ein Mann, der viel **herumgekommen** ist, versteht viel.

Sir 34,9. – In V. 9–13 geht es darum, dass Reisen den Menschen an Erfahrungen und Wissen bereichert.

(Gott spricht zu Mose:) Ich will das **Herz** des Pharao verhärten.

2Mose 7,3 (außerdem wird gesagt: »der Pharao verhärtete sein Herz« [z. B. 8,11; 9,34]; ferner heißt es: »das Herz des Pharao wurde verstockt« [z. B. 7,13; 8,15; 9,35] oder »der HERR verstockte das Herz des Pharao« [z. B. 9,12; 10,20]). – In der Plagen- und Auszugserzählung 2Mose 7,14–14,31 zielt das Motiv der Herzensverhärtung oder -verstockung des Pharao durch Gott darauf, Gottes Geschichtsmächtigkeit in ihrem ganzen Umfang zu zeigen, wie in 14,4 ausdrücklich gesagt wird: »Ich will sein (des Pharao) Herz verstocken, dass er ihnen (den Israeliten) nachjage, und will meine Herrlichkeit erweisen an dem Pharao und aller seiner Macht, und die Ägypter sollen innewerden, dass ich der HERR bin.«

Sein **Herz** ausschütten.

(Hanna sagt zu Eli:) Ich bin eine betrübte Frau; Wein und starkes Getränk habe ich nicht getrunken, sondern mein Herz vor dem HERRN ausgeschüttet.

1Sam 1,15 (»sein Herz ausschütten« ferner Ps 42,5; 62,9).

Jemandem das **Herz** stehlen.

So stahl Absalom (der die Israeliten für sich zu gewinnen und von seinem Vater David abtrünnig zu machen versuchte) das Herz der Männer Israels.

2Sam 15,6.

(David betet:) Ich weiß, mein Gott, dass du das **Herz** prüfst, und Aufrichtigkeit ist dir angenehm.

1Chr 29,17.

Auf **Herz** und Nieren prüfen.

Du, gerechter Gott, prüfst Herzen und Nieren.

Ps 7,10 (»Nieren und Herzen prüfen« Jer 11,20; ähnlich Ps 26,2; Jer 17,10; 20,12; Offb 2,23). – Die Nieren bezeichnen – wie das Herz – das Innerste und Geheimste des Menschen, und so übersetzt Luther das hebräische Wort für »Nieren« zuweilen mit »Herz« (z.B. Jer 12,2).

Schaffe in mir, Gott, ein reines **Herz**, und gib mir einen neuen, beständigen Geist.

Ps 51,12. – »Beständig« ist als »standhaft, zuverlässig« und »Geist« als »Gesinnung« zu verstehen.

Fällt euch Reichtum zu, so hängt euer **Herz** nicht daran.

Ps 62,11 (die Wendung »jemandes Herz hängt an jemandem« findet sich z.B. 1Mose 34,3; 2Sam 14,1; Sir 47,21). – Der Text lautet wörtlich übersetzt: »An Reichtum, auch wenn er wächst, hängt nicht euer Herz.«

Gib mir, mein Sohn, dein **Herz** und lass deinen Augen meine Wege wohlgefallen.

Spr 23,26. – Der Sohn (oder Schüler) soll sein Herz, das Organ des Denkens und Erkennens, ganz und gar dem Vater (oder Lehrer) zuwenden und dessen Lebensweise zum Vorbild nehmen.

Du hast mir das **Herz** genommen, meine Schwester, liebe Braut, du hast mir das Herz genommen mit einem einzigen Blick deiner Augen.

Hld 4,9.

Es ist das **Herz** ein trotzig und verzagt Ding; wer kann es ergründen?

Jer 17,9. – Der Text lautet wörtlich übersetzt: »Verschlagener/trügerischer als alles (andere) ist das Herz und heillos/unheilvoll; wer kann es verstehen?«

(Jeremia sagt:) Mein **Herz** will mir in meinem Leibe brechen.

Jer 23,9.

Lasst uns unser **Herz** samt den Händen aufheben zu Gott im Himmel!

Klgl 3,41. – Auf diesen Text geht die lateinische Wendung *Sursum corda*, »empor die Herzen«, zurück, mit der die Präfation, ein Dank- und Lobgesang, in der lateinischen Messliturgie eingeleitet wird.

(Gott spricht:) Ich will ihnen (den Israeliten) ein anderes **Herz** geben und einen neuen Geist in sie geben und will das steinerne Herz wegnehmen aus ihrem Leibe und ihnen ein fleischernes Herz geben.

Hes 11,19 (ähnlich 36,26). – Das »steinerne«, d. h. harte, unvernünftige und gegen Gott widerspenstige Herz – es gilt nach alttestamentlicher Auffassung auch als Sitz des Denkens und der Willensentschlüsse – soll zu einer neuen Lebendigkeit, zu einem »Herz aus Fleisch« verwandelt werden.

Öffne dein **Herz** nicht jedem; er könnte es dir schlecht danken.

Sir 8,22.

Die Narren tragen ihr **Herz** auf der Zunge; aber die Weisen haben ihren Mund im Herzen.

Sir 21,28.

(Jesus sagt:) Wes das **Herz** voll ist, des geht der Mund über.

Mt 12,34 (= Lk 6,45).

(Jesus sagt zu den Jüngern:) Euer **Herz** erschrecke nicht und fürchte sich nicht.

Joh 14,27.

Ein **Herz** und eine Seele sein.
Die Menge der Gläubigen aber war ein Herz und eine Seele; auch nicht einer sagte von seinen Gütern, dass sie sein wären, sondern es war ihnen alles gemeinsam.

Apg 4,32.

Daran erkennen wir, dass wir aus der Wahrheit sind, und können unser **Herz** vor ihm (Gott) damit zum Schweigen bringen, dass, wenn uns unser Herz verdammt, Gott größer ist als unser Herz und erkennt alle Dinge.

1Joh 3,19–20. – Der in seiner Konstruktion unübersichtliche Text will sagen: Wir, die »aus der Wahrheit sind«, d. h. die zu Gott gehören, können, auch wenn wir in der Liebe nicht stets vollkommen sind, unser Herz (griech. *kardía*) – das Wort ist hier im Sinne von »Gewissen« verwendet – beschwichtigen, weil Gott, erhaben über das »schlechte Gewissen«, unser ganzes Leben sieht und damit auch die Liebe, die wir tun.

(Mose sagt zu Israel:) Wenn du aber dort (in der Verbannung) den HERRN, deinen Gott, suchen wirst, so wirst du ihn finden, wenn du ihn von ganzem **Herzen** und von ganzer Seele suchen wirst.

5Mose 4,29.

(Absalom sagt zu seiner Schwester Tamar, nachdem sie von ihrem Halbbruder Amnon vergewaltigt worden ist:) Nimm dir die Sache nicht so zu **Herzen**.

2Sam 13,20 (»nicht zu Herzen nehmen« auch z. B. 19,20; Jes 42,25).

(Der alte Tobias sagt zum jungen:) Hast du viel, so gib reichlich; hast du wenig, so gib doch das Wenige von **Herzen**.

Tob 4,9. – Daher stammt unsere Redensart »Wenig, aber von Herzen«.

Mit seinem **Herzen** kann ein Mann oft mehr erkennen als sieben Wächter, die oben auf der Warte sitzen.

Sir 37,18. – Das Herz gilt auch als Sitz des Denkens, meint hier also den Verstand.

(Jesus sagt:) Selig sind, die reinen **Herzens** sind, denn sie werden Gott schauen.

Mt 5,8. – Wer ein »reines«, ein auf Gott ausgerichtetes Herz – »Herz« (griech. *kardía*) meint hier die ganze Person – hat, der wird in der Endzeit Gott sehen, wie er ist.

Herzlich lieb habe ich dich, HERR, meine Stärke!

Ps 18,2.

Herzzerreißend.

Zerreißt eure Herzen und nicht eure Kleider und bekehrt euch zu dem HERRN, eurem Gott!

Joel 2,13.

Heulen und Zähneklappern.

Mehrfach heißt es im Neuen Testament von der Hölle: »Da wird sein Heulen und Zähneklappern« (Mt 8,12; 13,42.50; 22,13; 24,51; 25,30; Lk 13,28), wobei unklar bleibt, ob der Ausdruck »Heulen und Zähneklappern« darauf zurückgeht, dass man sich den Ort der Verdammnis siedend heiß und zugleich eiskalt dachte oder ob »Heulen und Zähne*knirschen*« als Gesten der Wut und des Entsetzens gemeint sind.

Heute, wenn ihr seine (Gottes) Stimme hören werdet, so verstockt eure Herzen nicht.

Hebr 3,7b–8. – Mit diesem Text beginnt ein V. 7b–11 umfassendes Zitat von Ps 95,7–11, das die Christen der Gegenwart davor warnt, es den Israeliten in der Zeit der Wüstenwanderung gleichzutun.

(David betet:) Wer bin ich, Herr HERR, und was ist mein Haus, dass du mich bis **hierher** gebracht hast?

2Sam 7,18 (= 1Chr 17,16).

Bis **hierher** und nicht weiter.

(Gott spricht zum Meer:) Bis hierher sollst du kommen und nicht weiter; hier sollen sich legen deine stolzen Wellen!

Hiob 38,11.

O HERR, **hilf**! O HERR, lass wohlgelingen!

Ps 118,25.

(Mose sagt zu den Israeliten:) So rufe ich heute **Himmel** und Erde zu Zeugen über euch.

5Mose 4,26 (ähnlich 30,19; 31,28; 1Makk 2,37).

Zwischen **Himmel** und Erde schweben.

Absalom … ritt auf einem Maultier. Und als das Maultier unter eine große Eiche mit dichten Zweigen kam, blieb sein Haupt an der Eiche hängen, und er schwebte zwischen Himmel und Erde; denn sein Maultier lief unter ihm weg.

2Sam 18,9.

Die **Himmel** erzählen die Ehre Gottes, und die Feste verkündigt seiner Hände Werk.

Ps 19,2. – Der Himmel, das Firmament – gleichbedeutend ist das hebräische Wort für »Feste«, weil man sich den Himmel als feste, gewölbte Platte vorstellte (1Mose 1,6–8) – verkündet die »Ehre«, besser »Herrlichkeit« (hebr. *kābōd*) Gottes und sein Schöpfungswerk, d. h. die Schönheit des Kosmos ist ein Lobpreis Gottes.

Wenn ich nur dich habe, so frage ich nichts nach **Himmel** und Erde. Wenn mir gleich Leib und Seele verschmachtet, so bist du doch, Gott, allezeit meines Herzens Trost und mein Teil.

Ps 73,25–26. – Der Beter des Psalms weiß sich trotz des Glücks der Gottlosen und des Leids der Frommen bei Gott geborgen, denn Gott ist sein »Teil«, gleichsam sein Grundbesitz (»Teil« als »Erbteil« z. B. Hos 5,7), die Grundlage seines Lebens im umfassenden Sinn (ähnlich Ps 16,5; 142,6; Klgl 3,24).

So hoch der **Himmel** über der Erde ist, lässt er (Gott) seine Gnade walten über denen, die ihn fürchten.

Ps 103,11.

Der **Himmel** ist hoch und die Erde tief, und der Könige Herz ist unerforschlich.

Spr 25,3.

Wie bist du vom **Himmel** gefallen, du schöner Morgenstern!

Jes 14,12. – Dieser Vers gehört zu einem grandiosen Lied über den Sturz eines Tyrannen in die Unterwelt (V. 4b–21), der in V. 4a als König von Babel bezeichnet wird, was aber vielleicht unzutreffend ist. Der zitierte Vers beschreibt den Sturz des Tyrannen im mythischen Bild von einer göttlichen Gestalt, die wegen einer Freveltat aus dem Himmel in die Unterwelt gestürzt wurde und die im Urtext »strahlender Stern (hebr. *hēlel*), Sohn der Morgenröte« heißt, wobei die Vulgata, die lateinische Bibelübersetzung, das Wort *hēlel* mit *lucifer*, »Lichtbringer«, der Bezeichnung für den (Abend- oder) Morgenstern (die Venus) wiedergibt. Durch die Kombination des zitierten Verses mit Lk 10,18 (Jesus sagt:) »Ich sah den Satan vom Himmel fallen wie einen Blitz« kam es zum Namen »Luzifer« für den (aus dem Himmel gestürzten) Teufel und zu unserem Ausdruck »gefallener Engel«.

(Gott spricht:) Siehe, ich will einen neuen **Himmel** und eine neue Erde schaffen, dass man der vorigen nicht mehr gedenken und sie nicht mehr zu Herzen nehmen wird.

Jes 65,17.

Himmel und Erde in Bewegung setzen.
(Gott spricht:) Ich will Himmel und Erde bewegen.

Hag 2,21 nach der älteren Revision der Lutherbibel; in der heutigen Lutherbibel lautet der Text: »Ich will Himmel und Erde erschüttern« (ähnlich V. 6, zitiert in Hebr 12,26).

(Jesus sagt:) **Himmel** und Erde werden vergehen; aber meine Worte werden nicht vergehen.

Mt 24,35 (= Mk 13,31; Lk 21,33).

(Jesus sagt zu Nathanael:) Ihr werdet den **Himmel** offen sehen und die Engel Gottes hinauf- und herabfahren über dem Menschensohn.

Joh 1,51 (»den Himmel offen sehen« auch Apg 7,56; »den Himmel aufgetan sehen« 10,11; Offb 19,11).

Wir warten aber auf einen neuen **Himmel** und eine neue Erde nach seiner (Gottes) Verheißung, in denen Gerechtigkeit wohnt.

2Petr 3,13.

Selig sind, die da geistlich arm sind; denn ihrer ist das **Himmelreich**.

Mt 5,3. → Selig sind, die da geistlich **arm** sind; denn ihrer ist das Himmelreich.

Die **himmlischen** Heerscharen.

(In der Erzählung von der Geburt Jesu Lk 2,1–20 heißt es:) Und alsbald war da bei dem Engel die Menge der himmlischen Heerscharen.

Lk 2,13.

Hingehen → So **geh hin** und tu desgleichen!

Hingehen → **Gehet hin** in alle Welt und predigt das Evangelium aller Kreatur.

(Rut sagt zu Noomi:) Wo du **hingehst**, da will ich auch hingehen; wo du bleibst, da bleibe ich auch.

Rut 1,16.

(Elia sagt zum Volk:) Wie lange **hinkt** ihr auf beiden Seiten? Ist der HERR Gott, so wandelt ihm nach, ist's aber Baal, so wandelt ihm nach.

1Kön 18,21. – Elia stellt das Volk Israel vor die Entscheidung, den Gott Israels oder Baal, den Hauptgott der Kanaanäer, zu verehren, statt »auf beiden Seiten zu hinken« (wir würden vielleicht sagen: »auf zwei Hochzeiten zu tanzen«), wobei allerdings unklar bleibt, an welche Art der Körperbewegung hier gedacht ist.

Lasst uns **hinzutreten** mit wahrhaftigem Herzen in vollkommenem Glauben, besprengt in unsern Herzen und los von dem bösen Gewissen und gewaschen am Leib mit reinem Wasser.

Hebr 10,22. – In Anspielung auf Kultrituale des Alten Testaments fordert der Verfasser des Briefes die Adressaten auf, hinzuzutreten, nämlich in das »Heiligtum« (V. 19), d. h. in die Unmittelbarkeit Gottes, und zwar »besprengt« (durch das Blut Christi) und »gewaschen mit reinem Wasser« (durch die Taufe).

Hiobsbotschaft.

Dieser Ausdruck leitet sich von den Unglücksmitteilungen her, die dem Hiob durch Boten überbracht wurden (Hiob 1,13–19).

Wie der **Hirsch** lechzt nach frischem Wasser, so schreit meine Seele, Gott, zu dir.

Ps 42,2. – Im hebräischen Urtext steht zweimal dasselbe Verb, das »lechzen, verlangen« bedeutet.

Der HERR ist mein **Hirte**, mir wird nichts mangeln.

Ps 23,1. – Hier wird das Bild von Gott als dem Hirten, der sein Volk leitet und schützt (z. B. 1Mose 49,24; Ps 80,2; Jes 40,11; Jer 31,10; Hes 34,12), für die Beziehung Gottes zu einem Einzelnen verwendet, der überzeugt ist, dass ihm »nichts mangelt«, dass er – wie der Psalm dann ausführt (V. 2–6) – Gottes Führung, Schutz, Fürsorge und Beistand genießt.

(Jesus sagt:) Ich bin der gute **Hirte**. Der gute Hirte lässt sein Leben für die Schafe.

Joh 10,11.

(Jesus sagt:) Ich bin der gute **Hirte** und kenne die Meinen und die Meinen kennen mich, wie mich mein Vater kennt und ich kenne den Vater.

Joh 10,14–15.

(Gott spricht:) Ich will ihnen (den Israeliten) einen einzigen **Hirten** erwecken, der sie weiden soll, nämlich meinen Knecht David. Der wird sie weiden und soll ihr Hirte sein.

Hes 34,23. – Es handelt sich (wie auch 37,24) um die Ankündigung eines gerechten Herrschers, der sein soll wie David, der bedeutendste König Israels.

(Hiob sagt:) Darum habe ich unweise geredet, was mir zu **hoch** ist und ich nicht verstehe.

Hiob 42,3 (der Ausdruck »etwas ist jemandem zu hoch« im Sinne von »zu wunderbar«, »unbegreiflich« kommt auch Ps 139,6 und Spr 24,7 vor). – Dieser Satz gehört zur zweiten Antwort Hiobs (V. 1–6) auf die Rede Gottes, in der Gott ihm die Großartigkeit der Schöpfung vor Augen führt (38,1–40,2; 40,6–41,26).

Wer zugrunde gehen soll, der wird zuvor stolz; und **Hochmut** kommt vor dem Fall.

Spr 16,18.

Hochmut tut niemals gut.

Sir 3,30.

Daher kommt aller **Hochmut**: wenn ein Mensch von Gott abfällt und sein Herz von seinem Schöpfer weicht.

Sir 10,14.

Da wurde aus der **Hochzeit** Herzeleid.

1Makk 9,41. – Die Makkabäer Jonatan und Simon nehmen Blutrache an einer Hochzeitsgesellschaft (V. 35–40).

(Im »Gleichnis von der königlichen Hochzeit« Mt 22,2–13 sagt der König:) Die **Hochzeit** ist zwar bereit, aber die Gäste waren's nicht wert.

Mt 22,8.

(Die Gemeinde sagt:) Die **Hochzeit** des Lammes ist gekommen, und seine Braut hat sich bereitet.

Offb 19,7. – Das »Lamm« ist Christus und die »Braut« die Gemeinde der Heilszeit.

Hochzeitliches Kleid (oder Gewand).

(Im »Gleichnis von der königlichen Hochzeit« Mt 22,2–13 sagt Jesus:) Da ging der König hinein, sich die Gäste anzusehen, und sah da einen Menschen, der hatte kein hochzeitliches Gewand an, und sprach zu ihm: Freund, wie bist du hier hereingekommen und hast doch kein hochzeitliches Gewand an?

Mt 22,11–12. – Die Szene mit dem Gast, der kein hochzeitliches Gewand trägt (V. 11–13), ist nach dem Vorangehenden sinnlos, denn die zweite Einladung des Königs erging an alle, die man nur finden konnte (V. 9–10); es handelt sich offenbar um ein Erzählelement, das die Christen ermahnt, sich auf das Endgericht vorzubereiten.

(Ein Engel sagt:) Selig sind, die zum **Hochzeitsmahl** des Lammes berufen sind.

Offb 19,9. – Die Einladung ergeht an die irdische Gemeinde, die »Braut« der Heilszeit (V. 7).

(Mose sagt:) **Höre**, Israel, der HERR ist unser Gott, der HERR allein.

5Mose 6,4. – Mit diesen Worten beginnt das *Sch^{e}ma* (*Schma*) (hebr. *sch^{e}ma'*, »höre«), das von jedem Israeliten morgens und abends zu verrichtende Hauptgebet, bestehend aus V. 4–9; 4Mose 15,37–41 und verschiedenen Lobsprüchen. Der zweite Teil des zitierten Textes meint: Der HERR ist für Israel der *eine* und *einzige* Gott, wobei die Existenz anderer Götter nicht geleugnet wird.

Sei schnell bereit zum **Hören** und lass dir Zeit, freundlich zu antworten.

Sir 5,13.

Hören → Hast du etwas **gehört**, so lass es mit dir sterben; sei ohne Sorge, du wirst ja nicht davon platzen!

Ein jeder Mensch sei schnell zum **Hören**, langsam zum Reden, langsam zum Zorn.

Jak 1,19.

(Jesus sagt zu den Jüngern:) Wer euch **hört**, der hört mich; und wer euch verachtet, der verachtet mich; wer aber mich verachtet, der verachtet den, der mich gesandt hat.

Lk 10,16 (in Mt 10,40 heißt es: »Wer euch aufnimmt, der nimmt mich auf; und wer mich aufnimmt, der nimmt den auf, der mich gesandt hat«).

Die Liebe **hört** niemals **auf**, wo doch das prophetische Reden aufhören wird und das Zungenreden aufhören wird und die Erkenntnis aufhören wird.

1Kor 13,8. – Die Liebe bleibt auch in der jenseitigen Existenz des Menschen, während alles andere vergeht.

(Judit betet:) Die **Hoffärtigen** haben dir noch nie gefallen; aber allezeit hat dir gefallen das Gebet der Elenden und Demütigen.

Jdt 9,13.

(Der alte Tobias sagt zum jungen:) **Hoffart** lass weder in deinem Herzen noch in deinen Worten herrschen, denn mit ihr hat alles Verderben seinen Anfang genommen.

Tob 4,14. – Gemeint ist wohl: Die Hoffart, der Stolz, ist der Anfang aller Sünde.

Hoffen wir allein in diesem Leben auf Christus, so sind wir die elendesten unter allen Menschen.

1Kor 15,19. – Gälte die Hoffnung der Christen nur für das irdische Leben, wären sie bemitleidenswerter als alle anderen Menschen, denn sie würden sich nicht nur in ihrer Hoffnung auf die zukünftige Gemeinschaft mit Christus täuschen, sondern auch die Mühsale und Leiden der Nachfolge Christi vergeblich ertragen.

Hoffnung aber lässt nicht zuschanden werden; denn die Liebe Gottes ist ausgegossen in unsre Herzen durch den Heiligen Geist, der uns gegeben ist.

Röm 5,5. – Die Hoffnung (griech. *elpis*) auf Teilhabe an Gottes Herrlichkeit kann nicht enttäuscht werden, ist kein Trugbild, kein leerer Schein, weil der Glaubende jetzt schon den »Geist«, die Kraft Gottes, besitzt.

Wir sind zwar gerettet, doch auf **Hoffnung**.

Röm 8,24. – Der Text lautet wörtlich übersetzt: »Auf Hoffnung hin sind wir gerettet« und meint: Der Glaubende lebt in der Hoffnung, der Erwartung; er sieht schon das Licht, aber er ist noch nicht dort, sondern auf dem Weg dorthin.

Gelobt sei Gott, der Vater unseres Herrn Jesus Christus, der uns nach seiner großen Barmherzigkeit wiedergeboren hat zu einer lebendigen **Hoffnung** durch die Auferstehung Jesu Christi von den Toten.

1Petr 1,3.

So spricht der **Hohe** und Erhabene, der ewig wohnt, dessen Name heilig ist: Ich wohne in der Höhe und im Heiligtum und bei denen, die zerschlagenen und demütigen Geistes sind, auf dass ich erquicke den Geist der Gedemütigten und das Herz der Zerschlagenen.

Jes 57,15. – Statt »im Heiligtum« heißt es wörtlich übersetzt »als Heiliger«.

Das **Hohelied**.

Mit »Hohelied« übersetzt Luther den Titel einer alttestamentlichen Sammlung von Liebesliedern, der im Hebräischen *schīr hasch-schīrīm*, »Lied der Lieder«, d. h. »schönstes Lied«, lautet. Heute verwendet man diesen Titel, um in gehobener Sprache eine Haltung oder Tat zu kennzeichnen, die ein Ideal verherrlicht, z. B. das Hohelied der Arbeit, der Freundschaft, der Treue.

Wir haben nicht einen **Hohenpriester**, der nicht könnte mit leiden mit unserer Schwachheit, sondern der versucht worden ist in allem wie wir, doch ohne Sünde.

Hebr 4,15. – Im Hebräerbrief wird der Weg Jesu als hohepriesterlicher Dienst charakterisiert; Jesu Tod überbietet das alttestamentliche Sühnehandeln des Hohenpriesters am Versöhnungstag (3Mose 16), und was der Hohepriester immer wiederkehrend alljährlich vollzieht, hat Christus als der wahre Hohepriester ein für allemal vollzogen (z. B. 2,17; 5,1–10; 7,26–28; 9,11–15).

(Jesus sagt zu der Volksmenge, die ihm auf dem Weg zur Kreuzigung folgt:) Wenn man das tut am grünen **Holz**, was wird am dürren werden?

Lk 23,31. – Das Gerichtsfeuer Gottes hat gegen alle natürliche Regel grünes, frisches Holz, nämlich Jesus, erfasst; erst recht wird es das dürre, wertlose Holz, d. h. die Gegner Jesu, verzehren. Mit diesem Wort kann ausgedrückt werden, dass dort, wo man auf das junge, gesunde Leben keine Rücksicht nimmt, Alte und Bedürftige erst recht keine Rücksicht zu erwarten haben, oder dass scheinbar verständige oder noch sehr junge Menschen schon verdorben sind.

(Christus,) der unsre Sünde selbst hinaufgetragen hat an seinem Leibe auf das **Holz**, damit wir, der Sünde abgestorben, der Gerechtigkeit leben. Durch seine Wunden seid ihr heil geworden.

1Petr 2,24. – Den alttestamentlichen Text Jes 53,4–5 aufgreifend, sagt der Verfasser des Briefes: Jesus trug stellvertretend die Sünde – die als eine Unheilsmacht gilt – der Menschen am Kreuz, er zog sie gleichsam auf sich und befreite die Glaubenden zu einem Leben für die »Gerechtigkeit«, d. h. im Dienst Gottes.

(Die Menge ruft Jesus zu:) **Hosianna** dem Sohn Davids! Gelobt sei, der da kommt in dem Namen des Herrn! Hosianna in der Höhe!

Mt 21,9 (ähnlich Mk 11,9–10; in Lk 19,38 heißt es: »Gelobt sei, der da kommt, der König, in dem Namen des Herrn!« und in Joh 12,13: »Hosianna! Gelobt sei, der da kommt in dem Namen des Herrn, der König von Israel!« Der Satz »gelobt sei, der da kommt in dem Namen des Herrn« ist ein Zitat aus Ps 118,26). – Der hebräische Bittruf *hōschī'ā nā'*, »hilf doch!« (Ps 118,25), im Neuen Testament in griechischer Umschrift mit *hōsanná* wiedergegeben (Mt 21,9.15; Mk 11,9.10; Joh 12,13), hat sich anscheinend zu einem Heilsruf entwickelt. Der Text »Hosianna in der Höhe. Gelobt sei, der da kommt im Namen des Herrn, hosianna in der Höhe!« ist Bestandteil der Abendmahlsliturgie.

(Gott spricht:) Zur selben Zeit will ich die zerfallene **Hütte** Davids wieder aufrichten und ihre Risse vermauern und, was abgebrochen ist, wieder aufrichten und will sie bauen, wie sie vorzeiten gewesen ist.

Am 9,11 (zitiert in Apg 15,16). – Die »Hütte«, ein nur für vorübergehenden Aufenthalt errichteter Schutz aus Zweigen und Laub (z. B. Jes 4,6; Jon 4,5), dient als Bild des wenig Dauerhaften (Hiob 27,18). Wenn der zitierte Text von der »Hütte Davids« (hier einem besonders einfachen Bau aus Stein) spricht, dann soll damit gesagt werden, das einst mächtige »Haus Davids«, d. h. Davids Dynastie (2Sam 7,11) existiere nur noch gleichsam als Ruine; aber – so verheißt der zitierte Text – Gott wird ihm »zur selben Zeit«, d. h. wenn Gott das Läuterungsgericht an Israel (V. 8–10) vollzogen hat, neue Macht geben.

(Eine himmlische Stimme sagt:) Siehe da, die **Hütte** Gottes bei den Menschen! Und er wird bei ihnen wohnen, und sie werden sein Volk sein und er selbst, Gott mit ihnen, wird ihr Gott sein.

Offb 21,3. – Die »Hütte«, wörtlich das »Zelt« (griech. *skēnḗ*), ist bildkräftige Bezeichnung für die dauernde Gegenwart Gottes, der bei den Menschen »wohnen«, wörtlich »zelten« (griech. *skēnū́n*), wird, wie es in Aufnahme alttestamentlicher Stellen – genannt sei Hes 37,37: »ich (Gott) will unter ihnen (den Israeliten) wohnen und will ihr Gott sein und sie sollen mein Volk sein« – heißt.

Herr, hier ist gut sein! Willst du, so will ich hier drei **Hütten** bauen, dir eine, Mose eine und Elia eine.

Mt 17,4. → Herr, hier ist **gut** sein! Willst du, so will ich hier drei Hütten bauen, dir eine, Mose eine und Elia eine.

(David sagt zu Saul, der ihn verfolgt:) Wem zieht der König von Israel nach? Wem jagst du nach? Einem toten **Hund**, einem einzelnen Floh!

1Sam 24,15.

Wie ein **Hund** wieder frisst, was er gespien hat, so ist der Tor, der seine Torheit immer wieder treibt.

Spr 26,11 (teilweise zitiert in 2Petr 2,22).

Ein lebender **Hund** ist besser als ein toter Löwe.

Pred 9,4.

Siehe, es kommt die Zeit, spricht Gott der HERR, dass ich einen **Hunger** ins Land schicken werde, nicht einen Hunger nach Brot oder Durst nach Wasser, sondern nach dem Wort des HERRN, es zu hören; dass sie (die Israeliten) hin und her von einem Meer zum andern, von Norden nach Osten laufen und des Herrn Wort suchen und doch nicht finden werden.

Am 8,11–12. – Der Ausdruck »von einem Meer zum andern« bezeichnet die äußersten Grenzen der Erde (Ps 72,8; Sach 9,10), der Norden und der Osten sind die Gegenden, in die Israel zerstreut wurde.

(Einer der Ältesten sagt:) Sie (die Angehörigen des Gottesvolkes) werden nicht mehr **hungern** noch dürsten; es wird auch nicht auf ihnen lasten die Sonne oder irgendeine Hitze; denn das Lamm mitten auf dem Thron wird sie weiden und leiten zu den Quellen des lebendigen Wassers, und Gott wird abwischen alle Tränen von ihren Augen.

Offb 7,16–17. – Bildhaft wird hier gesagt, dass es für die Vollendeten in der Gemeinschaft mit Christus, dem »Lamm«, Not und Leid nicht mehr gibt.

(Jesus sagt:) Selig sind, die da **hungert** und dürstet nach der Gerechtigkeit, denn sie sollen satt werden.

Mt 5,6. – Während der ähnliche Text Lk 6,21 (»selig seid ihr, die ihr jetzt hungert; denn ihr sollt satt werden«) den leiblich Hungernden ausreichende Nahrung verheißt, geht es in dem zitierten Text um die Sehnsucht nach der »Gerechtigkeit« (griech. *dikaiosýnē*), dem von Gott geschenkten Heil, das der Glaubende in seinem Tun verwirklicht, wofür ihm »Sättigung«, Teilhabe an Gottes endzeitlichen Reich, zugesagt wird.

(Jesus, der »Menschensohn«, sagt:) Ich bin **hungrig** gewesen, und ihr habt mir zu essen gegeben.

Mt 25,35.

Die sollen dem HERRN danken …, dass er sättigt die dürstige Seele und füllet die **hungrige** Seele mit Gutem.

Ps 107,8–9 nach der Übersetzung Luthers; in der heutigen Lutherbibel lautet der Text: »Die sollen dem HERRN danken …, dass er sättigt die durstige Seele und die Hungrigen füllt mit Gütern.«

Verachte den **Hungrigen** nicht, und betrübe den Menschen nicht in seiner Armut.

Sir 4,2.

Die (große) **Hure** Babylon.

Babylon ist im Neuen Testament Deckname für das die Christen verfolgende Rom, das römische Weltreich (z.B. 1Petr 5,13), das in der Offenbarung nach alttestamentlichem Sprachgebrauch, wo »Hurerei« des öfteren für »Götzendienst« steht (z.B. Hes 16; 23), als »Hure« bezeichnet wird (z.B. 17,1.15–16), weil Rom sich gegen Gott, den Herrn der Geschichte, auflehnt.

I

(Gott spricht zu Mose:) **Ich** werde sein, der ich sein werde.

2Mose 3,14. – Dieser Satz, mit dem Gott auf Moses Bitte antwortet, ihm seinen, Gottes, Namen zu nennen (V. 13), soll offenbar eine Deutung des Gottesnamens *Jahwe* sein und leitet ihn von dem hebräischen Verb *hājā* »sein, werden, geschehen« ab.

Immanuel (hebr., »Gott [ist] mit uns«).

Diesen Namen wird nach Jes 7,14 (zitiert in Mt 1,23) eine junge Frau (»Jungfrau«) ihrem Sohn geben; in Jes 8,8 ist »Immanuel« Ehrentitel für einen Herrscher oder geistlichen Führer Israels, und in 8,10 sind die Worte »hier ist Immanuel!« ein Bekenntnis der Zuversicht.

INRI.

Dieses Wort, häufig auf Bildern mit der Kreuzigung Jesu, leitet sich her von Joh 19,19–20: »Pilatus aber schrieb eine Aufschrift und setzte sie auf das Kreuz; und es war geschrieben: Jesus von Nazareth, der König der Juden … Und es war geschrieben in hebräischer, lateinischer und griechischer Sprache.« INRI besteht aus den Anfangsbuchstaben des lateinischen Textes *Iesus Nazarenus Rex Iudaeorum*, »Jesus von Nazareth, König der Juden«.

Invocavit (lat., »er hat angerufen«).

Der Name des sechsten Sonntags vor Ostern leitet sich her vom Anfangswort des Introitus: *invocavit me*, »er hat mich (Gott) angerufen« (Ps 91,15 in der alten lateinischen Bibelübersetzung, der Itala; in der geläufigen lateinischen Bibelübersetzung, der Vulgata, steht *invocabit me*, »er wird mich anrufen«).

Der **inwendige** Mensch.

Ich habe Lust an Gottes Gesetz nach dem inwendigen Menschen.

Röm 7,22. – Paulus stellt in V. 23 den »inwendigen/inneren Menschen«, der das Gute will, den »Gliedern« (in 2Kor 4,16 spricht er vom »äußeren Menschen«) gegenüber, die vom »Gesetz der Sünde«, vom Trieb zum Bösen, beherrscht werden.

Die Kinder **Israel**.

Mit diesem Ausdruck gibt Luther den hebräischen Ausdruck für »Söhne Israel« wieder (z.B. 1Mose 32,33; 2Mose 1,13), wofür in der heutigen Lutherbibel »Israeliten« steht.

(Jesus sagt zu Nikodemus:) Bist du **Israels** Lehrer und weißt das nicht?

Joh 3,10. – Mit dieser Gegenfrage antwortet Jesus auf die Frage des Nikodemus, wie es eine Wiedergeburt geben könne (V. 9).

Viele haben sich zu Tode gefressen; wer aber mäßig **isst**, der lebt desto länger.

Sir 37,34.

J

Ja und Amen sagen.

Dieser Ausdruck leitet sich her von 5Mose 27,15–26, wo es nach zwölf Fluchworten jeweils heißt: »Und alles Volk soll sagen: Amen.« Das hebräische Wort *'āmen* bedeutet »wahrlich, gewiss« als Bestätigung und Zustimmung nach der Rede eines anderen (z. B. 1Chr 16,36; Offb 5,14); es wird im Neuen Testament auch als Abschluss von Lobpreisformeln verwendet (z. B. Röm 1,25; Phil 4,20) und drückt als Einleitung von Jesusworten (z. B. Mt 6,2; Mk 3,28, in der Lutherbibel mit »wahrlich« übersetzt) aus, dass Jesus selbst die Wahrheit seiner Worte verbürgt; in Offb 3,14 heißt Jesus selber »Amen«, d. h. er ist absolut zuverlässig.

Es spricht, der dies bezeugt: **Ja**, ich komme bald. – Amen, ja, komm, Herr Jesus!

Offb 22,22. – Mit diesem Text mündet das Buch der Offenbarung in die Liturgie des Gottesdienstes ein; die Worte Jesu »ja, ich komme bald«, eine Zusammenfassung des vorangehenden Buchinhalts, schließen die gottesdienstliche Verlesung des Buches ab, worauf die Gemeinde mit dem bekräftigenden »Amen« und dem Ruf »komm, Herr Jesus!« antwortet.

Auf alle Gottesverheißungen ist in ihm (Jesus Christus) das **Ja**; darum sprechen wir auch durch ihn das Amen, Gott zum Lobe.

2Kor 1,20. – Jesus Christus ist das verkörperte »Ja« der Verheißungen Gottes, d. h. in Jesus Christus sind die Verheißungen des Alten Testaments erfüllt; darauf antworten die Glaubenden mit dem »Amen«, das die Heilstat Gottes bestätigt.

Der (Noahs Urenkel Nimrod) war der Erste, der Macht gewann auf Erden, und war ein gewaltiger Jäger vor dem HERRN. Daher spricht man: Das ist ein gewaltiger **Jäger** vor dem HERRN wie Nimrod.

1Mose 10,8–9. – Nimrod, von dem weiter berichtet wird, dass er Städte in Mesopotamien gegründet hat (V. 10–12), galt offenbar als Herrscher der mesopotamischen Frühzeit, der sich durch besondere Jagdfähigkeiten – die Jagd, die Abwehr der wilden Tiere, gehörte zu den Aufgaben der Könige – hervortat. Als »Nimrod« bezeichnet man einen leidenschaftlichen Jäger.

Jämmerlich umkommen.

(Die Einwohner der belagerten Stadt Betulia kommen zu Usija, dem Bürgermeister, und den Ältesten und klagen:) Wir … müssen vor ihren (der Assyrer) Augen vor Durst verschmachten und jämmerlich umkommen.

Jdt 7,14.

(Hiob sagt:) Nur wenige **Jahre** noch und ich gehe den Weg, den ich nicht wiederkommen werde.

Hiob 16,22.

Wir bringen unsre **Jahre** zu wie ein Geschwätz.

Ps 90,9.

Denk an deinen Schöpfer in deiner Jugend, ehe die bösen Tage kommen und die **Jahre** sich nahen, da du wirst sagen: »Sie gefallen mir nicht«.

Pred 12,1.

Er (der Töpfer, der aus Ton Götzenbilder formt) hält … unser menschliches Leben für ein Spiel und unser menschliches Treiben für einen **Jahrmarkt**; denn er gibt vor, man müsse überall Gewinn suchen, auch aus bösen Dingen.

Weish 15,12.

Jammertal.

Dieser Ausdruck leitet sich her von Ps 84,7: »wenn sie durchs dürre Tal ziehen, wird es ihnen zum Quellgrund«, wo in der Vulgata, der lateinischen Bibelübersetzung, der von Luther mit »dürres Tal« wiedergegebene Ausdruck als *vallis lacrimarum*, »Tränental«, erscheint.

Jeremiade.

Dieser Ausdruck als Bezeichnung einer wortreichen, bewegenden Klage geht auf das alttestamentliche Buch der Klagelieder zurück, für dessen Verfasser man Jeremia hielt.

(Jesus sagt:) Nehmt auf euch mein **Joch** und lernt von mir; denn ich bin sanftmütig und von Herzen demütig; so werdet ihr Ruhe finden für eure Seelen. Denn mein Joch ist sanft, und meine Last ist leicht.

Mt 11,29–30. – Das Joch – gewöhnlich ein Bild für Unterwerfung (z. B. 1Mose 27,40; Jer 27,8–11), Fronarbeit (1Kön 12,4–14), Sklaverei (1Tim 6,1) oder das Befolgen des alttestamentlichen Gesetzes (Apg 15,10) – meint hier die »Lehre« Jesu, die keine Leistungen fordert (wie es 23,4 von den Pharisäern heißt: »Sie binden schwere und unerträgliche Bürden und legen sie den Menschen auf die Schultern«), sondern ein Dasein im Vertrauen auf Gott und in der Nächstenliebe eröffnet, weshalb mit einer paradoxen Formulierung gesagt wird: »Meine Last ist leicht.«

Nicht ein **Jota**.
(Jesus sagt:) Bis Himmel und Erde vergehen, wird nicht vergehen der kleinste Buchstabe noch ein Tüpfelchen vom Gesetz.

Mt 5,18 (in Lk 16,17 heißt es: »Es ist aber leichter, dass Himmel und Erde vergehen, als dass ein Tüpfelchen vom Gesetz fällt«). – Der »kleinste Buchstabe« (griech. *iṓta*) ist das Jod, der kleinste Buchstabe des hebräischen Alphabets, und das »Tüpfelchen« (griech. *keraía*) meint wohl Zierstriche, mit denen man bestimmte Buchstaben des hebräischen Alphabets versah.

Jubeljahr.

Dieser Ausdruck leitet sich her von einer hebräischen Wortverbindung, die ein alle fünfzig (oder neunundvierzig) Jahre wiederkehrendes Jahr bezeichnet, in dem ein genereller Erlass, die Wiederherstellung der ursprünglichen Eigentums- und Persönlichkeitsrechte, erfolgen soll (3Mose 25; 27,16–26; 4Mose 36,4). Es heißt in der heutigen Lutherbibel »Erlassjahr«, und damit übersetzt sie das hebräische Wort *jōbel* (z. B. 3Mose 25,15.28.30) oder die Wortverbindung »Jahr des *jōbel*« (z. B. V. 13.40.50), wobei *jōbel* »Widder« bedeutet und für »Widderhorn« steht, das nach V. 9 am Beginn dieses Jahres zu blasen war und dessen »Hall« Luther zu dem Namen »Halljahr« für das Erlassjahr bewog.

Jubilate (lat., »jauchzt«).

Der Name des dritten Sonntags nach Ostern leitet sich her vom Anfangswort des Introitus: *Iubilate Deo,* »jauchzet Gott« (Ps 66,1).

Es wird das Zepter von **Juda** nicht weichen noch der Stab des Herrschers von seinen Füßen, bis dass der Held komme, und ihm werden die Völker anhangen.

1Mose 49,10. – Dieser Spruch verheißt dem Stamm Juda die Herrschaft über andere Völker (oder Stämme) – der Stab an seinen Füßen meint das Würdezeichen, das der Fürst zwischen den Füßen, d. h. beim Sitzen in der Versammlung, vor sich hielt – und wurde schon früh auf den Messias, den erwarteten Heilsbringer, gedeutet. Rätselhaft ist freilich im hebräischen Urtext das Wort *schīlō*, das die Lutherbibel mit »Held« wiedergibt.

Judas.

So wird ein falscher und verräterischer Mensch nach Judas Iskariot genannt, dem Jünger Jesu, der ihn verriet (z. B. Mt 26,14–16.21–25.47–50).

Judaskuss.

Dieser Ausdruck bezeichnet hinterhältige, heuchlerische Freundlichkeit nach dem Kuss, den Judas Iskariot Jesus in verräterischer Absicht bei dessen Verhaftung gab (Mt 26,49; Mk 14,45; Lk 22,48).

Judaslohn.

So wird eine Bezahlung für eine verräterische Tat nach den dreißig Silberlingen genannt, die Judas für den Verrat Jesu von den Hohenpriestern erhielt (Mt 26,14–15; 27,3–5).

Hier ist nicht **Jude** noch Grieche, hier ist nicht Sklave noch Freier, hier ist nicht Mann noch Frau; denn ihr seid allesamt einer in Christus Jesus.

Gal 3,28. – Wenn Paulus von »Juden« und »Griechen« spricht, verkörpern die letzteren die gesamte heidnische Welt, die ihm ja vor allem in Gestalt von Griechen begegnete (z. B. Röm 1,16; 1Kor 10,32).

Wir aber predigen den gekreuzigten Christus, den **Juden** ein Ärgernis und den Griechen eine Torheit.

1Kor 1,23. → Wir aber predigen den gekreuzigten Christus, den Juden ein **Ärgernis** und den Griechen eine Torheit.

Judica (lat., »richte«).

Der Name des vorletzten Sonntags vor Ostern leitet sich her vom Anfangswort des Introitus: *iudica me Deus*, »Gott, schaffe mir Recht« (Ps 43,1).

(Jesus sagt:) Daran wird jedermann erkennen, dass ihr meine **Jünger** seid, wenn ihr Liebe untereinander habt.

Joh 13,35. – Das griechische Wort *mathētḗs*, »Schüler« oder »Lehrling« (Mt 10,24–25; Lk 6,40), wurde im Deutschen schon früh mit »Jünger« wiedergegeben, weil dieses Wort den Untergebenen, den Lehrling, den Schüler bezeichnete.

(Jesus sagt zu den Jüngern:) Gehet hin und machet zu **Jüngern** alle Völker: Taufet sie auf den Namen des Vaters und des Sohnes und des Heiligen Geistes und lehret sie halten alles, was ich euch befohlen habe.

Mt 28,19–20. – Dieser Text, der Kern des »Missionsbefehls« (V. 18–20), weitet die Jüngerschaft über den Kreis der einst von Jesus unmittelbar Berufenen auf die Völkerwelt aus, die sich durch die Taufe und das Halten der »Gebote« Jesu seiner Herrschaft unterstellen soll.

Jugendsünde.

Gedenke nicht der Sünden meiner Jugend.

Ps 25,7 (»Sünden meiner Jugend« auch Hiob 13,26).

Wie wird ein **junger** Mann seinen Weg unsträflich gehen? Wenn er sich hält an deine (Gottes) Worte.

Ps 119,9.

(Jesaja sagt zum König Ahas:) Siehe, eine **Jungfrau** ist schwanger und wird einen Sohn gebären, den wird sie nennen Immanuel.

Jes 7,14. – Dieses geheimnisvolle Orakel spricht von einer jungen Frau (das hebräische Wort *'almā* bezeichnet wohl ein geschlechtsreifes Mädchen bis zur Geburt des ersten Kindes), die einen Sohn gebiert oder gebären wird; die griechische Übersetzung des Alten Testaments gibt *'almā* mit dem Wort *parthénos* wieder, das normalerweise »Jungfrau« bedeutet, wodurch der zitierte Text zum Schriftbeleg für die Geburt Jesu von der Jungfrau Maria wurde (Mt 1,23).

K

Wenn jemand auch **kämpft**, wird er doch nicht gekrönt, er kämpfe denn recht.

2Tim 2,5. – Wenn der Wettkämpfer den Preis gewinnen will, darf er sich den Kampf nicht durch Umgehen der Regeln erleichtern, d. h. nur der rückhaltlose Einsatz für den Glauben führt zum ewigen Heil.

Kainszeichen.

Der HERR machte ein Zeichen an Kain, dass ihn niemand erschlüge, der ihn fände.

1Mose 4,15. – Nach dem biblischen Bericht handelt es sich um ein Zeichen (über sein Aussehen wird nichts gesagt), das Kain, den Mörder, schützen soll; im heutigen Sprachgebrauch ist das »Kainszeichen« oder »Kainsmal« etwas, das einem Verbrecher anhaftet, ihn erkennbar macht.

(Jesus sagt:) So gebt dem **Kaiser**, was des Kaisers ist, und Gott, was Gottes ist!

Mt 22,21 (= Mk 12,17; Lk 20,25). – Auf die Frage der Pharisäer an Jesus, ob man dem römischen Kaiser Steuern zahlen soll (V. 17, ähnlich Mk 12,14; Lk 20,22), lässt Jesus sich von ihnen die »Steuermünze«, einen Denar, der das Bild und die Aufschrift des Kaisers trägt, geben und antwortet mit dem zitierten Text: Wenn ihr mit dem römischen Geld arbeitet, müsst ihr auch Steuern zahlen; entscheidend jedoch ist, dass ihr euer Leben auf *Gott* ausrichtet.

(Die Juden sagen zu Pilatus:) Lässt du diesen (Jesus) frei, so bist du des **Kaisers** Freund nicht; denn wer sich zum König macht, der ist gegen den Kaiser.

Joh 19,12. – Die Worte »so bist du des Kaisers Freund nicht« werden gern benutzt, um auszudrücken, dass jemand sich bei einem anderen, z. B. dem Vorgesetzten, unbeliebt macht, wenn er etwas Bestimmtes tut.

Mit fremdem **Kalb** pflügen.

(Simson sagt zu den Männern, die sein Rätsel lösen, weil seine Frau es verrät:) Wenn ihr nicht mit meinem Kalb gepflügt hättet, so hättet ihr mein Rätsel nicht getroffen.

Richt 14,18. – Diese Redensart gebraucht man, wenn jemand eine Aufgabe mit fremder Hilfe löst.

Ein (gemästetes) **Kalb** schlachten.

(Im »Gleichnis vom verlorenen Sohn« Lk 15,11–32 sagt der Vater, wie der Sohn heimkehrt, zu seinen Knechten:) Bringt das gemästete Kalb und schlachtet's.

Lk 15,23 (ähnlich V. 27.30). – Das Schlachten des Kalbes ist Ausdruck der Freude des Vaters.

(Christus sagt der Gemeinde in Laodizea:) Ich kenne deine Werke, dass du weder **kalt** noch warm bist. Ach, dass du kalt oder warm wärest!

Offb 3,15.

(Jesus sagt:) Es ist leichter, dass ein **Kamel** durch ein Nadelöhr gehe, als dass ein Reicher ins Reich Gottes komme.

Mt 19,24 (= Mk 10,25; Lk 18,25). – Mit einem grotesken Bild wird gesagt, dass der Reichtum ein unübersteigbares Hindernis ist, um das Heil zu gewinnen.

Kämpfe den guten **Kampf** des Glaubens.

1Tim 6,12.

Wisst ihr nicht, dass die, die in der **Kampfbahn** laufen, die laufen alle, aber einer empfängt den Siegespreis? Lauft so, dass ihr ihn erlangt.

1Kor 9,24. - Mit diesem etwas missverständlichen Bild – denn es sollen doch möglichst *alle* Christen an das Ziel des ewigen Lebens gelangen – will Paulus die Christen in Korinth zum Eifer im Lauf des Glaubens ermahnen.

Kantate (lat. *cantate*, »singt«).

Der Name des vierten Sonntags nach Ostern leitet sich her vom Anfangswort des Introitus: *cantate Domino canticum novum*, »singet dem HERRN ein neues Lied« (Ps 98,1).

Kauft die Zeit **aus**; denn es ist böse Zeit.

Eph 5,16. – Gemeint ist wohl: Der Glaubende soll sich in einer dunklen, bösen Zeit nicht zurückziehen, sondern die »Zeit« (griech. *kairós*), d. h. den rechten Zeitpunkt, »auskaufen«, den richtigen Augenblick wahrnehmen, jede Gelegenheit nutzen, um ein gottwohlgefälliges Leben zu führen.

(Jesus betet:) Mein Vater, ist's möglich, so gehe dieser **Kelch** an mir vorüber; doch nicht, wie ich will, sondern wie du willst!

Mt 26,39 (ähnlich Mk 14,36; Lk 22,42). – Das Bild vom (Leidens-)Kelch geht auf alttestamentliche Aussagen zurück, wonach ein mit Wein gefüllter Kelch oder Becher, den Gott zu trinken gibt, Unheil und Leiden bewirkt (z. B. Jes 51,17.22; Jer 25,15; 51,7; Hab 2,16).

Der gesegnete **Kelch**, den wir segnen, ist das nicht die Gemeinschaft des Blutes Christi?

1Kor 10,16. – Die Feier des Abendmahls – den Kelch nennt Paulus nach jüdischer Tradition »gesegneten Kelch«, d. h. »Segenskelch« – bezieht die Glaubenden in das Heilshandeln Gottes durch den Sühnetod Jesu ein.

Desgleichen nahm er auch den **Kelch** nach dem Mahl und sprach: Dieser Kelch ist der neue Bund in meinem Blut; das tut, sooft ihr daraus trinkt, zu meinem Gedächtnis.

1Kor 11,25. → Desgleichen nahm er auch den Kelch nach dem Mahl und sprach: Dieser Kelch ist der neue Bund in meinem **Blut**; das tut, sooft ihr daraus trinkt, zu meinem Gedächtnis.

(Petrus verleugnet Jesus, indem er zweimal sagt:) Ich **kenne** den Menschen nicht.

Mt 26,72.74 (= Mk 14,71).

Keusch wie Josef.

Diese Redensart beruht auf der Erzählung 1Mose 39, wonach die Frau des Ägypters Potifar den israelitischen Sklaven Josef zu verführen sucht, der aber standhaft bleibt.

Ein **Kind** des Todes sein.

(David sagt:) So wahr der HERR lebt: Der Mann ist ein Kind des Todes, der das getan hat!

2Sam 12,5 (»Kind[er] des Todes« ferner 1Sam 20,31; 26,16; Ps 79,11; 102,21). – Mit diesen Worten reagiert David auf Nathans Erzählung, wonach ein reicher Mann einem armen, der nur ein Schaf besaß, das Schaf wegnahm.

Wer sein **Kind** lieb hat, der züchtigt es.

Diese Redensart ist gebildet nach Spr 13,24 »wer seine Rute schont, der hasst seinen Sohn; wer ihn aber lieb hat, der züchtigt ihn beizeiten« (ähnlich Sir 30,1 »wer seinen Sohn lieb hat, der hält für ihn die Rute bereit, damit er später Freude an ihm erlebt«).

Uns ist ein **Kind** geboren, ein Sohn ist uns gegeben, und die Herrschaft ruht auf seiner Schulter; und er heißt Wunder-Rat, Gott-Held, Ewig-Vater, Friede-Fürst; auf dass seine Herrschaft groß werde und des Friedens kein Ende auf dem Thron Davids und in seinem Königreich, dass er's stärke und stütze durch Recht und Gerechtigkeit von nun an bis in Ewigkeit.

Jes 9,5. – Dieser Text gehört zu einer Weissagung (V. 1–6), die dem Volk Israel die Befreiung von der Fremdherrschaft und die Geburt und Inthronisation eines Friedenskönigs ankündigt, dem hier »Thronnamen« beigelegt werden: »Wunder-Rat«, d. h. er führt Gottes wunderbare Taten aus; »Gott-Held« (wörtlich »starker Gott«), d. h. er gehört der göttlichen Sphäre an; »Ewig-Vater«, d. h. Beschützer der Untertanen, der lange (so ist das hebräische Wort, das man mit »ewig« übersetzt, zu verstehen) lebt; »Friede-Fürst«, d. h. er sorgt für das innere und äußere Wohlergehen (hebr. *schālōm*) des Volkes.

Als ich ein **Kind** war, da redete ich wie ein Kind und dachte wie ein Kind und war klug wie ein Kind; als ich aber ein Mann wurde, tat ich ab, was kindlich war.

1Kor 13,11. – Hier veranschaulicht Paulus mit einem Bild den Gegensatz von irdischem, d. h. bruchstückhaftem, und vollkommenem Erkennen Gottes, was er dann (V. 12) weiter ausführt.

Kinder und Kindeskinder.

Ungestraft lässt er (Gott) niemand, sondern sucht die Missetat der Väter heim an Kindern und Kindeskindern bis ins dritte und vierte Glied!

2Mose 34,7 (»Kinder und Kindeskinder« außerdem z.B. 2Kön 17,41; Jes 59,21; Tob 9,11; »Kind und/zu Kindeskind« z.B. 2Mose 17,16; Ps 22,31; 45,18).

Siehe, **Kinder** sind eine Gabe des HERRN, und Leibesfrucht ist ein Geschenk.

Ps 127,3. – Von dieser Bibelstelle leitet sich der Ausdruck »Kindersegen« her.

Besser ohne **Kinder** sterben als gottlose Kinder haben.

Sir 16,4.

(Jesus sagt zu den Jüngern:) Wenn ihr nicht umkehrt und werdet wie die **Kinder**, so werdet ihr nicht ins Himmelreich kommen.

Mt 18,3 (in Mk 10,15 heißt es: »Wer das Reich Gottes nicht empfängt wie ein Kind, der wird nicht hineinkommen; ähnlich Lk 18,17). – Nur wer die Liebe Gottes offen und vertrauensvoll annimmt, ohne sich auf eigene Leistungen – die ein Kind noch gar nicht vorweisen kann – zu berufen, wird ihrer teilhaftig.

(Jesus sagt zu den Jüngern:) Lasset die **Kinder** und wehret ihnen nicht, zu mir zu kommen; denn solchen gehört das Himmelreich.

Mt 19,14 (ähnlich Mk 10,14; Lk 18,16).

(Jesus sagt:) Die **Kinder** dieser Welt sind unter ihresgleichen klüger als die Kinder des Lichts.

Lk 16,8b. – Dieser an das »Gleichnis vom unehrlichen Verwalter« (V. 1–7 mit 8a) angefügte Satz unterstreicht, dass Jesus nicht den *Betrug* des Verwalters als vorbildlich hinstellt, sondern nur seine Klugheit, die allerdings in der Form, wie das Gleichnis sie schildert, bei den »Kindern des Lichts«, den Glaubenden, nicht vorkommen kann.

Seid nicht **Kinder**, wenn es ums Verstehen geht; sondern seid Kinder, wenn es um Böses geht; im Verstehen aber seid vollkommen.

1Kor 14,20. – Im Umgang mit dem Bösen sollen die Christen in Korinth unerfahren wie Kinder sein, aber Erwachsene (das bedeutet hier das griechische Wort *téleios*, das Luther mit »vollkommen« übersetzt) in der Einsicht und im Vernünftigsein.

Es sollen nicht die **Kinder** den Eltern Schätze sammeln, sondern die Eltern den Kindern.

2Kor 12,14. – Mit dieser Redensart unterstreicht Paulus, dass er – als geistlicher »Vater« – bei seinem geplanten Besuch den Christen in Korinth (den »Kindern«) nicht zur Last fallen, sondern vielmehr für sie sorgen wird.

Ihr seid alle durch den Glauben Gottes **Kinder** in Christus Jesus.

Gal 3,26. – Über die Glaubenden herrscht nicht mehr das Gesetz als »Zuchtmeister« (V. 24–25), sondern Gott hat sie gleichsam als Kinder adoptiert, so dass sie frei sind.

Seht, welch eine Liebe hat uns der Vater erwiesen, dass wir Gottes **Kinder** heißen sollen – und wir sind es auch!

1Joh 3,1.

Wir sind schon Gottes **Kinder**; es ist aber noch nicht offenbar geworden, was wir sein werden. Wir wissen aber: wenn es offenbar wird, werden wir ihm (Christus) gleich sein; denn wir werden ihn sehen, wie er ist.

1Joh 3,2. – Gott hat die Glaubenden zu Kindern gemacht, so dass sie jetzt seiner Nähe gewiss sind; ihre Vollendung findet die Kindschaft Gottes im ewigen Leben, wenn er, nämlich Christus, erscheinen wird (so sind wohl die Worte zu übersetzen, die Luther mit »wenn es offenbar wird« wiedergibt).

(Jesus sagt:) Lasset die **Kindlein** und wehret ihnen nicht, zu mir zu kommen; denn solcher ist das Himmelreich.

Mt 19,14 (ähnlich Mk 10,14; Lk 18,16) nach der Übersetzung Luthers; in der heutigen Lutherbibel lautet der Text: »Lasset die Kinder und wehret ihnen nicht, zu mir zu kommen; denn solchen gehört das Himmelreich.«

(Nach der Geburt Johannes' des Täufers sagen die Leute zueinander:) Was, meinst du, will aus diesem **Kindlein** werden?

Lk 1,66.

Er (Gott) hat mir die **Kleider** des Heils angezogen und mich mit dem Mantel der Gerechtigkeit gekleidet.

Jes 61,10. – Der/die – uns nicht bekannte – Sprecher/in dieses Textes bringt zum Ausdruck, dass »Heil« und »Gerechtigkeit« ihn/sie als Machtsphäre wie ein Gewand umhüllt.

(Einer der Ältesten sagt:) Diese (die Angehörigen des Gottesvolkes) sind's, die gekommen sind aus der großen Trübsal und haben ihre **Kleider** gewaschen und haben ihre Kleider hell gemacht im Blut des Lammes. Darum sind sie vor dem Thron Gottes und dienen ihm Tag und Nacht in seinem Tempel; und der auf dem Thron sitzt, wird über ihnen wohnen.

Offb 7,14–15. – Das Bild der gewaschenen und im Blut des »Lammes«, d. h. Jesu, weißgebleichten Kleider will besagen, dass die Gemeinde, durch die Lebenshingabe Jesu von der Sünde befreit, jetzt schon das Heil erhalten hat; in der Vollendung wird sie an der ewigen Anbetung Gottes teilhaben.

Über ein **kleines**.

(Jesus sagt zu den Jüngern:) Über ein kleines, so werdet ihr mich nicht sehen; und aber über ein kleines, so werdet ihr mich sehen.

Joh 16,16 nach der Übersetzung Luthers; in der heutigen Lutherbibel lautet der Text: »Noch eine kleine Weile, dann werdet ihr mich nicht mehr sehen; und abermals eine kleine Weile, dann werdet ihr mich sehen.«

Ihr **Kleingläubigen**!

(Jesus sagt:) Wenn nun Gott das Gras auf dem Feld so kleidet, das doch heute steht und morgen in den Ofen geworfen wird: sollte er das nicht viel mehr für euch tun, ihr Kleingläubigen?

Mt 6,30 (ähnlich Lk 12,28; »ihr Kleingläubigen« außerdem Mt 8,26; 16,8).

(Jesus sagt:) **Klopfet an**, so wird euch aufgetan ... Wer da anklopft, dem wird aufgetan.

Mt 7,7–8 (= Lk 11,9–10).

Es besteht eine große **Kluft**.
(In der Erzählung »vom reichen Mann und armen Lazarus« Lk 16,19–31 sagt Abraham vom Himmel aus zu dem reichen Mann in der Hölle:) Überdies besteht zwischen uns und euch eine große Kluft, dass niemand, der von hier zu euch hinüberwill, dorthin kommen kann und auch niemand von dort zu uns herüber.

Lk 16,26.

(Jesus sagt zu den Jüngern:) Seid **klug** wie die Schlangen und ohne Falsch wie die Tauben.

Mt 10,16.

Besser ist geringe **Klugheit** mit Gottesfurcht als große Klugheit mit Übertretung des Gesetzes.

Sir 19,21.

(Gott spricht:) Siehe, das ist mein **Knecht** – ich halte ihn – und mein Auserwählter, an dem meine Seele Wohlgefallen hat.

Jes 42,1 (zitiert in Mt 12,18). – Der Mittelteil des Jesajabuches (Jes 40–55) enthält vier Texte, die von einem »Knecht Gottes« reden (42,1–4; 52,13–53,12) oder in denen ein »Knecht Gottes« zu Worte kommt (49,1–6; das gilt auch für 50,4–9, wo die Bezeichnung »Knecht« nicht erscheint). Um wen es sich bei diesem »Knecht« – das hebräische Wort *'aebaed* meint hier den Beauftragten – handelt, ist in der Forschung umstritten; man hat an ein Individuum gedacht oder an Israel als ganzes oder an eine Gruppe in Israel.

(Gott spricht:) Mir sollen sich alle **Knie** beugen und alle Zungen schwören und sagen: Im HERRN habe ich Gerechtigkeit und Stärke.

Jes 45,23–24 (der erste Teil dieses Textes wird zitiert in Röm 14,11 und – abgewandelt – in Phil 2,10–11). – Dieser Text gehört zu einem Abschnitt (V. 18–25), in dem Gott zu den »Entronnenen der Völker«, d. h. zu denen, die den Untergang des Babylonischen Reiches überlebt haben, redet und ihnen ankündigt, dass man sich weltweit zu ihm bekennen und von ihm »Gerechtigkeit«, d. h. Heil, und Stärke (oder Schutz) erhalten wird.

Der HERR wird **König** sein über alle Lande.

Sach 14,9. – Dieser Satz gehört zu einem Abschnitt (V. 1–21), der das endzeitliche Schicksal Jerusalems weissagt.

Ein zuchtloser **König** richtet Land und Leute zugrunde; wenn aber die Mächtigen klug sind, so gedeiht die Stadt.

Sir 10,3.

Heute **König**, morgen tot!

Sir 10,12. – Dieser Satz gehört zu einem Abschnitt (V. 6–17), der davor warnt, zu vergessen, dass die Regierenden ihre Macht von Gott erhalten, und dadurch hochmütig und stolz zu werden. Der zitierte Satz ist die Quelle des Sprichworts »Heute rot, morgen tot«, das man mit politischer Intention auch zu »Lieber rot als tot« umgeformt hat.

(Gott spricht zu den Israeliten:) Ihr sollt mir ein **Königreich** von Priestern und ein heiliges Volk sein.

2Mose 19,6. – Der Ausdruck »Königreich von Priestern« kennzeichnet die Sonderstellung Israels im Kreise der Völker und Reiche, weil in ihm Priester – ihnen steht das »heilige Volk« der Laien gegenüber – die Herrschaft innehaben.

Der **Koloss** mit/auf tönernen Füßen.

Dieser Ausdruck leitet sich von Dan 2,31–35 her, wo berichtet wird, dass der König Nebukadnezar im Traum ein Standbild sah, dessen Füße von »Eisen und Ton« waren und von einem Stein zermalmt wurden, wodurch das ganze Standbild zusammenbrach.

Kommen → Ich bin **gekommen**, die Sünder zu rufen und nicht die Gerechten.

Kommen → Der Menschensohn ist **gekommen**, zu suchen und selig zu machen, was verloren ist.

(David sagt zu Goliat:) Du **kommst** zu mir mit Schwert, Lanze und Spieß, ich aber komme zu dir im Namen des HERRN Zebaoth.

1Sam 17,45. – »Im Namen des HERRN« bedeutet: im Auftrag und zugleich mit der Macht, der Hilfe Gottes.

(Jesus sagt:) Wer zu mir **kommt**, den werde ich nicht hinausstoßen.

Joh 6,37. – »Hinausstoßen« bedeutet hier »zurückweisen«.

Sich etwas über den **Kopf** wachsen lassen.

(Esra betet:) Unsere Missetat ist über unser Haupt gewachsen, und unsere Schuld ist groß bis an den Himmel.

Esr 9,6.

Den **Kopf** schütteln über jemand.

Alle, die mich sehen, verspotten mich, sperren das Maul auf und schütteln den Kopf.

Ps 22,8 (»den Kopf schütteln« auch z.B. 109,25; Jer 18,16; Sir 13,9; Mt 27,39). – Es handelt sich um eine Gebärde des Spottes und der Schadenfreude.

Den **Kopf** hängen lassen.

(Gott spricht:) Soll das ein Fasten sein, an dem ich Gefallen habe, ein Tag, an dem man sich kasteit, wenn ein Mensch seinen Kopf hängen lässt wie Schilf und in Sack und Asche sich bettet?

Jes 58,5.

Rotte **Korach**.

Diese Bezeichnung für eine zügellose Horde leitet sich von der Erzählung 4Mose 16 her, die berichtet, dass ein Mann namens Korach mit seiner Anhängerschaft (Luther nennt sie »Rotte«: V. 5.6.11.16) gegen Mose und Aaron rebelliert und zur Strafe von der sich öffnenden Erde verschlungen wird.

Krämervolk.

Heult, die ihr im »Mörser« wohnt; denn das ganze Krämervolk ist dahin, und alle, die Geld wechseln, sind ausgerottet.

Zef 1,11. – Dieser Spruch kündigt dem »Mörser«, einem nicht genau lokalisierbaren Stadtteil Jerusalems, die Einnahme durch Feinde an, die bereits dem Handel in der Stadt ein Ende gemacht haben. Die Bezeichnung »Krämervolk« für die Engländer – vor und nach dem Ersten Weltkrieg in der deutschen Propaganda verwendet – wurde von dem Engländer Adam Smith (1723–90) eingeführt, der sein Volk »nation of shopkeepers« nannte.

Er (Gott) gibt dem Müden **Kraft** und Stärke genug dem Unvermögenden.

Jes 40,29. – Der Schluss lautet wörtlich übersetzt: »und den Kraftlosen Stärke in Fülle«.

(Jesus, der »Menschensohn«, sagt:) Ich bin **krank** gewesen, und ihr habt mich besucht.

Mt 25,36.

Fürwahr, er (der »Knecht Gottes«) trug unsre **Krankheit** und lud auf sich unsre Schmerzen. Wir aber hielten ihn für den, der geplagt und von Gott geschlagen und gemartert wäre.

Jes 53,4 (zitiert in Mt 8,17). – Hier berichtet eine nicht näher identifizierbare Gruppe, dass der »Knecht Gottes« – um wen es sich handelt, wissen wir nicht – stellvertretend für ihre Sünden gelitten hat, um ihr Heil zu schaffen. Dabei stehen »Krankheit« und »Schmerzen« für »Sündenlast« (»Sünde« wird als Unheilssphäre verstanden, die der Mensch durch böses Tun erzeugt und die den Menschen und seine Umwelt schädigt), wie sich aus dem Vergleich von V. 4 mit V. 11 und 12 im hebräischen Urtext ergibt: »Er trug unsre Krankheit und lud auf sich unsre Schmerzen« (V. 4) und »er lud auf sich ihre (der Vielen) Sünden« (V. 11), »er hat die Sünden der Vielen getragen« (V. 12).

Besser ein Gericht **Kraut** mit Liebe als ein gemästeter Ochse mit Hass.

Spr 15,17.

Ihr (der Irrlehrer) Wort frisst um sich wie der **Krebs**.

2Tim 2,17. – Schon im Altertum wurden Geschwüre als »Krebs« bezeichnet.

Die **Kreter** sind immer Lügner, böse Tiere und faule Bäuche.

Tit 1,12. – Dieser Vers, im griechischen Urtext ein Hexameter, stammt nach frühchristlicher Überlieferung von dem kretischen Dichter Epimenides (6. Jh. v. Chr.); mit ihm wird den Irrlehrern auf Kreta (V. 5) Verlogenheit, Streitsucht und Schlemmerei vorgeworfen.

Krethi und Plethi.

Dieser Ausdruck (in der heutigen Lutherbibel steht dafür »Kreter und Pleter«) für eine bunt zusammengewürfelte Gesellschaft, »alle möglichen Leute«, »Hinz und Kunz«, leitet sich her vom Namen einer Truppe, vielleicht der Leibwache, Davids (z. B. 2Sam 8,18; 1Kön 1,38.44); er bedeutet wahrscheinlich »Kreter und Philister«, wobei das Wort »Kreter« eine – wohl nach Kreta benannte – Untergruppe der Philister meinen könnte.

Sein **Kreuz** auf sich nehmen (tragen).

(Jesus sagt:) Wer nicht sein Kreuz auf sich nimmt und folgt mir nach, der ist meiner nicht wert.

Mt 10,38 (ähnlich Lk 14,27; in Mt 16,24 [= Mk 8,34] heißt es: »Will mir jemand nachfolgen, der verleugne sich selbst und nehme mein Kreuz auf sich und folge mir«; ähnlich Mk 8,34; Lk 9,23). – Dieses in seiner Deutung umstrittene Wort meint wohl: Jesus nachfolgen, Jünger Jesu sein kann nur, wer bereit ist, den Tod, das Martyrium auf sich zu nehmen.

Das Wort vom **Kreuz** ist eine Torheit denen, die verloren werden; uns aber, die wir selig werden, ist's eine Gotteskraft.

1Kor 1,18. – Paulus betont, dass der *gekreuzigte* Jesus auferweckt wurde; wer diese Botschaft ablehnt, sie als »Torheit« ansieht, ist vom Heil ausgeschlossen. Aber wer sie annimmt und somit »selig«, wörtlich »gerettet«, wird, bekommt die Kraft Gottes, die seine, des Glaubenden, Existenz verwandelt.

Es sei aber fern von mir, mich zu rühmen als allein des **Kreuzes** unseres Herrn Jesus Christus, durch den mir die Welt gekreuzigt ist und ich der Welt.

Gal 6,14. – Paulus sagt: Anders als seine Gegner, die irdischen Ruhm suchen (V. 13), kann er sich nur »des Kreuzes rühmen«, d. h. die Kraft seiner Existenz ist der Glaube, dass Jesus, der Gekreuzigte, auferweckt wurde, und so sind er und die Welt einander »gekreuzigt«, abgestorben, d. h. die »Welt«, der Bereich der Gottesferne, vermag ihm nichts mehr anzuhaben.

(Das Volk fordert von Pilatus den Tod Jesu mit den Worten:) **Kreuzige** ihn!

Mk 15,13 (in Lk 23,21 heißt es: »Kreuzige, kreuzige ihn!« und in Mt 27,22: »Lass ihn kreuzigen!«).

Krumm kann nicht gerade werden.

Pred 1,15 (ähnlich 7,13 »Wer kann das gerade machen, was er [Gott] krümmt?«). – Die sprichwortartige Sentenz meint, dass menschliche Handlungsmöglichkeiten begrenzt sind.

Die aber abweichen auf ihre **krummen** Wege, wird der HERR dahinfahren lassen mit den Übeltätern.

Ps 125,5. – Die »krummen«, gewundenen, Wege sind Abwege; um welche Menschen es sich handelt, gibt der Text nicht zu erkennen.

Kyrie eleison (griech. »Herr, erbarme dich«).

Dieser in der heidnischen Antike allgemein verbreitete Gebetsruf wurde aufgrund biblischer Stellen (z.B. Tob 8,10; Mt 17,14; Mk 10,48) auf Christus und Gott angewandt und ist Teil der gottesdienstlichen Liturgie.

L

Ein Narr **lacht** überlaut; ein Weiser lächelt nur ein wenig.

Sir 21,29. – Der Tor lacht am unpassenden Ort und bei unpassender Gelegenheit.

Lästermaul.

Tu von dir die Falschheit des Mundes und sei kein Lästermaul.

Spr 4,24. – Der zweite Teil des Textes lautet wörtlich übersetzt: »Die Verkehrtheit der Lippen halte fern von dir« und warnt – wie der erste Teil – vor der Lüge.

Laetare (lat., »freue dich«).

Der Name des dritten Sonntags vor Ostern leitet sich her vom Anfangswort des Introitus: *laetare Hierusalem*, »freue dich, Jerusalem« (Jes 66,10 nach der alten lateinischen Bibelübersetzung, der Itala; in der gebräuchlichen lateinischen Bibelübersetzung, der Vulgata, steht: *laetamini cum Hierusalem*, »freuet euch mit Jerusalem«).

(Hiob sagt:) Meine Tage sind schneller gewesen als ein **Läufer**; sie sind dahingeflogen und haben nichts Gutes erlebt.

Hiob 9,25. – Mit dem »Läufer« ist der Eilbote gemeint.

(Die Pharisäer sagen über Jesus:) Ihr seht, dass ihr nichts ausrichtet; siehe, alle Welt **läuft** ihm **nach**.

Joh 12,19.

Lamm Gottes.

(Johannes der Täufer sagt über Jesus:) Siehe, das ist Gottes Lamm, das der Welt Sünde trägt!

Joh 1,29. – Die Vorstellung vom sündentilgenden Opferlamm beruht auf Jes 53,4–5, wo es vom »Knecht Gottes« heißt: »Er trug unsre Krankheit … Er ist um unsrer Missetat willen verwundet und um unsrer Sünde willen zerschlagen … Als er gemartert ward, litt er doch willig und tat seinen Mund nicht auf wie ein Lamm, das zur Schlachtbank geführt wird.« Von dem zitierten Text Joh 1,29 leitet sich ein Gebet der lateinischen Messliturgie her, das dreimal die Worte *Agnus Dei, qui tollis peccata mundi*, »Lamm Gottes, der du trägst die Sünden der Welt«, wiederholt und als »Agnus Dei« bezeichnet wird.

(Engel sagen:) Das **Lamm**, das geschlachtet ist, ist würdig, zu nehmen Kraft und Reichtum und Weisheit und Stärke und Ehre und Preis und Lob.

Offb 5,12. – Das »Lamm« ist – wie auch sonst in der Offenbarung (z. B. 7,9–10; 12,11; 13,8; 21,9) – Christus.

(Eine Stimme im Himmel ruft:) Sie (die Glaubenden) haben ihn (den Teufel) überwunden durch des **Lammes** Blut und durch das Wort ihres Zeugnisses und haben ihr Leben nicht geliebt bis hin zum Tod.

Offb 12,11.

O **Land**, Land, Land, höre des HERRN Wort!

Jer 22,29. – Mit diesem dreimaligen Aufruf unterstreicht der Prophet seine Drohung, dass der König Jojachin kinderlos sterben wird (V. 30).

Weh dir, **Land**, dessen König ein Kind ist und dessen Fürsten schon in der Frühe tafeln!

Pred 10,16. – Ein Land kommt zu Schaden, wenn sein König ein Kind (hebr. *na'ar*, »Knabe«), d. h. unreif, unselbständig ist und seine Aristokratie sich übertriebenem Luxus hingibt.

Bleibe im **Lande** und nähre dich redlich.

Ps 37,3b. – Dieser Text, dem die Worte »Hoffe auf den HERRN und tu Gutes« (V. 3a) vorangehen, lautet wörtlich übersetzt: »Bleibe im Lande und weide (in) Sicherheit«, wobei die Befehlsformen vielleicht als Verheißungen gemeint sind: »so wirst du im Lande wohnen und in Sicherheit weiden, d. h. leben.«

Die Liebe ist **langmütig** und freundlich.

1Kor 13,4.

Ein **Langmütiger** kann warten; es kommt die Zeit, in der ihm Freude erwächst.

Sir 1,28.

(Jakob sagt zu Gott:) Ich **lasse** dich nicht, du segnest mich denn.

1Mose 32,27. – Mit diesem Satz fordert Jakob in der Erzählung vom Kampf an der Furt des Flusses Jabbok (V. 23–32) Gott auf, ihm »Segen«, Lebenskraft zu geben.

(Petrus und Johannes sagen vor dem Hohen Rat, der sie hindern will, die Botschaft von Jesus zu verkündigen:) Wir können's ja nicht **lassen**, von dem zu reden, was wir gesehen und gehört haben.

Apg 4,20.

Einer trage des andern **Last**, so werdet ihr das Gesetz Christi erfüllen.

Gal 6,2.

(Christus sagt der Gemeinde in Laodizea:) Weil du aber **lau** bist und weder warm noch kalt, werde ich dich ausspeien aus meinem Munde.

Offb 3,16.

Der **Lauf** dieser Welt.

Und auch euch, da ihr tot waret durch Übertretung und Sünde, in welchen ihr weiland gewandelt habt nach dem Lauf dieser Welt.

Eph 2,1–2 nach der Übersetzung Luthers; in der heutigen Lutherbibel lautet der Text: »Auch ihr wart tot durch eure Übertretungen und Sünden, in denen ihr früher gelebt habt nach der Art dieser Welt.«

Der arme **Lazarus**.

Dieser Ausdruck beruht auf der Erzählung »vom reichen Mann und armen Lazarus« (Lk 16,19–31); mit dem Namen »Lazarus« hängt die Bezeichnung »Lazarett« zusammen.

(Jesus sagt zu den Jüngern:) Ich **lebe**, und ihr sollt auch leben.

Joh 14,19.

Ich **lebe**, doch nun nicht ich, sondern Christus lebt in mir. Denn was ich jetzt lebe im Fleisch, das lebe ich im Glauben an den Sohn Gottes, der mich geliebt hat und sich selbst für mich dahingegeben.

Gal 2,20. – Paulus sagt: Der Inhalt meines Lebens ist nicht mehr durch mich (und meine Vergangenheit), sondern durch Christus (und seine Zukunft) bestimmt.

(Hiob sagt zu Gott:) **Leben** und Wohltat hast du an mir getan, und deine Obhut hat meinen Odem bewahrt.

Hiob 10,12.

Unser **Leben** währet siebzig Jahre, und wenn's hoch kommt, so sind's achtzig Jahre, und was daran köstlich scheint, ist doch nur vergebliche Mühe; denn es fähret schnell dahin, als flögen wir davon.

Ps 90,10. – Diese resignierend-pessimistische Sicht des Lebens beruht auf der in V. 7–9 und 11 ausgesprochenen Überzeugung, dass Gott den Menschen wegen ihrer Sünden zürnt.

(Gott,) der dein **Leben** vom Verderben erlöst, der dich krönet mit Gnade und Barmherzigkeit.

Ps 103,4.

Ich werde nicht sterben, sondern **leben** und des HERRN Werke verkündigen.

Ps 118,17. – Wirkliches Leben gibt es für den Beter des Psalms nur, wenn er Gott loben kann, nachdem Gott ihn aus der Sphäre des Todes, d. h. der Bedrohung durch andere Menschen (V. 10–13), errettet hat.

(Tobias sagt:) Wir sind Kinder der Heiligen und warten auf ein **Leben**, das Gott denen geben wird, die im Glauben treu und fest an ihm bleiben.

Tob 2,17-18. – Mit diesen Worten weist Tobias den Spott seiner Verwandten zurück, die, nachdem er blind geworden ist, fragen, welches nun der Lohn für seine Wohltaten sei (V. 14–15).

Der Mensch hat vor sich **Leben** und Tod; was er davon will, das wird ihm gegeben werden.

Sir 15,17. – Der Mensch muss entscheiden, ob er handelnd leben will und somit Zukunft gewinnt oder seine Zukunft verspielt.

Das Erste zum **Leben** sind Wasser und Brot, Kleider und Haus – das braucht man am nötigsten.

Sir 29,28.

Der Mensch bedarf zu seinem **Leben** vor allem Wasser, Feuer, Eisen, Salz, Mehl, Milch, Honig, Wein, Öl und Kleider.

Sir 39,31.

Mit dem **Leben** davonkommen.
(Heliodor sagt zu König Seleukus [IV.] auf dessen Frage, wen er nach Jerusalem schicken könne:) Wenn du einen Feind hast oder einen, der dich zu stürzen gedenkt, den schicke hin! Du wirst ihn dann zurückbekommen, nachdem er gegeißelt worden ist, wenn er überhaupt mit dem Leben davonkommt.

2Makk 3,38.

(Jesus sagt:) Wer sein **Leben** erhalten will, der wird's verlieren; wer aber sein Leben verliert um meinetwillen, der wird's finden.

Mt 16,25 (ähnlich Mk 8,35; Lk 9,24; in Mt 10,39 hat der Spruch die Form: »Wer sein Leben findet, der wird's verlieren; und wer sein Leben verliert um meinetwillen, der wird's finden« und in Joh 12,25: »Wer sein Leben lieb hat, der wird's verlieren; und wer sein Leben auf dieser Welt hasst, der wird's erhalten zum ewigen Leben«). – Das wirkliche Leben – das »natürliche« und das »religiöse« – findet man erst im Sich-Verschenken, in der Hingabe an den Willen Gottes.

(Paulus sagt zu den Athenern:) In ihm (Gott) **leben**, weben und sind wir.

Apg 17,28a. – Dieser Satz – »leben und weben« (wörtlich »sich bewegen«) meint die physische, »sein« die seelisch-geistige Existenz – erläutert die vorangehende Aussage »er (Gott) ist nicht ferne von einem jeden unter uns« (V. 17) in der Begrifflichkeit griechischer Philosophie als Wesensverwandtschaft zwischen Gott und Mensch, was durch das anschließende Dichterzitat »wir sind seines Geschlechts« (V. 28b) unterstrichen wird.

(Die beiden Engel sagen zu den Frauen am Grab Jesu:) Was sucht ihr den **Lebenden** bei den Toten? Er ist nicht hier, er ist auferstanden.

Lk 24,5–6.

Eine aber, die ausschweifend lebt, ist **lebendig** tot.

1Tim 5,6. - Dieser Satz steht in einem Abschnitt (V. 3–16), der von Witwen handelt.

Der HERR ist meines **Lebens** Kraft; vor wem sollte mir grauen?

Ps 27,1.

Unser keiner **lebt** sich selber, und keiner stirbt sich selber. Leben wir, so leben wir dem Herrn; sterben wir, so sterben wir dem Herrn. Darum: wir leben oder sterben, so sind wir des Herrn. Denn dazu ist Christus gestorben und wieder lebendig geworden, dass er über Tote und Lebende Herr sei.

Röm 14,7–9. – Weil der auferstandene Christus Herr über Lebende und Tote ist (Phil 2,6–11), sollen die Christen ihr ganzes Leben auf ihn ausrichten, und das bedeutet im vorliegenden Abschnitt (V. 1–12): Sie sollen unterschiedliche Meinungen und Lebensweise (hinsichtlich der Speisen und Festtage) der Christen in Rom akzeptieren.

Lehre mich tun nach deinem Wohlgefallen, denn du bist mein Gott.

Ps 143,10.

(Jesus sagt:) Meine **Lehre** ist nicht von mir, sondern von dem, der mich gesandt hat. Wenn jemand dessen Willen tun will, wird er innewerden, ob diese Lehre von Gott ist oder ob ich von mir selbst aus rede.

Joh 7,16–17. – Mit diesem Text antwortet Jesus auf die Frage der Juden: »Wie kann dieser die Schrift verstehen, wenn er es doch nicht gelernt hat?« (V. 15) und sagt, dass seine »Lehre« (griech. *didachḗ*), d. h. sein Wort als die letztgültige Offenbarung, nicht des rabbinischen Lehrhauses und der damit verbundenen Traditionswissenschaft bedarf, sondern unmittelbar von Gott stammt, wofür es keine objektiven Beweise gibt, aber Einsicht und Gewissheit durch den Gehorsam gegenüber dem Wort Jesu.

Der Herr Jesus, in der Nacht, da er verraten ward, nahm er (beim Abendmahl) das Brot, dankte und brach's und sprach: Das ist mein **Leib**, der für euch gegeben wird; das tut zu meinem Gedächtnis.

1Kor 11,23–24 (ähnlich Mt 26,26; Mk 14,22; Lk 22,19). – Jesus vergleicht sich hier wahrscheinlich mit einem (Opfer-)Tier, auf das man nach dem Glauben des Altertums die Sünde – »Sünde« als eine Unheilsmacht, als unheilvolle Sphäre verstanden – ableiten konnte und mit dessen Tod die Unheilsmacht beseitigt wurde (3Mose 16,5–10.20–22); keineswegs identifiziert Jesus seinen Leib mit dem Brot, das die Abendmahlsteilnehmer essen.

Wer **leichtgläubig** ist, der ist leichtsinnig.

Sir 19,4.

Ich bin verstummt und still und schweige fern der Freude und muss mein **Leid** in mich fressen.

Ps 39,3.

(Jesus sagt:) Selig sind, die da **Leid** tragen; denn sie sollen getröstet werden.

Mt 5,4.

Leihe deinem Nächsten, wenn er's nötig hat.

Sir 29,2.

Lerne zuvor selbst, ehe du andere lehrest.

Sir 18,19–20 nach der älteren Revision der Lutherbibel; in der heutigen Lutherbibel lautet der Text: »Unterrichte dich, bevor du das Wort nimmst«.

So werden die **Letzten** die Ersten und die Ersten die Letzten sein.

Mt 20,16. → Viele, die die **Ersten** sind, werden die Letzten und die Letzten werden die Ersten sein.

Leviatan.

So heißt im Alten Testament ein mythisches Meerwesen, das Gott in der Vorzeit vernichtet haben soll (Ps. 74,14); der Name Leviatan kann auch das Krokodil (Hiob 40,25) und den endzeitlichen Feind Gottes

(Jes 27,1) bezeichnen. In der Neuzeit machte der englische Philosoph Thomas Hobbes (1588–1679) in seinem gleichnamigen Buch den Leviatan zum Symbol des allmächtigen Staates.

Die **Leviten** lesen.

Dieser Ausdruck, im Sinne von »ermahnen, tadeln« gebraucht, geht auf den Bischof Chrodegang von Metz zurück, der um 760 den Brauch einführte, der verwilderten Geistlichkeit allmorgendlich ein Kapitel aus der Bibel vorzulesen, insbesondere aus dem 3. Mosebuch, auch Levitikus genannt, das religiöse Gesetze vor allem für Priester und Leviten – diese bildeten das niedere Kultpersonal – enthält.

Und Gott sprach: Es werde **Licht**! Und es ward Licht.

1Mose 1,3.

(Hiob sagt:) Am Tage verbergen sie (die Ehebrecher) sich und scheuen alle das **Licht**.

Hiob 24,16.

Ein **Licht** aufgehen.

Dieser Ausdruck ist gebildet nach Hiob 25,3: (Bildad sagt:) »Über wem geht sein (Gottes) Licht nicht auf?« (ähnlich Ps 97,11; 112,4; Mt 4,16).

Der HERR ist mein **Licht** und mein Heil; vor wem sollte ich mich fürchten?

Ps 27,1.

Der Gerechten Pfad glänzt wie das **Licht** am Morgen, das immer heller leuchtet bis zum vollen Tag.

Spr 4,18.

Das **Licht** der Gerechten brennt fröhlich; aber die Leuchte des Gottlosen wird verlöschen.

Spr 13,9.

Er (Gott) spricht: Es ist zu wenig, dass du mein Knecht bist, die Stämme Jakobs aufzurichten und die Zerstreuten Israels wiederzubringen, sondern ich habe dich auch zum **Licht** der Heiden gemacht, dass du seist mein Heil bis zu den Enden der Erde.

Jes 49,6 (der Schlussteil zitiert in Apg 13,47). – Hier nennt ein für uns nicht identifizierbarer »Knecht Gottes« ein Gotteswort, das ihn beauftragt, das im Babylonischen Exil zerstreute Israel zu sammeln und »Licht der Völker« zu werden, was vielleicht bedeutet: Er soll der Völkerwelt den Willen Gottes kundtun, der ihr ein heilvolles Leben ermöglicht.

(Jesus sagt zu den Jüngern:) Ihr seid das **Licht** der Welt.

Mt 5,14.

Sein **Licht** nicht unter den Scheffel stellen.

(Jesus sagt:) Man zündet auch nicht ein Licht an und setzt es unter einen Scheffel, sondern auf einen Leuchter; so leuchtet es allen, die im Hause sind.

Mt 5,15 (ähnlich Mk 4,21; Lk 11,33).

Sein **Licht** vor den Leuten leuchten lassen.

(Jesus sagt zu den Jüngern:) Lasst euer Licht leuchten vor den Leuten, damit sie eure guten Werke sehen und euren Vater im Himmel preisen.

Mt 5,16.

(Jesus sagt:) Ich bin das **Licht** der Welt. Wer mir nachfolgt, der wird nicht wandeln in der Finsternis, sondern wird das Licht des Lebens haben.

Joh 8,12.

(Jesus sagt zum Volk:) Glaubt an das **Licht**, solange ihr's habt, damit ihr Kinder des Lichtes werdet.

Joh 12,36. – Mit »Licht« wird hier sowohl Jesus, der Bringer des Heils, als auch dieses Heil bezeichnet.

(Jesus sagt:) Ich bin in die Welt gekommen als ein **Licht**, damit, wer an mich glaubt, nicht in der Finsternis bleibe.

Joh 12,46.

Gott, der sprach: **Licht** soll aus der Finsternis hervorleuchten, der hat einen hellen Schein in unsre Herzen gegeben, dass durch uns entstünde die Erleuchtung zur Erkenntnis der Herrlichkeit Gottes in dem Angesicht Jesu Christi.

2Kor 4,6. – Die Aussage dieses recht komplizierten Textes, in dem Paulus von sich in der Wir-Form spricht, lässt sich etwa so umschreiben:

Gott, der das Licht geschaffen (1Mose 1,3) und so die Welt mit seinem Glanz erleuchtet und aus dem Dunkel befreit hat, ließ es auch im Herzen des Paulus (bei seiner Berufung) aufstrahlen, so dass (in seinem Herzen) die Erkenntnis der Herrlichkeit, d. h. der Ehre und Macht, Gottes auf dem Angesicht, d. h. in der Person, Christi ans Licht kam, damit er (Paulus) diese Erkenntnis ans Licht bringe (unter den Hörern seiner Botschaft).

Gott ist **Licht**, und in ihm ist keine Finsternis.

1Joh 1,5. – Dieser Satz leitet einen Abschnitt ein, der den Wandel im Licht, d. h. in der Bruderliebe, und in der Finsternis, d. h. im Bruderhass, gegenüberstellt (1,5-2,11); der Bruderhass kann nicht dem Willen Gottes entsprechen, weil Gott Licht ist.

Die Frucht des **Lichts** ist lauter Güte und Gerechtigkeit und Wahrheit.

Eph 5,9. – Dieser Satz gehört zu einem Abschnitt (V. 1–21), in dem der Begriff »Licht« sowohl die Machtsphäre Gottes (»Kinder des Lichts« V. 8) als auch dessen Sichtbarwerden im Tun der Glaubenden (»Frucht des Lichts«) bezeichnet.

(Die Weisheit sagt:) Ich **liebe**, die mich lieben, und die mich suchen, finden mich.

Spr 8,17.

Ich bin krank vor **Liebe**.

Hld 2,5 (ähnlich 5,8).

Liebe ist stark wie der Tod und Leidenschaft unwiderstehlich wie das Totenreich.

Hld 8,6. – Die Liebe (hebr. *'ah^{a}bā*) – das parallel gebrauchte Wort für »Leidenschaft« (hebr. *qin'ā*) bedeutet normalerweise »Eifersucht« (z. B. 4Mose 5,14; Spr 6,34; 14,30) – lässt keinen, den sie gepackt hat, wieder frei, und niemand kann sie ungestraft verdrängen oder irgendwie über sie verfügen.

(Gott spricht:) Ich habe Lust an der **Liebe** und nicht am Opfer, an der Erkenntnis Gottes und nicht am Brandopfer.

Hos 6,6 (zitiert in Mt 9,13; 12,7).

Die **Liebe** sei ohne Falsch. Hasst das Böse, hängt dem Guten an.

Röm 12,9.

Die **Liebe** tut dem Nächsten nichts Böses. So ist nun die Liebe des Gesetzes Erfüllung.

Röm 13,10. – Den Kern und die Mitte des »Gesetzes«, d. h. der alttestamentlichen Ge- und Verbote, bildet das in V. 9 zitierte Gebot »du sollst deinen Nächsten lieben wie dich selbst« (3Mose 19,18), und deshalb wird in der Liebe das Alte Testament »erfüllt«, d. h. seine Intention, seine Absicht ans Ziel gebracht.

Nun aber bleiben Glaube, Hoffnung, **Liebe**, diese drei; aber die Liebe ist die größte unter ihnen.

1Kor 13,13. → Nun aber bleiben **Glaube**, Hoffnung, Liebe, diese drei; aber die Liebe ist die größte unter ihnen.

Darin ist erschienen die **Liebe** Gottes unter uns, dass Gott seinen eingebornen Sohn gesandt hat in die Welt, damit wir durch ihn leben sollen. Darin besteht die Liebe: nicht dass wir Gott geliebt haben, sondern dass er uns geliebt hat und gesandt seinen Sohn zur Versöhnung für unsre Sünden.

1Joh 4,9–10.

Gott ist die **Liebe**; und wer in der Liebe bleibt, der bleibt in Gott und Gott in ihm.

1Joh 4,16. – Der Satz »Gott ist (die) Liebe (griech. *agápē*)« will nicht das Wesen Gottes allumfassend definieren, sondern zum Ausdruck bringen, dass Gott sich in seiner Zuwendung zum Menschen durch Jesus Christus als Liebe erweist.

Das ist die **Liebe**, dass wir leben nach seinen (Gottes) Geboten.

2Joh 6.

Die erste **Liebe**.

(Christus sagt der Gemeinde in Ephesus:) Ich habe gegen dich, dass du die erste Liebe verlässt.

Offb 2,4. – Wahrscheinlich nahm die Gemeinde in Ephesus zu der Zeit, als die Offenbarung abgefasst wurde, das Liebesgebot als die das Miteinander der Christen bestimmende Norm nicht mehr ernst.

Lieben → Ich habe dich je und je **geliebt**, darum habe ich dich zu mir gezogen aus lauter Güte.

(Jesus sagt zu einem Schriftgelehrten:) »Du sollst den Herrn, deinen Gott, **lieben** von ganzem Herzen, von ganzer Seele, von ganzem Gemüt und von allen deinen Kräften.«

Mk 12,30 (ähnlich Mt 22,37; Lk 10,27). – Es handelt sich um ein Zitat aus 5Mose 6,5: »du sollst den HERRN, deinen Gott, lieb haben von ganzem Herzen, von ganzer Seele und mit all deiner Kraft«; das griechische Wort *diánoia*, das Luther im zitierten Text mit »Gemüt« übersetzt, bedeutet »Denken, Vernunft«.

Lasst uns nicht **lieben** mit Worten noch mit der Zunge, sondern mit der Tat und mit der Wahrheit.

1Joh 3,18. – »Mit der Wahrheit« bedeutet so viel wie: »gemäß der Offenbarung Gottes in Jesus Christus«.

Lasst uns **lieben**, denn er (Gott) hat uns zuerst geliebt.

1Joh 4,19.

Wen der HERR **liebt**, den weist er zurecht, und hat doch Wohlgefallen an ihm wie ein Vater am Sohn.

Spr 3,12 (ähnlich Hebr 12,6 »wen der Herr liebhat, den züchtigt er« und Offb 3,19 »welche ich [Christus] lieb habe, die weise ich zurecht und züchtige ich«).

(Jesus sagt:) **Liebt** eure Feinde.

Mt 5,44 (= Lk 6,27).

(Jesus sagt:) Wer mich **liebt**, der wird mein Wort halten; und mein Vater wird ihn lieben, und wir werden zu ihm kommen und Wohnung bei ihm nehmen.

Joh 14,23.

Wer nicht **liebt**, der kennt Gott nicht; denn Gott ist die Liebe.

1Joh 4,8.

Ich **liege** und schlafe ganz mit Frieden; denn allein du, HERR, hilfst mir, dass ich sicher wohne.

Ps 4,9. – Auf diesen Psalmvers in der lateinischen Bibelübersetzung, der Vulgata, geht die Formel *Requiescat in pace*, »er/sie ruhe in Frieden« (auch mit »ruhe in Frieden« wiedergegeben), zurück, denn hier heißt es: *in pace … requiescam*, »in Frieden … ruhe ich«, wobei vom Tod nicht die Rede ist.

Wie eine **Lilie** unter den Dornen, so ist meine Freundin unter den Mädchen.

Hld 2,2.

(Jesus sagt:) Schaut die **Lilien** auf dem Feld an, wie sie wachsen: sie arbeiten nicht, auch spinnen sie nicht. Ich sage euch, dass auch Salomo in aller seiner Herrlichkeit nicht gekleidet gewesen ist wie eine von ihnen.

Mt 6,28–29 (ähnlich Lk 12,27). Dieser Text gehört zu einem Abschnitt (V. 25–34; ähnlich Lk 12,22–31), in dem Jesus vor der Sorge warnt und darauf hinweist, dass Gott, der für die Pflanzen – man weiß nicht, welche Blume das Wort meint, das mit »Lilie« übersetzt wird – und Tiere sorgt, ganz gewiss für den Menschen als die Krone der Schöpfung sorgen wird.

(Jesus sagt:) Wenn du aber Almosen gibst, so lass deine **linke** Hand nicht wissen, was die rechte tut, damit dein Almosen verborgen bleibe; und dein Vater, der in das Verborgene sieht, wird dir's vergelten.

Mt 6,3–4. – Das paradoxe Bild – als würde das Gehirn nur die eine Hand steuern, die andere nicht – fordert beim Wohltun vollste Heimlichkeit und will wohl andeuten, dass so etwas wie ein Wunder geschieht, wenn ein Mensch nur an den Nächsten, nicht an sich selber denkt.

Für ein **Linsengericht** verkaufen.

Dieser Ausdruck beruht auf der Erzählung 1Mose 25,29–34, wonach der hungrige Esau seinem jüngeren Bruder Jakob sein Erstgeburtsrecht für ein Linsengericht verkauft, also etwas Wertvolles für etwas Geringes hingibt.

Zu rechtem **Lob** gehört die Weisheit, dann gibt Gott Gnade dazu.

Sir 15,10. – Dieser Satz ist auf dem Hintergrund des vorangehenden zu sehen: »Es schickt sich nicht für den Gottlosen, Gott zu loben; denn es ist ihm vom Herrn nicht gegeben« (V. 9).

Lobe den HERRN, meine Seele, und was in mir ist, seinen heiligen Namen! Lobe den HERRN, meine Seele, und vergiss nicht, was er dir Gutes getan hat.

Ps 103,1–2 (»lobe den HERRN, meine Seele!« auch V. 22 und 104,35).

Loben → **Gelobt** sei der Herr täglich. Gott legt uns eine Last auf, aber er hilft uns auch.

Ich will den HERRN **loben**, solange ich lebe, und meinem Gott lobsingen, solange ich bin.

Ps 146,2.

Loben → **Gelobt** sei der Herr, der Gott Israels! Denn er hat besucht und erlöst sein Volk.

(Der Engel Rafael sagt zu Tobias Vater und Sohn:) **Lobt** und preist den Gott des Himmels vor jedermann, dass er euch solche Gnade erwiesen hat!

Tob 12,7. – Die Gnade Gottes besteht darin, dass er den jungen Tobias auf seiner Reise nach Medien, wo er Sara heiratet, und bei seiner Rückkehr durch Rafael begleitet und den alten Tobias von seiner Blindheit geheilt hat (5–11).

Lockvogel.

Ihre (der Gottlosen) Häuser sind voller Tücke, wie ein Vogelbauer voller Lockvögel ist.

Jer 5,27. – Der Text lautet wörtlich übersetzt: »Wie ein Korb mit Vögeln voll ist, so sind ihre Häuser voll Betrug« und vergleicht das heimtückische und berechnende Treiben der Frevler mit dem Tun des erfolgreichen Vogelfängers.

Daniel in der **Löwengrube**.

Nach der Erzählung Dan 6 wird Daniel von König Darius in eine Löwengrube geworfen, weil er gegen das Verbot des Königs zu Gott gebetet hat, aber ein Engel rettet ihn.

(Jesus sagt:) Sie (die Heuchler) haben ihren **Lohn** schon gehabt.

Mt 6,2 (ebenso in V. 5 und 16). – Der Heuchler, der mit seinem Almosen (V. 2), seinem Gebet (V. 5) oder seinem Fasten (V. 16) auf andere Eindruck machen will, hat dadurch bereits seinen Lohn (der Text lautet wörtlich übersetzt: »sie haben ihren Lohn empfangen«, wobei es sich um eine Quittungsformel handelt) und darf von Gott keinen mehr erwarten.

Lückenbüßer.
Da aber Sanballat und Tobia und die Araber und Ammoniter und Asdoditer hörten, dass die Mauern zu Jerusalem zugemacht waren und dass sie die Lücken angefangen hatten zu büßen, wurden sie sehr zornig.

Neh 4,7 (alte Verszählung) nach der Übersetzung Luthers; in der heutigen Lutherbibel (Verszählung 4,1) lautet der Text: »Als aber Sanballat und Tobija und die Araber und Ammoniter und Aschdoditer hörten, dass die Mauern Jerusalems ausgebessert wurden, weil die Lücken angefangen hatten sich zu schließen, wurden sie sehr zornig.« – Das Wort »büßen« bedeutete ursprünglich »(aus)bessern«.

Die **Lügenmäuler** sollen verstopft werden.

Ps 63,12.

Luzifer → Wie bist du vom **Himmel** gefallen, du schöner Morgenstern!

M

Mache dich **auf**, werde licht; denn dein Licht kommt, und die Herrlichkeit des HERRN geht auf über dir! Denn siehe, Finsternis bedeckt das Erdreich und Dunkel die Völker; aber über dir geht auf der HERR, und seine Herrlichkeit erscheint über dir.

Jes 60,1–2. – Dieser Text verheißt der – nicht namentlich erwähnten – Stadt Jerusalem das Kommen Gottes, das Kommen seiner »Herrlichkeit« (hebr. *kābōd*), die das Alte Testament zuweilen als Feuer (2Mose 24,17; 3Mose 9,23–24) oder als Lichterscheinung (Hes 10,4; 43,2) darstellt (im zitierten Text spielt auch das Bild vom Anbruch der Morgendämmerung hinein); dadurch gewinnt Jerusalem Anteil am »Licht«, d. h. Gott schenkt der Stadt Heil und Segen, während über den Völkern das Dunkel der Gottesferne liegt.

Der HERR ist meine **Macht** und mein Psalm und ist mein Heil.

Ps 118,14.

Der Mensch hat keine **Macht**, den Wind aufzuhalten, und hat keine Macht über den Tag des Todes.

Pred 8,8.

Ein kluger Mann gefällt den **Mächtigen**.

Sir 20,29.

Schau nicht zu viel nach den **Mädchen**, es könnte dich teuer zu stehen kommen.

Sir 9,5.

Magere Jahre.

Dieser Ausdruck beruht auf der Erzählung 1Mose 41,1–32, wonach der Pharao von je sieben fetten und mageren Kühen und Ähren träumt, was Josef auf sieben reiche Jahre und sieben Jahre des Hungers deutet.

Magnifikat → Meine Seele **erhebt** den Herrn, und mein Geist freut sich Gottes, meines Heilandes.

Der ungerechte **Mammon**.

(Jesus sagt zu den Jüngern:) Macht euch Freunde mit dem ungerechten Mammon, damit, wenn er zu Ende geht, sie euch aufnehmen in die ewigen Hütten … Wenn ihr nun mit dem ungerechten Mammon nicht treu seid, wer wird euch das wahre Gut anvertrauen?

Lk 16,9 und 11. – Der erste Teil des Textes meint: Man soll mit seinem Geld (das Wort »Mammon« stammt aus dem Aramäischen) – es wird vielleicht darum als »ungerecht« bezeichnet, weil es einen im Stich lassen oder weil es zum Unrecht verführen kann – Freunde erwerben, wobei an Engel oder an Menschen gedacht ist, die im Himmel – die »ewigen Hütten«, wörtlich »Zelte« (griech. *skēnai*), versinnbildlichen die Endzeit (wie z.B. Mt 17,4; Offb 21,3) – für den Geber eintreten. Der zweite Teil des Textes bedeutet wohl: Wer das Geld nicht in rechter Weise gebraucht, erweist sich als unfähig, das »wahre Gut« – das ist anscheinend vor allem die christliche Lehre – zu verwalten.

Der **Mann** Gottes.

Dies ist der Segen, mit dem Mose, der Mann Gottes, die Israeliten vor seinem Tode segnete.

5Mose 33,1 (Mose als »Mann Gottes« außerdem z.B. Jos 14,6; Ps 90,1; Namenlose als »Mann Gottes« z.B. Richt 13,6; 1Kön 13,1).

Ein **Mann** nach dem Herzen Gottes.

(Samuel sagt zu Saul, der gegen das Gebot Gottes verstoßen hat:) Der HERR hat sich einen Mann gesucht nach seinem Herzen.

1Sam 13,14. – Gemeint ist David, den das Zitat von 1Sam 13,14 in Apg 13,22 ausdrücklich nennt.

(David sagt zu seinem Sohn Salomo:) Sei getrost und sei ein **Mann**.

1Kön 2,2. – David ermahnt Salomo zur Stärke und Mannhaftigkeit.

Der **Mann** aber ist das Haupt der Frau.

1Kor 11,3. – Paulus spricht hier die antike Auffassung aus, dass die Frau dem Mann untergeordnet ist, wandelt sie jedoch durch den Zusammenhang – der ganze Vers lautet: »Ich lasse euch aber wissen, dass Christus das Haupt eines jeden Mannes ist; der Mann aber ist das Haupt der

Frau; Gott aber ist das Haupt Christi« – entscheidend ab, weil er meint: An dem durch Liebe und Gehorsam bestimmten Verhältnis Christi zu Gott sollen Mann und Frau gegenseitig Liebe und Gehorsam lernen. Dieser Gedanke tritt auch sehr deutlich in Eph 5,23 und 25 hervor: »Der Mann ist das Haupt der Frau, wie auch Christus das Haupt der Gemeinde ist, die er als seinen Leib erlöst hat«, wo es dann weiter heißt: »Ihr Männer, liebt eure Frauen, wie auch Christus die Gemeinde geliebt hat« (V. 25).

Manna.

Das Manna ist ein auf der Sinai-Halbinsel vorkommender Stoff von süßlichem Geschmack und tropfenförmigem Aussehen, der dadurch entsteht, dass Blatt- und Schildläuse den Pflanzensaft des Tamariskenbaums oder -strauchs mit ihrem Sekret umwandeln, und der von den Blättern auf den Erdboden herabfällt. Die Erzählung 2Mose 16, wonach die Israeliten in der Wüste vierzig Jahre lang mit Manna versorgt wurden (darauf spielt auch der Abschnitt 4Mose 11,6–9 an), steigert ein natürliches Phänomen ins Wunderhafte und deutet das Wort »Manna« volksetymologisch als Frage: *man hū'* »was ist das?« (V. 15).

Maranata (aram. *māranā' tā'*, »unser Herr, komm!«, oder, weniger wahrscheinlich, *maran ᵃtā'*«, der Herr ist gekommen«).

Es handelt sich um einen Gebetsruf der aramäisch sprechenden Urgemeinde, der, als heilige Formel unübersetzt, auch von griechisch sprechenden Gemeinden übernommen wurde (1Kor 16,22).

Durch **Mark** und Bein dringen.

Das Wort Gottes ist lebendig und kräftig und schärfer als jedes zweischneidige Schwert und dringt durch, bis es scheidet Seele und Geist, auch Mark und Bein, und ist ein Richter der Gedanken und Sinne des Herzens.

Hebr 4,12. – Dieser Text beschreibt die lebenschaffende (»lebendig und kräftig«) und richtende Macht des Wortes Gottes, letztere mit dem Bild vom Gerichtsschwert (z. B. Jes 66,16), das überall durchdringt und auch engstens Zusammengehöriges (»Seele und Geist« und »Mark und Bein«, wörtlich »Gelenke und Mark«) trennen kann.

(Jesus sagt:) **Marta**, Marta, du hast viel Sorge und Mühe.

Lk 10,41. - Aus V. 40 – »Marta aber machte sich viel zu schaffen, ihm (Jesus) zu dienen« – ist die Wendung von der »geschäftigen Marta« abgeleitet.

Rechtes **Maß** und Gewicht halten.

Schäme dich nicht … rechtes Maß und Gewicht zu halten; zufrieden zu sein, ob du viel oder wenig gewinnst.

Sir 42,2 und 4.

(Jesus sagt:) Mit welchem **Maß** ihr messt, wird euch zugemessen werden.

Mt 7,2 (ähnlich Mk 4,24; Lk 6,38).

Jemandem das **Maul** stopfen.

Aller Bosheit wird das Maul gestopft werden.

Ps 107,42 (»das Maul stopfen« ferner Mt 22,34; Tit 1,11; 1Petr 2,15). – Der Text lautet wörtlich übersetzt: »Alle Bosheit muss ihren Mund schließen.«

Das **Maul** halten.

Liebe Kinder, lernt das Maul halten; denn wer es hält, der wird sich mit Worten nicht vergreifen.

Sir 23,7 nach der Übersetzung Luthers; in der heutigen Lutherbibel lautet der Text: »Liebe Kinder, lernt den Mund halten; denn wer ihn hält, der wird sich mit seinen Worten nicht verfangen.«

(Gott spricht:) Das **Mehl** im Topf soll nicht verzehrt werden, und dem Ölkrug soll nichts mangeln bis auf den Tag, an dem der HERR regnen lassen wird auf Erden.

1Kön 17,14. – Dieser Text gehört zu einer Wundergeschichte (V. 8–16), wonach Elia einer armen Witwe, die nur noch etwas Mehl und Öl hat, langdauernde Nahrung verschafft; der Satzteil »bis auf den Tag, an dem der HERR regnen lassen wird auf Erden« verknüpft die Wundergeschichte mit der Ankündigung Elias, dass in jener Zeit der Regen ausbleibt, bis Elia ihn kommen lässt (V. 1), was dann später laut 18,41–45 geschieht.

(Jesus sagt zu den Jüngern:) Einer ist euer **Meister**; ihr aber seid alle Brüder.

Mt 23,8b. – Anschließend an den vorangehenden Satz »ihr sollt euch nicht Rabbi nennen lassen« (V. 8a) betont dieser Text, dass der Titel »Rabbi« (»Meister«, »Lehrer«) nur Jesus zukommt und dass christliche Gemeinde unter dem »Meister« (»Lehrer«, griech. *didáskalos*) grundsätzlich Bruderschaft ist.

Menetekel.

(Daniel deutet die Schrift an der Wand, die dem König Belsazar erschienen ist:) So aber lautet die Schrift, die dort geschrieben steht: Mene mene tekel u-parsin. Und sie bedeutet dies: Mene, das ist, Gott hat dein Königtum gezählt und beendet. Tekel, das ist, man hat dich auf der Waage gewogen und zu leicht befunden. Peres, das ist, dein Reich ist zerteilt und den Medern und Persern gegeben.

Dan 5,25–28. – Da die Deutung den Wortlaut der geheimnisvollen Schrift abwandelt (so wird *ūparsīn* »Teile« zu *p*^{e}*res* »Teil« und mit *p*^{e}*rīsat* »sie, d.h. die Herrschaft, wurde geteilt« wiedergegeben), trifft sie kaum das ursprünglich Gemeinte; wahrscheinlich sind die aramäischen Wörter *m*^{e}*ne' t*^{e}*qel ūparsīn* eine Redensart und bezeichnen drei Münzen (Mine, Schekel und Halbschekel), deren abnehmender Wert den Zerfall des Babylonischen Reiches symbolisieren soll.

Was ist der **Mensch**, dass du (Gott) seiner gedenkst, und des Menschen Kind, dass du dich seiner annimmst?

Ps 8,5. – Dieser Text bringt staunend zum Ausdruck, dass Gott sich um den einzelnen Menschen kümmert; »des Menschen Kind« ist gleichbedeutend mit »Mensch«.

(Gott spricht zu Samuel:) Ein **Mensch** sieht, was vor Augen ist; der HERR aber sieht das Herz an.

1Sam 16,7.

Gott sprach: Lasset uns **Menschen** machen, ein Bild, das uns gleich sei.

1Mose 1,26.

Ich sprach in meinem Zagen: Alle **Menschen** sind Lügner.

Ps 116,11 (»alle Menschen sind Lügner« auch Röm 3,4).

Des **Menschen** Herz erdenkt sich seinen Weg; aber der HERR allein lenkt seinen Schritt.

Spr 16,9. – Es liegt bei Gott, ob er menschliches Planen – das Herz (hebr. *leb*) gilt nach alttestamentlicher Auffassung auch als Organ des Denkens und Erkennens – gelingen lässt oder nicht. Daher stammt unser Sprichwort »Der Mensch denkt, Gott lenkt.«

(Jesus Christus) ward den **Menschen** gleich und der Erscheinung nach als ein Mensch erkannt. Er erniedrigte sich selbst und ward gehorsam bis zum Tode, ja zum Tode am Kreuz.

Phil 2,7b–8. – Dieser Text, der Mittelteil eines Hymnus (V. 6–11), bringt zum Ausdruck, dass Jesus Christus der »Erscheinung«, dem Aussehen, der Gestalt nach ein Mensch wurde und freiwillig den Tod auf sich nahm.

Mit **Menschen**- und mit Engelzungen reden.
Wenn ich mit Menschen- und mit Engelzungen redete und hätte die Liebe nicht, so wäre ich ein tönendes Erz oder eine klingende Schelle.

1Kor 13,1. – Paulus stellt hier der verständlichen Sprache der Menschen das verzückte »Zungenreden« in unverständlicher, stammelnder Sprache, die er als Sprache der Engel, als himmlische Sprache bezeichnet, gegenüber.

(Gott spricht zu Noah:) Wer **Menschenblut** vergießt, dessen Blut soll auch durch Menschen vergossen werden.

1Mose 9,6. – Wenn jemand einen anderen schuldhaft tötet, ist die Rechtsgemeinschaft verpflichtet, den Täter hinzurichten.

(Jesus sagt zu den Fischern Simon Petrus und Andreas:) Folgt mir nach; ich will euch zu **Menschenfischern** machen!

Mt 4,19 (= Mk 1,17).

Menschenfurcht bringt zu Fall; wer sich aber auf den HERRN verlässt, wird beschützt.

Spr 29,25. – Gemeint ist wohl: Ein Mensch, den panikartiger Schrecken ergreift (»die Furcht eines Menschen«), kann nicht mehr vernünftig reagieren, während das Vertrauen auf Gott den Menschen vor solcher Panik bewahrt.

Siehe, es kam einer mit den Wolken des Himmels wie eines **Menschen Sohn**.

Dan 7,13. – In »Daniels Vision von den vier Tieren und dem Menschensohn« (V. 2–27) ist der »wie eines Menschen Sohn«, d. h. der »Menschengestaltige«, vielleicht ein Engelwesen; aber die Deutung bleibt umstritten.

(Jesus sagt vor dem Hohen Rat:) Von nun an werdet ihr sehen den **Menschensohn** sitzen zur Rechten der Kraft und kommen auf den Wolken des Himmels.

Mt 26,64 (ähnlich Mk 14,62; Lk 22,69). – Der Ausdruck »Menschensohn« (griech. *hyiós tū anthrṓpū*) ist die charakteristische Selbstbezeichnung Jesu, die – mit Rückgriff auf von Dan 7,13 her weiterentwickelte Vorstellungen des Judentums – Jesus als den beschreibt, durch den Gott sein endzeitliches Gericht vollzieht (z.B. Mt 24,30.44; Lk 17,24.30), das sich schon in der Gegenwart, in der Stellungnahme der Menschen zu seinem Wort und Wirken, entscheidet (z.B. Mk 8,38; Lk 12,8). Dabei ist Jesu Vollmacht (z.B. Mt 9,6; 12,8) verhüllt unter der Niedrigkeit des Leidens, das ihm bevorsteht (z.B. Mt 17,22–23; 26,24).

Messias.

Dieses Wort, das nur in Joh 1,41 und 4,25 vorkommt und das der griechische Urtext beidemal mit *christós*, »Gesalbter«, übersetzt, ist die griechische Form des aramäischen Wortes *m*^{e}*schī*^{a}*ch*, »Gesalbter«, das – unter Aufnahme des alttestamentlichen Sprachgebrauchs, wonach der König (z.B. 2Sam 19,22; Ps 2,2; 18,51) und der Hohepriester (z.B. 3Mose 4,3; 6,15) »Gesalbter« (hebr. *māschī*^{a}*ch*) hießen, weil die Salbung mit heiligem Öl göttliche Autorität und Heiligkeit verlieh – in jüdischen Schriften des 1. Jahrhunderts v. Chr. die technische Bedeutung eines zukünftigen, als König oder Priester gedachten Erlösers erhielt. Die frühchristliche Verkündigung übertrug den Messiastitel in der griechischen Form *christós* auf Jesus (z.B. Röm 5,6; 1Kor 15,3).

Methusalem.

Diese Bezeichnung für einen sehr alten Menschen leitet sich her von Metuschelach, einem Nachkommen Adams, dessen Alter mit 969 Jahren das höchste der Bibel ist (1Mose 5,27) und der in der Alten Kirche den Namen »Methusalem« erhielt.

Ein Land, darin **Milch** und Honig fließt.

Dieser Ausdruck, der im Alten Testament des öfteren begegnet (z.B. 2Mose 3,8; 4Mose 14,8; Jer 11,5; Hes 20,6), will den Reichtum Palästinas andeuten, indem er zwei Grundnahrungsmittel (Sir 39,31) nennt: Milch – in erster Linie die von Schafen (5Mose 32,14) und Ziegen (Spr 27,27) – und Honig (den von wilden Bienen; Richt 14,8–9).

Misericordias Domini (lat., »die Barmherzigkeit[en] des Herrn«).

Der Name des zweiten Sonntags nach Ostern leitet sich her von den Worten *misericordias Domini in aeternum cantabo*, »ich will singen von der Gnade des HERRN ewiglich« (Ps 89,2).

Er (der »Knecht Gottes«) ist um unsrer **Missetat** willen verwundet und um unsrer Sünde willen zerschlagen. Die Strafe liegt auf ihm, auf dass wir Frieden hätten, und durch seine Wunden sind wir geheilt.

Jes 53,5. – Hier berichtet eine nicht näher identifizierbare Gruppe, dass der »Knecht Gottes« – um wen es sich handelt, wissen wir nicht – stellvertretend für ihre Sünden gelitten hat, um ihr Heil zu schaffen.

Zur selben Zeit und in jenen Tagen wird man die **Missetat** Israels suchen, spricht der HERR, aber es wird keine da sein, und die Sünden Judas, aber es wird keine gefunden werden; denn ich will sie vergeben denen, die ich übrig bleiben lasse.

Jer 50,20. – Dieser Text gehört zu einem Abschnitt (V. 17–20), der dem König von Babel und seinem Land den Untergang weissagt und dass bei den Angehörigen des Volkes Israel, die das Babylonische Exil überleben, keine Sünde mehr gefunden wird, sie also den Willen Gottes tun, weil er ihnen vergeben, d. h. ihre Sünde beseitigt hat.

(Jesus sagt:) Wer nicht **mit** mir ist, der ist gegen mich.

Mt 12,30 (= Lk 11,23; in Mk 9,40 heißt es: »Wer nicht gegen uns ist, der ist für uns« und in Lk 9,50: »Wer nicht gegen euch [die Jünger] ist, der ist für euch«).

Kann etwa ein **Mohr** seine Haut wandeln oder ein Panther seine Flecken?

Jer 13,23. – Darauf geht möglicherweise die Redewendung »einen Mohren weiß waschen wollen«, d. h. Unmögliches, Widersprüchliches versuchen, besonders einen offensichtlich Schuldigen durch Scheinbeweise als Unschuldigen hinstellen wollen, zurück (dazu auch der Ausdruck »Mohrenwäsche«).

Moloch.

Moloch (es handelt sich um die griechische Form des hebräischen Wortes *molaek*, das wohl aus *maelaek*, »König«, verballhornt wurde) ist der

Name eines Gottes, dem Kinder – mittels einer rituellen Übereignung (»durchs Feuer gehen lassen«, 3Mose 18,21; 2Kön 23,10; Jer 32,35) – geweiht (aber nicht als Opfer dargebracht) wurden (3Mose 20,2–5). Der Ausdruck dient in der Neuzeit zur Bezeichnung einer alles verschlingenden Macht.

So fern der **Morgen** ist vom Abend, lässt er (Gott) unsre Übertretungen von uns sein.

Ps 103,12.

Umso fester haben wir das prophetische Wort, und ihr tut gut daran, dass ihr darauf achtet als auf ein Licht, das da scheint an einem dunklen Ort, bis der Tag anbreche und der **Morgenstern** aufgehe in euren Herzen.

2Petr 1,19. – Dieser Text gehört zu einem Abschnitt (V. 12–21), der betont, dass die Apostel Garanten der reinen christlichen Lehre sind, weil sie Gottes Stimme gehört haben, die Jesus als den Sohn Gottes kundtat. Dadurch erweist sich das Wort der alttestamentlichen Propheten als zuverlässig, das wie ein Licht »an einem dunklen Ort«, nämlich der gegenwärtigen Welt, den Glaubenden vorausleuchtet, bis der Tag des Kommens Jesu anbricht und ihr Herz, d. h. ihre ganze Person, verwandelt, was mit dem nicht ganz klaren Bild vom Morgenstern umschrieben wird.

(Jesus sagt zu den Schriftgelehrten und Pharisäern:) Ihr verblendeten Führer, die ihr **Mücken** aussiebt, aber Kamele verschluckt!

Mt 23,24.

Seht mich an: Ich habe eine kurze Zeit **Mühe** und Arbeit gehabt und habe großen Trost gefunden.

Sir 51,35. – Der Text lautet wörtlich übersetzt: »Seht mit euren Augen an, dass ich einst klein gewesen bin, aber fest bei ihr (der Weisheit) stand und sie dadurch gefunden habe«, d. h. der feste Vorsatz, Weisheit zu gewinnen, führte zu ihrem Besitz.

(Gott spricht zu Eva:) Ich will dir viel Mühsal schaffen, wenn du schwanger wirst; unter **Mühen** sollst du Kinder gebären.

1Mose 3,16. – Es handelt sich um einen Strafspruch Gottes, nachdem Eva von der verbotenen Frucht gegessen hat. Mit diesem Spruch will der Verfasser der Erzählung 2,4b–3,24 eine Antwort auf die Frage geben, warum die Frau ihr – nach Auffassung des Alten Testaments – höchstes Glück, nämlich die Mutterschaft, nur unter Schmerzen erlangt.

(Jesus sagt:) Wer aber einen dieser Kleinen, die an mich glauben, zum Abfall verführt, für den wäre es besser, dass ein **Mühlstein** an seinen Hals gehängt und er ersäuft würde im Meer, wo es am tiefsten ist.

Mt 18,6 (ähnlich Mk 9,42; Lk 17,2). – Mit den »Kleinen« sind die Jünger gemeint.

(Jesus sagt:) Kommt her zu mir, alle, die ihr **mühselig** und beladen seid; ich will euch erquicken.

Mt 11,28. – Mit den »Mühseligen« (wörtlich »Erschöpften«) und »Beladenen« sind wohl Menschen gemeint, die unter der »Last« der religiösen Gebote leiden (in Mt 23,4 sagt Jesus von den Schriftgelehrten und Pharisäern: »Sie binden schwere und unerträgliche Bürden und legen sie den Menschen auf die Schultern«) und die Jesus »erquicken« (griech. *anapáuō* hängt unmittelbar mit dem Wort *anápausis*, »Ruhe«, in V. 29 zusammen) will.

Müßiggang lehrt viel Böses.

Sir 33,29. – Dieser Text gehört zu einem Abschnitt (V. 25–32), der zur Strenge gegenüber dem Sklaven mahnt, damit er sich nicht auflehnt.

Tu deinen **Mund** auf für die Stummen und für die Sache aller, die verlassen sind.

Spr 31,8.

Sein **Mund** ist süß, und alles an ihm ist lieblich.

Hld 5,16.

(Jesus sagt:) Was zum **Mund** hineingeht, das macht den Menschen nicht unrein; sondern was aus dem Mund herauskommt, das macht den Menschen unrein.

Mt 15,11 (in Mk 7,15 heißt es: »Es gibt nichts, was von außen in den Menschen hineingeht, das ihn unrein machen könnte; sondern was aus dem Menschen herauskommt, das ist's, was den Menschen unrein macht«). – Dieser Text gehört zu einem Abschnitt (V. 1–20; ähnlich Mk 7,1–23), in dem Jesus herausstellt, dass nicht die Beachtung kultischer Vorschriften den Menschen rein macht, sondern einzig das sittliche Tun, dessen Ursprung das reine Herz des Menschen ist.

Sei nicht schnell mit deinem **Munde** und lass dein Herz nicht eilen, etwas zu reden vor Gott; denn Gott ist im Himmel und du auf Erden; darum lass deiner Worte wenig sein.

Pred 5,1. – Man soll weder zu viel noch zu ausführlich beten, weil der Abstand zwischen Gott und Mensch den distanzlosen, kollegialen Umgang mit Gott verbietet.

Was **murren** denn die Leute im Leben? Ein jeder murre wider seine Sünde.

Klgl 3,39. – Das hebräische Wort für »Sünde« bedeutet hier wohl »Folgen der Sünden«; dann lautet der Text wörtlich übersetzt: »Was klagt ein Mensch, der lebt, ein Mann über die Folgen seiner Sünden?«

Ohne **Murren**.
Seid gastfrei untereinander ohne Murren.

1Petr 4,9 (»ohne Murren« auch Phil 2,14).

Seinen **Mut** kühlen.
Der Feind gedachte: Ich will nachjagen und ergreifen und den Raub austeilen und meinen Mut an ihnen (den Israeliten) kühlen.

2Mose 15,9 (»seinen Mut kühlen« auch Hiob 16,10; Hes 5,13).

(Gott spricht zu den Israeliten:) Ich will euch trösten, wie einen seine **Mutter** tröstet.

Jes 66,13.

(Gott spricht zu Jerusalem:) Siehe, wer gern in Sprichwörtern redet, der wird von dir dies Sprichwort sagen: »Wie die **Mutter**, so die Tochter.«

Hes 16,44. – Mit dem Sprichwort, das unserem »Der Apfel fällt nicht weit vom Stamm« vergleichbar ist, knüpft die Prophetenrede an die Bemerkung an, Jerusalems Mutter sei eine Hetiterin (V. 3), und es unterstreicht, dass Jerusalems Auftreten als Hure, d. h. Jerusalems Götzendienst (V. 15–37), der Abstammung von den Hetitern, einem der Völker, die Israel zum Götzendienst verführen können (z. B. 5Mose 7,1–4), entspricht.

(Jesus sagt zu dem »Jünger, den er lieb hatte« über Maria:) Siehe, das ist deine **Mutter**!

Joh 19,27. – Vielleicht verkörpert der – für uns nicht identifizierbare – »Jünger, den Jesus lieb hatte« (13,23; 19,26–27; 21,7.20) das Heidenchristentum, Maria dagegen das Judenchristentum und werden diese beiden Größen nun durch Jesus zueinander gewiesen wie Mutter und Sohn.

N

Ein **Nachbar** in der Nähe ist besser als ein Bruder in der Ferne.

Spr 27,10.

Nachlaufen → Ihr seht, dass ihr nichts ausrichtet; siehe, alle Welt **läuft** ihm **nach**.

Lasst uns dem **nachstreben**, was zum Frieden dient und zur Erbauung untereinander.

Röm 14,19.

(Jesus sagt:) Es kommt die **Nacht**, da niemand wirken kann.

Joh 9,4b. – Dieser Satz aus dem Bericht über die Heilung eines Blindgeborenen (V. 1–7) gehört unmittelbar mit dem vorangehenden Satz: »Wir (Jesus und die Jünger) müssen die Werke dessen wirken, der mich gesandt hat, solange es Tag ist« (V. 4a) zusammen und verwendet ein orientalisches Bildwort, nach dem die Arbeit des Menschen an das Tageslicht gebunden ist, und will besagen, dass Jesus – wie auch die Jünger – seine Zeit ausnutzen, d. h. im vorliegenden Fall den Blindgeborenen heilen muss.

Die **Nacht** ist vorgerückt, der Tag aber nahe herbeigekommen. So lasst uns ablegen die Werke der Finsternis und anlegen die Waffen des Lichts.

Röm 13,12. – Gottes Endgericht, der »Tag unseres Herrn Jesus Christus« (1Kor 1,8; 2Kor 1,14), steht nahe bevor, der für die Christen die Heilsvollendung bringen wird.

Sie waren beide **nackt**, der Mensch (Adam) und seine Frau (Eva), und schämten sich nicht.

1Mose 2,25. – Das Fehlen der Scham soll hier Unbefangenheit ausdrücken, die nach dem Essen der verbotenen Frucht verloren geht (3,6–7).

(Hiob sagt:) Ich bin **nackt** von meiner Mutter Leibe gekommen, nackt werde ich wieder dahinfahren.

Hiob 1,21a. – Hiob, der alle Kinder und allen Besitz verloren hat (V. 13–19), kann im Tode nichts, was zu ihm gehörte, mitnehmen; es unterliegt dem Verfügungsrecht Gottes, wie Hiob anschließend sagt: »Der HERR hat's gegeben, der HERR hat's genommen; der Name des HERRN sei gelobt!« (V. 21b).

(Jesus, der »Menschensohn«, sagt:) Ich bin **nackt** gewesen, und ihr habt mich gekleidet.

Mt 25,36.

Du sollst deinen **Nächsten** lieben wie dich selbst.

3Mose 19,18b (zitiert in Mt 5,43; 19,19; 22,39; Mk 12, 31.33; Lk 10,27; Röm 13,9; Gal 5,14; Jak 2,8). – Im zitierten Text bezeichnet das hebräische Wort *re*ª', das man mit »Nächster« übersetzt, den Volksgenossen, denn es geht der Satz voraus: »Du sollst dich nicht rächen noch Zorn bewahren gegen die Kinder deines Volks« (V. 18a); dagegen gilt im Neuen Testament jeder Mensch, der einem begegnet, als »der Nächste« (griech. *ho plēsíon*), was Jesus im »Gleichnis vom barmherzigen Samariter« (Lk 10,30–35 samt Einleitungs- und Schlussgespräch V. 25–29 und 36–37) deutlich macht.

Halte deinen Fuß zurück vom Hause deines **Nächsten**; er könnte dich satt bekommen und dir gram werden.

Spr 25,17. – Für »zurückhalten« sagt der hebräische Urtext »kostbar machen«; der Spruch meint: Freundschaft muss behutsam und mit Zurückhaltung gepflegt werden.

Der HERR ist **nahe** allen, die ihn anrufen, allen, die ihn ernstlich anrufen.

Ps 145,18.

Naht euch zu Gott, so naht er sich zu euch.

Jak 4,8.

Ein Leben, es sei so gut, wie es wolle, währt nur eine kurze Zeit; aber ein guter **Name** bleibt ewig.

Sir 41,16.

(Jesus sagt:) Dein (Gottes) **Name** werde geheiligt.

Mt 6,9 (= Lk 11,2). – Die erste Bitte des Vaterunsers bedeutet wohl: Der Mensch soll den Geboten Gottes gehorchen, insbesondere das Gebot »Du sollst den Namen des HERRN, deines Gottes, nicht missbrauchen« (2Mose 20,7; 5Mose 5,11) halten; zugleich möge Gott seinen Namen heiligen, indem er Menschen zum Gehorsam bringt.

Sich einen **Namen** machen.
(Die Menschen, die alle noch *eine* Sprache haben, sagen zueinander:) Lasst uns eine Stadt und einen Turm bauen, dessen Spitze bis an den Himmel reiche, damit wir uns einen Namen machen.

1Mose 11,4. – Während die Wendung »sich einen Namen machen« sonst bedeutet: »Ruhm, Ehre erlangen« (2Sam 8,13; Neh 9,10; Jer 32,20; Dan 9,15), ist sie hier wohl im Sinne von »Macht gewinnen« zu verstehen.

Du sollst den **Namen** des HERRN, deines Gottes, nicht missbrauchen; denn der HERR wird den nicht ungestraft lassen, der seinen Namen missbraucht.

2Mose 20,7 (= 5Mose 5,11). – Der Text lautet wörtlich übersetzt: »Du sollst den Namen des HERRN, deines Gottes, nicht erheben zu Falschem; denn der Herr wird den nicht ungestraft lassen, der seinen Namen zu Falschem erhebt«, wobei mit »erheben« wohl »aussprechen« gemeint ist und das Wort »Falsches« (oder »Trug«) verschiedene Formen der missbräuchlichen Verwendung des Gottesnamens – etwa zu Fluch- und Zauberpraktiken – umfasst.

Sieh zu, dass du einen guten **Namen** behältst; der bleibt dir gewisser als tausend große Schätze Gold.

Sir 41,15.

Das Herz des **Narren** ist wie ein Topf mit einem Sprung: es kann keine Lehre behalten.

Sir 21,17.

Wer mit einem **Narren** redet, der redet mit einem Schlafenden, der am Ende fragt: Was ist denn?

Sir 22,8–9.

(Nathanael sagt zu Philippus:) Was kann aus **Nazareth** Gutes kommen!

Joh 1,46. – Mit diesem Satz reagiert Nathanael auf die Mitteilung des Philippus: »Wir haben den gefunden, von dem Mose im Gesetz und die Propheten geschrieben haben, Jesus, Josefs Sohn, aus Nazareth« (V. 45) und will entweder zum Ausdruck bringen, dass Nazareth ein unbedeutender Ort ist, oder dass im Alten Testament Bethlehem (Mich 5,1) als Herkunftsort des von Gott gesandten Retters, Nazareth jedoch überhaupt nicht erwähnt wird; »gut« bedeutet hier wohl: von Gott kommend.

Nehmt einander **an**, wie Christus euch angenommen hat zu Gottes Lob.

Röm 15,7. – Paulus ruft die Christen in Rom auf, einander als Glaubensbrüder gelten zu lassen, wie Christus sie »angenommen«, ihnen durch seinen Sühnetod zum Frieden mit Gott verholfen hat; die Wendung »zu Gottes Lob« bezieht sich wohl auf das Verhalten der Christen und nicht – wie es auch möglich wäre und in der Lutherbibel vorausgesetzt wird – auf das Werk Christi.

Neid ist Eiter in den Gebeinen.

Spr 14,30 nach der älteren Revision der Lutherbibel; in der heutigen Lutherbibel lautet der Text: »Eifersucht ist Eiter in den Gebeinen.«

(Gott spricht:) Siehe, ich mache alles **neu**!

Offb 21,5.

Ist jemand in Christus, so ist er eine **neue** Kreatur; das Alte ist vergangen, siehe, Neues ist geworden.

2Kor 5.17. – Wer »in Christus« lebt, d. h. in das Heilsgeschehen von Tod und Auferweckung Jesu einbezogen ist, gehört der neuen Schöpfung – das meint das griechische Wort *ktísis*, das Luther mit »Kreatur« übersetzt – an, d. h. der neuen, durch das Christusgeschehen begründeten Heilsordnung.

Zieht den **neuen** Menschen an, der nach Gott geschaffen ist in wahrer Gerechtigkeit und Heiligkeit.

Eph 4,24. – Dieser Satz gehört zu einem Abschnitt (V. 17–24), der einstige Heiden zu einem neuen Lebenswandel in »Gerechtigkeit«, d. h. einem Verhalten, das dem Heilswirken Gottes durch Jesus entspricht, und in »Heiligkeit«, d. h. Frömmigkeit, ermahnt.

Es geschieht nichts **Neues** unter der Sonne.

Pred 1,9. – Sowohl im Bereich der Ereignisse als auch in den menschlichen Handlungen gibt es nur die Wiederkehr des Gleichartigen, niemals etwas völlig Neues.

(Die Mutter der sieben Märtyrer sagt zu ihrem jüngsten Sohn:) Sieh Himmel und Erde an und alles, was darin ist, und bedenke: dies alles hat Gott aus **nichts** gemacht.

2Makk 7,28. – Daher stammt das Wort »aus nichts hat Gott die Welt erschaffen.«

Es ist **nichts** dahinter.
Sie (die Irrlehrer) reden stolze Worte, da nichts hinter ist.

2Petr 2,18 nach der Übersetzung Luthers; in der heutigen Lutherbibel lautet der Text: »Sie reden stolze Worte, hinter denen nichts ist.«

Nimm nicht jeden bei dir **auf**; denn die Welt ist voller List und Verleumdung.

Sir 11,30.

(Die Pharisäer und Schriftgelehrten sagen über Jesus:) Dieser **nimmt** die Sünder **an** und isst mit ihnen.

Lk 15,2. - Jesus hielt – als Zeichen für das Angebot der heilenden und befreienden Nähe der Gottesherrschaft – mit »Sündern«, mit Zöllnern und Dirnen, Tischgemeinschaft, womit er sich den Vorwurf der Pharisäer zuzog, er gefährde die kultische Reinheit des Gottesvolkes (ferner z.B. 5,29–32; 19,5–10).

Nimrod → Der war der Erste, der Macht gewann auf Erden, und war ein gewaltiger Jäger vor dem HERRN. Daher spricht man: Das ist ein gewaltiger **Jäger** vor dem HERRN wie Nimrod.

(Im »Gleichnis vom großen Abendmahl« Lk 14,16–24 sagt der Gastgeber zu seinem Knecht:) **Nötige** sie (alle, die der Knecht auf den Straßen findet) hereinzukommen, dass mein Haus voll werde.

Lk 14,23.

Noli me tangere → **Rühre** mich nicht an!

(Jesus sagt:) Eins aber ist **Not**. Maria hat das gute Teil erwählt; das soll nicht von ihr genommen werden.

Lk 10,42. – Die Lehrerzählung von der geschäftigen Marta und ihrer Schwester Maria, die Jesus zuhört (V. 38–42), soll zum Ausdruck bringen: Entscheidend für das Leben und Handeln der Christen ist das Hören auf das Wort Jesu.

Seid **nüchtern** und wacht; denn euer Widersacher, der Teufel, geht umher wie ein brüllender Löwe und sucht, wen er verschlinge.

1Petr 5,8.

O

Jedermann sei untertan der **Obrigkeit**, die Gewalt über ihn hat. Denn es ist keine Obrigkeit außer von Gott; wo aber Obrigkeit ist, die ist von Gott angeordnet.

Röm 13,1. – Der Text lautet wörtlich übersetzt: »Jedermann soll sich den übergeordneten (behördlichen) Gewalten unterordnen. Denn es gibt keine (politische) Gewalt, die nicht von Gott ist; die bestehenden (Gewalten, d.h. die Behörden des Römischen Reiches) aber sind von Gott angeordnet.« Paulus sagt hier, dass »jedermann«, d.h. Christen und Nichtchristen, verpflichtet sei, sich der politischen Autorität, Amtsgewalt des Staates zu fügen, weil staatliche Macht – wie Paulus im Einklang mit der alttestamentlichen und frühjüdischen Tradition herausstellt – auf göttlicher Anordnung beruht, denn – so fährt Paulus fort (V. 2–7) – sie verhindert Anarchie, und darum habe der Christ auch Steuern zu entrichten. Der Gedanke, dass der Staat seine Macht missbrauchen kann, indem er etwa die Christen verfolgt, war für Paulus noch nicht aktuell.

(Gott spricht:) Ein **Ochse** kennt seinen Herrn und ein Esel die Krippe seines Herrn; aber Israel kennt's nicht, und mein Volk versteht's nicht.

Jes 1,3. – Auf diesen Text – und die griechische Übersetzung von Hab 3,2 »inmitten zweier (Haus-)Tiere sollst du (Gott) erkannt werden« – geht die Darstellung von Ochs und Esel an der Weihnachtskrippe zurück.

Du sollst dem **Ochsen**, der da drischt, nicht das Maul verbinden.

5Mose 25,4 (zitiert in 1Kor 9,9 und 1Tim 5,18). – Die Bestimmung, dem Rind, das den Dreschschlitten über den Getreidehaufen zieht, nicht das Fressen von der Ernte zu verwehren, dient im Neuen Testament als Beleg des Alten Testaments für das Recht des Apostels (1Kor 9,9) und des Gemeindevorstehers (1Tim 5,18) auf Unterstützung durch die Gemeinde.

Oculi (lat., »Augen«).

Der Name des vierten Sonntags vor Ostern leitet sich her vom Anfangswort des Introitus: *oculi mei semper ad Dominum*, »meine Augen sehen stets auf den HERRN« (Ps 25,15).

Alles, was **Odem** hat, lobe den HERRN! Halleluja!

Ps 150,6. – Wie hier, im Schlussvers des Psalters, verwendet die Lutherbibel auch sonst häufig das Wort »Odem« (z.B. 1Mose 2,7; Hiob 4,9; Jes 42,5), aber selten das Wort »Atem« (z.B. Hiob 9,18; Hld 7,9).

Öl auf die Wunden gießen.
(Jesus sagt im »Gleichnis vom barmherzigen Samariter« Lk 10,30–35:) Er (der Samariter) ging zu ihm (dem Überfallenen), goss Öl und Wein auf seine Wunden und verband sie ihm.

Lk 10,34.

Siehe, ein **Ölblatt** hatte sie (die zweite von Noah gegen Ende der Sintflut ausgesandte Taube) abgebrochen und trug's in ihrem Schnabel.

1Mose 8,11. – Aufgrund dieser Stelle sprechen wir vom »Ölzweig« als Zeichen der Versöhnung und des Friedens.

Er (Jesus Christus) ist **offenbart** im Fleisch, gerechtfertigt im Geist, erschienen den Engeln, gepredigt den Heiden, geglaubt in der Welt, aufgenommen in die Herrlichkeit.

1Tim 3,16. – Dieses gottesdienstliche Lied besingt Jesus Christus, der in Menschengestalt erschien (»offenbart im Fleisch«) und den Gott auferweckte (»gerechtfertigt im Geist«), was dem himmlischen (»Engel«) und irdischen (»Heiden«, d.h. Völker) Bereich kundgetan wurde, worauf er die Herrschaft auf der Erde (»Welt«) und im Himmel (»Herrlichkeit«, d.h. Lichtglanz) antrat.

Wo keine **Offenbarung** ist, wird das Volk wild und wüst; aber wohl dem, der auf die Weisung achtet!

Spr 29,18. – Das hebräische Wort, das Luther mit »Offenbarung« übersetzt, bedeutet »Schauung, Vision« und meint hier wohl – parallel zu »Weisung« – allgemein »Belehrung«, nämlich über den Willen Gottes.

Der HERR sprach zu Samuel: Siehe, ich werde etwas tun in Israel, wovon jedem, der es hören wird, beide **Ohren** gellen werden.

1Sam 3,11 (»die Ohren gellen jemandem« ferner 2Kön 21,12; Jer 19,3). – Im zitierten Text geht es um das Unheil, das Gott über die Familie des Priesters Eli wegen der Sünden seiner Söhne bringen wird (V. 12–14).

Wer seine **Ohren** verstopft vor dem Schreien des Armen, der wird einst auch rufen und nicht erhört werden.

Spr 21,13. – Der Text lässt offen, ob der Unbarmherzige bei Gott oder bei den Menschen kein Gehör findet.

(Jesus sagt:) Wer **Ohren** hat, der höre!

Mt 11,15 (= 13,9.43; in Mk 4,9.23; Lk 8,8; 14,35 heißt es: »Wer Ohren hat zu hören, der höre!«; ähnlich kommt der Satz z. B. Offb 2,7; 3,6; 13,9 vor). – Diese »Weckformel« ruft dazu auf, das Vernommene sorgfältig zu bedenken.

Mit e i n e m **Opfer** hat er (Jesus Christus) für immer die vollendet, die geheiligt werden.

Hebr 10,14. – Dieser Satz gehört zu einem Abschnitt (V. 1–18), in dem gesagt wird: Das einmalige Opfer Jesu Christi hat den täglichen Opferdienst am Jerusalemer Tempel überflüssig gemacht und »Vollendung«, d. h. unmittelbare Gemeinschaft mit Gott, bewirkt, in die der Glaubende als »Geheiligter«, d. h. als von der Sünde Befreiter, hineingenommen wird.

(Jesus sagt:) Es werden kommen von **Osten** und von Westen, von Norden und von Süden, die zu Tisch sitzen werden im Reich Gottes.

Lk 13,29 (in Mt 8,11 heißt es: »Viele werden kommen von Osten und von Westen und mit Abraham und Isaak und Jakob im Himmelreich zu Tisch sitzen«). – Dieses Wort kündigt – unter Rückgriff auf alttestamentliche Aussagen (Jes 2,1–4; 25,6–8) – an, dass die Heidenvölker am endzeitlichen Reich Gottes teilhaben, während die Juden, die Jesus ablehnen, ausgeschlossen sind (V. 23–28; Mt 8,12).

P

(Jesus sagt zu einem Mitgekreuzigten:) Wahrlich, ich sage dir: Heute wirst du mit mir im **Paradies** sein.

Lk 23,43. – Das Wort »Paradies« (griech. *parádeisos*) ist ein Lehnwort aus dem Altpersischen mit der Bedeutung »umzäunter Raum«, »Park«, wie es auch das hebräische Alte Testament in der Form *pardes* verwendet (Neh 2,8; Pred 2,5; Hld 4,13). Der religiöse Gebrauch des Wortes geht auf die griechische Übersetzung des Alten Testaments zurück, die den Garten Eden, den herrlichen Wohnort des ersten Menschen oder Menschenpaares, als *parádeisos* bezeichnet (z. B. 1Mose 2,8; Hes 28,13); später wurde – aufgrund der Vorstellung, dass sich Urzeit und Endzeit entsprechen – das Wort »Paradies« zum Namen für die überirdische Wohnung der Seligen (im Neuen Testament außer an der zitierten Stelle noch 2Kor 12,4; Offb 2,7).

Auch wir haben ein **Passalamm**, das ist Christus, der geopfert ist.

1Kor 5,7. – Dieser Satz gehört zu einem Abschnitt (V. 1–13), in dem Paulus vor Unzucht warnt und darlegt, dass die Freveltat eines einzelnen Gemeindegliedes die Reinheit der ganzen Gemeinde schädigt, wie ein wenig Sauerteig den ganzen Teig durchsäuert; der Begriff »Sauerteig« lenkt den Gedankengang des Paulus auf das jüdische Passafest, an dem man nur ungesäuerte Brote essen durfte, und führt ihn zu dem Vergleich Jesu mit dem Lamm, das am Passafest geschlachtet wurde.

Pater peccavi → Vater, ich habe **gesündigt** gegen den Himmel und vor dir.

(Der Statthalter Festus sagt:) **Paulus**, du rasest! Die große Kunst macht dich rasend.

Apg 26,24 nach der älteren Revision der Lutherbibel; in der heutigen Lutherbibel lautet der Text: »Paulus, du bist von Sinnen! Das große Wissen macht dich wahnsinnig.« – Festus bezieht sich auf die Rede des Paulus vor König Agrippa und Festus (V. 1–23), deren Kern die Botschaft von der Auferweckung Jesu bildet, die Festus als Produkt gelehrter, dem gesunden Menschenverstand widersprechender Spekulationen abtun zu können meint, wobei er zugleich die große Gelehrsamkeit des Paulus anerkennt.

Pax vobiscum → **Friede** sei mit euch!

Wer **Pech** angreift, der besudelt sich damit.

Sir 13,1a. – Dieser sprichwortartige Satz veranschaulicht bildhaft die unmittelbar folgende Warnung: »Und wer sich zum Hochmütigen gesellt, der lernt Hochmut« (V. 1b).

Perlen vor die Säue werfen.

(Jesus sagt:) Ihr sollt das Heilige nicht den Hunden geben und eure Perlen sollt ihr nicht vor die Säue werfen, damit die sie nicht zertreten mit ihren Füßen und sich umwenden und euch zerreißen.

Mt 7,6. – Vielleicht will dieser Text sagen, dass Worte von Weisen nichts für Dummköpfe sind; vielleicht stammt es aus einem streng gesetzlich lebenden Judenchristentum, das die Heidenmission bekämpfte. Aber man kommt über Mutmaßungen nicht hinaus.

Der **Pfahl** ins Fleisch.

Damit ich mich wegen der hohen Offenbarungen nicht überhebe, ist mir gegeben ein Pfahl ins Fleisch, nämlich des Satans Engel, der mich mit Fäusten schlagen soll, damit ich mich nicht überhebe.

2Kor 12,7. – Paulus spricht hier offenbar ein chronisches und sehr schmerzhaftes Leiden an, über das wir aber nichts Genaueres wissen. Umgangssprachlich wird die Wendung »der Pfahl ins Fleisch« meistens fälschlich als »der Pfahl im Fleisch« zitiert.

Pfingsten.

Der Name des Festes leitet sich her von *pentēkostḗ* (*hēméra*), »fünfzigster (Tag)«, einer griechischen Bezeichnung für das israelitisch-jüdische Wochenfest (2Makk 12,32; Apg 2,1; 20,16; 1Kor 16,8), das sieben Wochen (5Mose 16,9), d. h. fünfzig Tage (3Mose 23,16), nach dem Passafest und dem Fest der Ungesäuerten Brote gefeiert wird.

(Jesus sagt:) Wer seine Hand an den **Pflug** legt und sieht zurück, der ist nicht geschickt für das Reich Gottes.

Lk 9,62. – Wer sich beim Pflügen umdreht, zieht krumme Furchen, d. h. Nachfolge Jesu bedeutet konsequenten Dienst, der sich nicht ablenken lässt.

(Jesus sagt:) Geht hinein durch die enge **Pforte**. Denn die Pforte ist weit und der Weg ist breit, der zur Verdammnis führt, und viele sind's, die auf ihm hineingehen. Wie eng ist die Pforte und wie schmal der Weg, der zum Leben führt, und wenige sind's, die ihn finden!

Mt 7,13–14 (in Lk 13,24 heißt es: »Ringt darum, dass ihr durch die enge Pforte hineingeht; denn viele, das sage ich euch, werden danach trachten, wie sie hineinkommen, und werden's nicht können«). – Statt »viele sind's, die auf ihm hineingehen« lautet der griechische Urtext wörtlich übersetzt: »viele sind's, die durch sie (die Pforte) hineinkommen«. Dann legt sich die Vermutung nahe, dass ursprünglich nur von der Pforte die Rede war (wie im Lukas-Text), zumal der Schlussteil auch übersetzt werden könnte: »Wenige sind's, die sie (die Pforte) finden«. Der vorliegende Text meint, dass die Pforte, das Tor sich am Ende des Weges befindet, denn durch die Pforte geht man ins Leben, ins Reich Gottes hinein.

Mit seinen **Pfunden** wuchern.

Diese Redewendung beruht auf dem »Gleichnis von den anvertrauten Pfunden« Lk 19,12–27 (in Mt 25,14–30 ist es das »Gleichnis von den anvertrauten Zentnern«). Dort erzählt Jesus von einem Mann, der außer Landes geht und drei Knechten sein Vermögen übergibt, von denen zwei mit Gewinn wirtschaften, während der dritte seinen Anteil vergräbt, worauf der Mann die ersten zwei belohnt, zu dem dritten aber sagt: »Warum hast du denn mein Geld nicht in die Wechselbank gegeben? Und wenn ich kommen wäre, hätte ich's mit Wucher erfordert« (V. 23 nach der Übersetzung Luthers; in der heutigen Lutherbibel lautet der Text: »Warum hast du dann mein Geld nicht zur Bank gebracht? Und wenn ich zurückgekommen wäre, hätte ich's mit Zinsen eingefordert«; in Mt 25,27 übersetzt Luther ebenfalls »mit Wucher«, die heutige Lutherbibel »mit Zinsen«).

Pharisäer.

Der Name dieser jüdischen Religionspartei dient vor allem aufgrund des »Gleichnisses vom Pharisäer und Zöllner« Lk 18,10–14, wo Jesus erzählt: »Der Pharisäer stand für sich und betete so: Ich danke dir, Gott, dass ich nicht bin wie die andern Leute, Räuber, Betrüger, Ehebrecher oder auch wie dieser Zöllner« (V. 11), zur Bezeichnung eines selbstgerechten Menschen.

Die zehn **Plagen** Ägyptens.

Nach 2Mose 7,14–11,10; 12,29–39 lässt Gott zehn Plagen (Verwandlung aller Gewässer in Blut, Frösche, Stechmücken, Stechfliegen, Viehpest, Blattern, Hagel, Heuschrecken, Finsternis und Tötung der Erstgeburt) über Ägypten kommen, weil der Pharao sich weigert, den Israeliten die Auswanderung zu erlauben.

Von **Pontius** zu Pilatus schicken → Von **Herodes** zu Pilatus schicken.

Die **Posaunen** der Engel.

(Jesus sagt:) Er (der »Menschensohn«, der wiederkommende Christus) wird seine Engel senden mit hellen Posaunen, und sie werden seine Auserwählten sammeln von den vier Winden, von einem Ende des Himmels bis zum andern.

Mt 24,31.

Die Frau **Potifars**.

Nach 1Mose 39 suchte die Frau Potifars, des ägyptischen Kämmerers und Obersten der Leibwache, an den Josef verkauft wurde, Josef zu verführen.

Pracht und Herrlichkeit.

(Gott spricht:) Wem bist du gleich, Pharao, mit deiner Pracht und Herrlichkeit unter den Bäumen von Eden?

Hes 31,18. – Dieser Text gehört zu einem Abschnitt (V. 1–18), der das Schicksal des Pharao mit dem gewaltsamen Fall einer prächtigen Zeder vergleicht.

Der **Prediger** in der Wüste.

»Es ist eine Stimme eines Predigers in der Wüste: Bereitet dem Herrn den Weg und macht eben seine Steige!«

Mt 3,3 (ähnlich Mk 1,3; Lk 3,4). – Mit diesem abgewandelten Zitat von Jes 40,3 (»Es ruft eine Stimme: In der Wüste bereitet dem HERRN den Weg, macht in der Steppe eine ebene Bahn unserm Gott!«) wird das Auftreten Johannes' des Täufers als Erfüllung des alttestamentlichen Prophetenwortes gedeutet (in Joh 1,23 bezieht der Täufer selbst dieses Wort auf sich: »›Ich bin eine Stimme eines Predigers in der Wüste: Ebnet den Weg des Herrn!‹, wie der Prophet Jesaja gesagt hat«). Für »Prediger in der Wüste« sagt man auch »Rufer in der Wüste«.

Des **Priesters** Lippen sollen die Lehre bewahren, dass man aus seinem Munde Weisung suche; denn er ist ein Bote des HERRN Zebaoth.

Mal 2,7. – Dieser Text, der die Unterweisung (der Laien) über den Willen Gottes als Hauptaufgabe der Priester beschreibt, gehört zu einem Abschnitt (1,6–2,9), worin den Priestern die Strafe Gottes angekündigt wird, weil sie fehlerhafte Opfer darbringen.

(Jesus sagt:) Ein **Prophet** gilt nirgends weniger als in seinem Vaterland und in seinem Hause.

Mt 13,57 (ähnlich Mk 6,4; in Lk 4,24 heißt es: »Kein Prophet gilt etwas in seinem Vaterland« und in Joh 4,44: »Er selbst, Jesus, bezeugte, dass ein Prophet daheim nichts gilt«). – Mit diesem Spruch, wohl einem »geflügelten Wort«, reagiert Jesus auf die Haltung seiner Mitbürger, die ihn wegen seiner einfachen Herkunft ablehnen (V. 53–56; ähnlich Mk 6,1–3; Lk 4,22–23).

(Mose sagt:) Einen **Propheten** wie mich wird dir (Israel) der HERR, dein Gott, erwecken aus dir und aus deinen Brüdern; dem sollt ihr gehorchen.

5Mose 18,15. – Dieser Text wird durch V. 18 – »ich (Gott) will ihnen (den Israeliten) einen Propheten, wie du (Mose) bist, erwecken aus ihren Brüdern und meine Worte in seinen Mund geben; der soll zu ihnen reden alles, was ich ihm gebieten werde« – näher erläutert. Er stammt offenbar aus der Zeit des Babylonischen Exils oder danach und verbindet die (vorexilischen) Propheten mit Mose, dem einzigartigen Verkünder der Gebote Gottes. Im Neuen Testament wird der zitierte Text 5Mose 18,15 auf Jesus bezogen (Apg 3,22; andeutend Joh 1,45; 5,46; 6,14; 7,40).

Proselyten machen.

(Jesus sagt:) Weh euch, Schriftgelehrte und Pharisäer, ihr Heuchler, die ihr Land und Meer durchzieht, damit ihr einen Judengenossen gewinnt.

Mt 23,15. – Das griechische Wort *prosélytos*, »Hinzugekommener, Fremdling«, das Luther mit »Judengenosse« übersetzt (es kommt noch Apg 2,11; 6,5; 13,43 vor, wo Luther es ebenfalls mit »Judengenosse« wiedergibt), bezeichnet den durch die jüdische Propaganda für das Judentum gewonnenen Heiden.

Prüft aber alles und das Gute behaltet.

1Thess 5,21. – Die Gemeinde soll die Worte der Propheten – gemeint sind christliche Ekstatiker – prüfen und nur das annehmen, befolgen, was dem Willen Gottes entspricht.

Q

Quasimodogeniti (lat., »wie die neugeborenen«).

Der Name des ersten Sonntags nach Ostern leitet sich her von den – leicht abgewandelten – Anfangsworten des Introitus: *quasi* (in der gebräuchlichen Form der lateinischen Bibel, der Vulgata, steht *sicut*, das ebenfalls »wie« bedeutet) *modo geniti infantes*, »wie die neugeborenen Kindlein« (1Petr 2,2).

Bei dir (Gott) ist die **Quelle** des Lebens, und in deinem Lichte sehen wir das Licht.

Ps 36,10.

(Gott spricht:) Mein Volk tut eine zwiefache Sünde: Mich, die lebendige **Quelle**, verlassen sie und machen sich Zisternen, die doch rissig sind und kein Wasser geben.

Jer 2,13.

R

Rabbi (hebr.-aram. *rabbī* [in griechischer Umschrift *rabbí*] »mein Herr, Meister, Lehrer«; daneben gleichbedeutend aram. *rabbōnī* [in griechischer Umschrift *rabbūni*]).

Das Wort »Rabbi« war Anrede für die Schriftgelehrten (Mt 23,7); auch die Jünger Johannes' des Täufers titulierten den Täufer mit diesem Wort (Joh 3,26, in der Lutherbibel »Meister«), und Jesus wurde ebenfalls so angeredet (z.B. Mt 26,25; Mk 9,5; Joh 6,25; in 1,38 wird das Wort *rabbí* und in 20,16 das Wort *rabbūni* mit griech. *didáskalos* »Meister, Lehrer« übersetzt).

(Gott spricht:) Die **Rache** ist mein, ich will vergelten zur Zeit, da ihr (der Feinde Israels) Fuß gleitet.

5Mose 32,35 (der erste Teil dieses Textes wird zitiert in Röm 12,19; Hebr 10,30: »Die Rache ist mein, ich will vergelten«).

Gott der **Rache**.

HERR, Gott, des die Rache ist, Gott, des die Rache ist, erscheine!

Ps 94,1 nach der Übersetzung Luthers; in der heutigen Lutherbibel lautet der Text: »HERR, du Gott der Vergeltung, du Gott der Vergeltung, erscheine!«

Der Tag der **Rache**.

Es kommt der Tag der Rache des HERRN und das Jahr der Vergeltung, um Zion zu rächen.

Jes 34,8. – Dieser Text gehört zu einem Abschnitt (V. 1–15), der Gottes Strafgericht an Israels Nachbarvolk Edom schildert.

Des Narren Herz ist wie ein **Rad** am Wagen, und seine Gedanken drehen sich wie die Nabe.

Sir 33,5. – Der Tor plant und handelt zu schnell und ist wie das Rad eines Wagens, das sich ständig dreht und nicht zur Ruhe kommt.

Unter die **Räuber** fallen.

(Jesus erzählt im »Gleichnis vom barmherzigen Samariter« Lk 10,30–35:) Es war ein Mensch, der ging von Jerusalem hinab nach Jericho und fiel unter die Räuber.

Lk 10,30.

Räuberhöhle.

(Gott spricht:) Haltet ihr (die Bewohner Judas) denn dies Haus, das nach meinem Namen genannt ist, für eine Räuberhöhle?

Jer 7,11. – Dieser Text gehört zu einem Abschnitt (V. 2–15), in dem gesagt wird, dass die Judäer, die Gottes Gebote missachten und trotzdem auf den Schutz des Jerusalemer Tempels – »über dem mein (Gottes) Name genannt ist«, d. h. der mir gehört – vertrauen, damit den Tempel zu einer Höhle machen, worin der Räuber sich verbirgt. Das Wort Jesu an die Wechsler und Händler im Tempel: »Es steht geschrieben: ›Mein Haus soll ein Bethaus heißen‹; ihr aber macht eine Räuberhöhle daraus« (Mt 21,13; ähnlich Mk 11,17; Lk 19,46) bezeichnet dagegen den Tempel als Ort, wo Räuber ihre Beute unterbringen.

(Gott spricht zu den Israeliten:) Denen, die von euch übrig bleiben, will ich ein feiges Herz machen in ihrer Feinde Land, dass sie ein **raschelndes** Blatt soll jagen, und sie sollen davor fliehen, als jage sie ein Schwert.

3Mose 26,36.

Rat und Tat.

(Die Weisheit sagt:) Mein ist beides, Rat und Tat.

Spr 8,14 (ähnlich heißt es Jer 32,19, Gott sei »groß von Rat und mächtig von Tat«). – Die Weisheit verfügt über die Fähigkeit zu planen und über die Kraft, das Geplante durchzusetzen.

Tu nichts ohne **Rat**, so gereut's dich nicht nach der Tat.

Sir 32,24. – Wer sich genau überlegt, was er tut, wird sein Ziel erreichen.

Lebe in Frieden mit vielen, aber zum **Ratgeber** nimm unter tausend nur einen.

Sir 6,6.

Jeder **Ratgeber** will raten, aber einige raten zu ihrem eigenen Nutzen.

Sir 37,8.

Den **Raub** unter sich teilen.

(Josua sagt zu den Israeliten:) Du sollst mit Ai und seinem König tun, wie du mit Jericho und seinem König getan hast, nur dass ihr ihren Raub und ihr Vieh unter euch teilen sollt.

Jos 8,2 nach der älteren Revision der Lutherbibel; in der heutigen Lutherbibel steht »Beute« statt »Raub«.

Er (Jesus Christus), der in göttlicher Gestalt war, hielt es nicht für einen **Raub**, Gott gleich zu sein, sondern entäußerte sich selbst und nahm Knechtsgestalt an.

Phil 2,6–7a. – Es handelt sich um den Eingangsteil eines Hymnus (V. 6–11), der sagt, dass Jesus Christus ein göttliches Wesen war, aber auf seine Göttlichkeit verzichtete (er »hielt es nicht für einen Raub«, d. h. er betrachtete die Göttlichkeit nicht als Beute, an der man gewaltsam festhält) und Mensch wurde (»nahm Knechtsgestalt an«), um den Menschen das Heil zu bringen.

Vergehen wie **Rauch**.

Die Feinde des HERRN, wenn sie auch sind wie prächtige Auen, werden sie doch vergehen, wie der Rauch vergeht.

Ps 37,20 (»wie Rauch vergehen« ferner 102,4; Jes 51,6; »wie Rauch verwehen« Ps 68,3).

Ein **Rauch** seid ihr, der eine kleine Zeit bleibt und dann verschwindet.

Jak 4,14.

Du (Gott) stellst meine Füße auf weiten **Raum**.

Ps 31,9b. – Der »weite Raum«, wörtlich »die Weite«, meint die Freiheit des Beters von Bedrängnis durch Feinde (V. 9a).

Ich (Jesus) sage euch aber, dass die Menschen **Rechenschaft** geben müssen am Tage des Gerichts von jedem nichtnutzigen Wort, das sie geredet haben.

Mt 12,36.

(Der gesteinigte und sterbende Stephanus betet:) Herr, **rechne** ihnen diese Sünde nicht **an**!

Apg 7,60.

Das **Recht** beugen.

Du sollst das Recht deines Armen nicht beugen in seiner Sache.

2Mose 23,6 (»das Recht beugen« ferner z.B. 5Mose 16,19; 1Sam 8,3; Hiob 34,12).

Das **Recht** verdrehen.

Dieser Ausdruck geht zurück auf die geläufige lateinische Bibelübersetzung, die Vulgata, die in 5Mose 27,19 die Worte »verflucht sei, wer das Recht beugt« mit *maledictus qui pervertit iudicium*, »verflucht (sei), wer das Recht verdreht«, wiedergibt (ähnlich 24,17).

Viele suchen das Angesicht eines Fürsten; aber eines jeglichen **Recht** kommt vom HERRN.

Spr 29,26. – Mag man auch die Gunst des Herrschers suchen – letztlich ist es Gott, der einem jeden gibt, was ihm zukommt.

Recht muss doch Recht bleiben, und ihm werden alle frommen Herzen zufallen.

Ps 94,15. – Der hebräische Urtext, dessen wörtliche Übersetzung lautet: »Zur Rechtsordnung kehrt das Recht zurück, und hinter ihm alle, die redlichen Herzens«, ist in seinem ersten Teil vielleicht fehlerhaft, und die Übersetzung des korrigierten Textes würde lauten: »Zum Gerechten kehrt das Recht zurück«, d.h. der zu Unrecht Angeklagte bekommt sein Recht, während der zweite Teil wohl sagen will: Ihm (dem Recht oder dem Gerechten) folgen alle, die redlichen Herzens sind.

Recht und Gerechtigkeit.

Er (David) schaffte Recht und Gerechtigkeit seinem ganzen Volk.

2Sam 8,15 (»Recht und Gerechtigkeit« ferner Ps 119, 121; Jes 9,6; Jer 9,23; 22,15; Am 5,7; 6,12).

(Jesus sagt:) Sollte Gott nicht auch **Recht** schaffen seinen Auserwählten, die zu ihm Tag und Nacht rufen, und sollte er's bei ihnen lange hinziehen? Ich sage euch: Er wird ihnen Recht schaffen in Kürze.

Lk 18,7–8. – Der erste Teil dieses Textes bildet die Anwendung des »Gleichnisses von der bittenden Witwe« V. 2–5: Wie schon ein Richter, der kein Recht anerkennt, einer Witwe, die ihn hartnäckig bedrängt, zu ihrem Recht verhilft, so erhört Gott ganz gewiss die unablässigen Gebete der Glaubenden. Der zweite Teil des Textes betont: Gott lässt die Glaubenden nicht lange vergeblich warten.

Der HERR sprach zu meinem Herrn: »Setze dich zu meiner **Rechten**, bis ich deine Feinde zum Schemel deiner Füße mache.«

Ps 110,1 (zitiert in Mt 22,44; Mk 12,36; Lk 20,42–43; Apg 2,34–35; Hebr 1,13, teilweise auch in 1Kor 15,25; Hebr 10,13). – Es handelt sich um ein – wohl von einem Hofbeamten vorgetragenes – Gotteswort an den (judäischen) König bei seiner Inthronisation, das ihm den Platz zur Rechten Gottes, nämlich im Palast südlich, d. h. rechts, vom Tempel zuweist (aber vielleicht ist das »Sitzen zur Rechten« im übertragenen Sinne einer Ehrenstellung gemeint) und ihm die Unterwerfung seiner Feinde verspricht.

(Jesus,) welcher ist um unsrer Sünden willen dahingegeben und um unsrer **Rechtfertigung** willen auferweckt.

Röm 4,25. – »Rechtfertigung« (griech. *dikaíōsis*; das Wort kommt noch 5,18 vor, wo Luther es ebenfalls mit »Rechtfertigung« übersetzt) meint die durch den Sühnetod Jesu bewirkte Teilhabe am Heil.

Nicht wissen, was **rechts** oder links ist.
(Gott spricht zu Jona:) Und mich sollte nicht jammern Ninive, eine so große Stadt, in der mehr als hundertundzwanzigtausend Menschen sind, die nicht wissen, was rechts oder links ist, dazu auch viele Tiere?

Jona 4,11. – Mit dieser Frage, die den Schluss des Jonabuches bildet, sagt Gott zu Jona: Dir ist es leid um die Staude, die dir Schatten gab und nun verdorrte (V. 6–10) – mir aber sollte es nicht leid um die vielen Bewohner der Stadt Ninive sein, die noch kindlich-unwissend dahinleben?

(Samuel sagt zu Gott:) **Rede**, denn dein Knecht hört.

1Sam 3,10. – Mit diesen Worten reagiert Samuel auf den Ruf Gottes an ihn, nachdem er zweimal den Ruf Gottes als Ruf des Priesters Eli missverstanden hat.

(Jesus sagt:) Eure **Rede** aber sei: Ja, ja; nein, nein. Was darüber ist, das ist von Übel.

Mt 5,37. – Dieser Text steht in einem Abschnitt (V. 33–37), der das Schwören verbietet und besagt, dass jedes Ja wirklich ein Ja und jedes Nein ein Nein sein soll, womit jedes Schwören überflüssig wird (ebenso Jak 5,12).

(Christus sagt in einer nächtlichen Erscheinung zu Paulus:) Fürchte dich nicht, sondern **rede** und schweige nicht! Denn ich bin mit dir, und niemand soll sich unterstehen, dir zu schaden; denn ich habe ein großes Volk in dieser Stadt (Korinth).

Apg 18,9–10.

Alles **Reden** ist so voll Mühe, dass niemand damit zu Ende kommt.

Pred 1,8. – Gemeint ist wohl: Weil die Worte der menschlichen Sprache der vielschichtigen Wirklichkeit nicht gerecht werden, vermag niemand umfassende, endgültige Aussagen über die Wirklichkeit zu machen.

Reden → Nachdem Gott vorzeiten vielfach und auf vielerlei Weise **geredet** hat zu den Vätern durch die Propheten, hat er in diesen letzten Tagen zu uns geredet durch den Sohn.

(Jesus sagt:) Wer etwas **redet** gegen den Menschensohn, dem wird es vergeben; aber wer etwas redet gegen den Heiligen Geist, dem wird's nicht vergeben, weder in dieser noch in jener Welt.

Mt 12,32 (ähnlich Lk 12,10). – Dieser Spruch, der den »Menschensohn«, also Jesus, dem Heiligen Geist gegenüberstellt und befremdlicherweise dem Glauben an Gottes grenzenlose Liebe widerspricht, bleibt rätselhaft.

(Daniel sagt:) Zur Zeit dieser Könige wird der Gott des Himmels ein **Reich** aufrichten, das nimmermehr zerstört wird; und sein Reich wird auf kein anderes Volk kommen. Es wird alle diese Königreiche zermalmen und zerstören; aber es selbst wird ewig bleiben.

Dan 2,44. – Dieser Text gehört zu einem Bericht (V. 31–45), in dem Daniel ein vom babylonischen König Nebukadnezzar im Traum geschautes Standbild, das von einem Stein zerschmettert wird, auf vier einander ablösende Reiche (das babylonische, medische, persische und griechische) deutet, deren letzte, »diese Könige« (gemeint sind Reiche, nämlich die ptolemäische Macht in Ägypten und die seleukidische in Syrien-Mesopotamien), dem endgültigen Reich Gottes weichen müssen.

(Jesus betet im Vaterunser:) Dein **Reich** komme.

Mt 6,10 (= Lk 11,2).

(Jesus sagt:) Denn dein (Gottes) ist das **Reich** und die Kraft und die Herrlichkeit in Ewigkeit. Amen.

Mt 6,13. – Dieser an das Vaterunser (V. 9–12) angefügte Lobpreis, der nach 1Chr 29,11–13 gestaltet ist, findet sich erst in späteren griechischen Handschriften und war ursprünglich wohl die Antwort der Gemeinde auf das vom Vorbeter gesprochene Vaterunser.

(Jesus sagt:) Trachtet zuerst nach dem **Reich** Gottes und nach seiner Gerechtigkeit, so wird euch das alles zufallen.

Mt 6,33 (ähnlich Lk 12,31). – Dieser Text gehört zu einem Abschnitt, der zur Freiheit von der falschen Sorge einlädt (V. 25–34; ähnlich Lk 12,22–31), und will besagen: Wenn der Glaubende die »Gerechtigkeit«, die Rechtschaffenheit zu erlangen sucht, die Gott fordert und schenkt und die ihm den Eintritt in Gottes Reich öffnet, dann darf er der Fürsorge Gottes gewiss sein.

(Jesus sagt zu den Pharisäern:) Siehe, das **Reich** Gottes ist mitten unter euch.

Lk 17,21. – In der Person und im Wirken Jesu bricht die Herrschaft Gottes schon an; wer sich ihr öffnet, kann sie wahrnehmen.

(Jesus sagt zu Pilatus:) Mein **Reich** ist nicht von dieser Welt.

Joh 18,36a. – Weil das Reich Jesu himmlischen Ursprungs ist, stellt es keine Gefahr für die Römer dar, was die Fortsetzung dieses Wortes deutlich macht: »Wäre mein Reich von dieser Welt, meine Diener würden darum kämpfen, dass ich den Juden nicht überantwortet würde« (V. 36b).

(Die Gemeinde sagt:) Halleluja! Denn der Herr, unser Gott, der Allmächtige, hat das **Reich** eingenommen! Lasst uns freuen und fröhlich sein und ihm die Ehre geben.

Offb 19,6. – Statt »hat das Reich eingenommen« lautet der Text wörtlich übersetzt: »ist König geworden«, d.h. Gott hat endgültig seine Herrschaft gegen alle feindlichen Gewalten siegreich durchgesetzt.

Wenn der **Reiche** redet, so schweigen alle, und seine Worte hebt man in den Himmel.

Sir 13,28.

(Himmlische Stimmen sagen:) Es sind die **Reiche** der Welt unseres Herrn und seines Christus geworden, und er wird regieren von Ewigkeit zu Ewigkeit.

Offb 11,15.

Zanke nicht mit einem **Reichen**, damit er sein Gewicht nicht gegen dich geltend macht.

Sir 8,2.

Ein **Reicher** meint weise zu sein, aber ein verständiger Armer durchschaut ihn.

Spr 28,11. – Reichtum verführt zu der Überzeugung, immer richtig zu denken und zu handeln.

(Jesus sagt:) Ein **Reicher** wird schwer ins Himmelreich kommen.

Mt 19,23 (ähnlich Mk 10,23; Lk 18,24).

Reichtum und Macht erhöhen den Mut, aber mehr als beides die Furcht des Herrn.

Sir 40,26. – Der erste Teil dieses Satzes lautet wörtlich übersetzt: »Reichtum und Macht erfreuen den Sinn.«

Den **Reinen** ist alles rein.

Tit 1,15. – Wer als Glaubender der neuen Weltordnung Gottes angehört, darf Gottes Gaben freudig genießen; die Reinheit hängt an der Gesinnung, nicht an den Dingen der Natur.

Es wird ein **Reis** hervorgehen aus dem Stamm Isais und ein Zweig aus seiner Wurzel Frucht bringen. Auf ihm wird ruhen der Geist des HERRN, der Geist der Weisheit und des Verstandes, der Geist des Rates und der Stärke, der Geist der Erkenntnis und der Furcht des HERRN.

Jes 11,1–2. – Dieser Text kündigt einen Herrscher an, der von Isai, dem Vater Davids, abstammt, also nicht aus der Dynastie Davids kommt, die in Jerusalem bis zum Untergang des Staates Juda herrschte; zur Ausübung seines Amtes wird er befähigt durch den Geist (hebr. *rûach*), d. h. die Kraft, Gottes, was die dann folgenden Begriffe entfalten: »Weisheit«, »Verstand«, »Rat«, d. h. das richtige Planen, »Stärke«, d. h. die Macht, das Geplante durchzusetzen, »Erkenntnis«, d. h. Einsicht in den Willen Gottes, und »Furcht des HERRN«, d. h. eine Lebensführung, die dem Willen Gottes entspricht.

Reminiscere (lat., »gedenke«).

Der Name des fünften Sonntags vor Ostern leitet sich her vom Anfangswort des Introitus: *reminiscere miserationum tuarum Domine*, »gedenke, HERR, an deine Barmherzigkeit« (Ps 25,6).

Requiescat in pace → Ich **liege** und schlafe ganz mit Frieden; denn allein du, HERR, hilfst mir, dass ich sicher wohne.

(Ein Engel sagt zu Josef:) Sie (Maria) wird einen Sohn gebären, dem sollst du den Namen Jesus geben, denn er wird sein Volk **retten** von ihren Sünden.

Mt 1,21. – Der Name »Jesus« ist die griechische Form des hebräischen Namens »Jeschua« oder »Joschua«, der »Jahwe ist Hilfe« bedeutet; in Anspielung darauf wird hier von Jesus gesagt, dass er »sein Volk«, nämlich Israel, »rettet«.

Der HERR ist unser **Richter**, der HERR ist unser Meister, der HERR ist unser König; der hilft uns!

Jes 33,22. – Das hebräische Wort für »Richter« bedeutet hier »Herrscher« (wie Dan 9,12; Mich 4,14), und jenes, das Luther mit »Meister« übersetzt, bedeutet »Anführer, Gebieter« (wie 5Mose 33,21).

Zieh einen **Richter** nicht vor Gericht; denn man spricht das Urteil, wie er will.

Sir 8,17. – Wenn jemand gegenüber einem Richter sein vermeintliches Recht durchsetzen will, wird der Richter als der Kundige immer das letzte Wort haben.

Wir müssen alle offenbar werden vor dem **Richterstuhl** Christi, damit jeder seinen Lohn empfange für das, was er getan hat bei Lebzeiten, es sei gut oder böse.

2Kor 5,10. – Beim Endgericht wird Christus im Auftrag Gottes – in Röm 14,10 spricht Paulus vom »Richterstuhl Gottes« – alle Menschen zur Rechenschaft ziehen; denn der gnädige Gott ist auch der heilige und gerechte, der Verantwortung fordert.

(Jesus sagt:) **Richtet** nicht, damit ihr nicht gerichtet werdet.

Mt 7,1 (ähnlich Lk 6,37). – Wir sollen nicht andere be- und verurteilen, sondern Vergebung üben.

Gott der HERR baute eine Frau aus der **Rippe**, die er von dem Menschen nahm.

1Mose 2,22. – Es ist wohl kaum noch zu klären, warum die Frau aus der Rippe des Mannes geschaffen sein soll und warum hier das hebräische Wort für »bauen« verwendet wird.

Das geknickte **Rohr** wird er (der »Knecht Gottes«) nicht zerbrechen, und den glimmenden Docht wird er nicht auslöschen.

Jes 42,3 (zitiert in Mt 12,20). – Der – für uns nicht identifizierbare – »Knecht Gottes« stößt die Mutlosen und Gedemütigten nicht vollends in die Resignation, sondern richtet sie mit seiner Verkündigung auf.

(Jesus fragt das Volk, das zu Johannes dem Täufer in die Wüste hinausging:) Wolltet ihr ein **Rohr** sehen, das der Wind hin und her weht?

Mt 11,7 (ähnlich Lk 7,24). – Hier wird gesagt, dass der Täufer keine »Windfahne« ist, die jedem Luftzug nachgibt, dass er also nicht die Wunschträume der Zeitgenossen erfüllt, sondern sie zur Buße ruft.

(Der »Knecht Gottes« sagt:) Ich bot meinen **Rücken** dar denen, die mich schlugen, und meine Wangen denen, die mich rauften.

Jes 50,6.

Jemandem den **Rücken** bläuen.

Bläue ihm (deinem Kind) den Rücken, solange es noch klein ist, damit es nicht halsstarrig und dir ungehorsam wird.

Sir 30,12.

Ein Weiser **rühme** sich nicht seiner Weisheit, ein Starker rühme sich nicht seiner Stärke, ein Reicher rühme sich nicht seines Reichtums. Sondern wer sich rühmen will, der rühme sich dessen, dass er klug sei und mich kenne, dass ich der HERR bin, der Barmherzigkeit, Recht und Gerechtigkeit übt auf Erden; denn solches gefällt mir, spricht der HERR.

Jer 9,22–23 (teilweise zitiert in 1Kor 1,31; 2Kor 10,17). – Der einzige berechtigte Grund des Sich-Rühmens ist die Tatsache, dass man Gott »kennt«, seinem Willen gemäß lebt, also Barmherzigkeit, Recht und Gerechtigkeit übt; an »solchen« (Menschen) – so lautet der Text wörtlich übersetzt – hat Gott Gefallen.

Rühme niemand vor seinem Ende; denn was einer für ein Mensch gewesen ist, das zeigt sich in seiner Todesstunde.

Sir 11,29.

Ich will Gottes Wort **rühmen**; auf Gott will ich hoffen und mich nicht fürchten. Was können mir Menschen tun?

Ps 56,5 (ähnlich V. 11–12).

Euer **Rühmen** ist nicht gut.

1Kor 5,6. – Paulus sagt, dass der Selbstruhm der Korinther völlig unbegründet ist, da sie gegenüber einem Fall von Unzucht in der Gemeinde versagt haben (V. 1–5).

(Der auferstandene Jesus sagt zu Maria von Magdala:) **Rühre** mich nicht an!

Joh 20,17. – Offenbar ist gemeint: Jesus will, indem er Distanz zwischen sich und Maria schafft, deutlich machen, dass er nicht wieder ins Leben zurückgekehrt ist, um seine Tätigkeit fortzusetzen, sondern dass er sich schon auf dem Weg in die Welt Gottes befindet. Diesen Text zitiert man auch mit den Worten der lateinischen Bibelübersetzung, der Vulgata: *noli me tangere*.

Ein guter **Ruf** ist köstlicher als großer Reichtum und anziehendes Wesen besser als Silber und Gold.

Spr 22,1.

Rufe mich (Gott) **an** in der Not, so will ich dich erretten und du sollst mich preisen.

Ps 50,15.

(Gott spricht zu Jeremia:) **Rufe** mich **an**, so will ich dir antworten und will dir kundtun große und unfassbare Dinge, von denen du nichts weißt.

Jer 33,3.

Der **Rufer** in der Wüste → Der **Prediger** in der Wüste.

Ruhe in Frieden → Ich **liege** und schlafe ganz mit Frieden; denn allein du, HERR, hilfst mir, dass ich sicher wohne.

Es ist also noch eine **Ruhe** vorhanden für das Volk Gottes.

Hebr 4,9. – Dieser Satz, wo im griechischen Urtext nicht das Wort für »Ruhe«, sondern das für »Sabbatruhe, Sabbatfeier« steht, gehört zu einem Abschnitt (V. 4–9), der ausführt, dass die Gemeinde an der Ruhe Gottes nach der Schöpfung (1Mose 2,2), die auf das ewige Heil bei Gott gedeutet wird, Anteil bekommt.

Sie hatten keine **Ruhe** Tag und Nacht.

Offb 4,8. – Dieser Text spricht von den vier »Wesen« am Thron Gottes, die unablässig den Lobpreis Gottes verkündigen. In 14,11 wird den Verehrern des »Tieres«, d. h. des römischen Weltreiches, ewige Pein angedroht, wobei es heißt: »Sie haben keine Ruhe Tag und Nacht.«

Mit einer eisernen **Rute** weiden (regieren).

(Christus sagt der Gemeinde in Thyatira:) Er (wer im Glauben treu bleibt) soll sie (die Ungläubigen) weiden mit einer eisern Ruten.

Offb 2,27 (ähnlich 12,5; 19,15) nach der Übersetzung Luthers; in der heutigen Lutherbibel lautet der Text: »Er soll sie weiden mit eisernem Stabe.« – Der Text will sagen: Wer in der endzeitlichen Gemeinschaft mit Christus lebt, der bekommt Anteil an dessen Sieg über alle Widersacher.

S

(Jesus sagt:) Der Menschensohn ist ein Herr über den **Sabbat**.

Mt 12,8 (= Lk 6,5; ähnlich Mk 2,28). – Jesus, der »Menschensohn«, befreit von der gesetzlichen Einhaltung des Sabbatgebotes.

Gedenke des **Sabbattages**, dass du ihn heiligest. Sechs Tage sollst du arbeiten und alle deine Werke tun. Aber am siebenten Tage ist der Sabbat des HERRN, deines Gottes. Da sollst du keine Arbeit tun, auch nicht dein Sohn, deine Tochter, dein Knecht, deine Magd, dein Vieh, auch nicht dein Fremdling, der in deiner Stadt lebt. Denn in sechs Tagen hat der HERR Himmel und Erde gemacht und das Meer und alles, was darinnen ist, und ruhte am siebenten Tage. Darum segnete der HERR den Sabbat und heiligte ihn.

2Mose 20,8–11 (ähnlich 5Mose 5,12–15, wo sich aber anstelle des Hinweises auf die Schöpfung [1Mose 2,2–3] in V. 15 der auf die Herausführung aus Ägypten [2Mose 13–15] findet).

In **Sack** und Asche gehen.
Als Mordechai alles erfuhr, was geschehen war, zerriss er seine Kleider und legte den Sack an und tat Asche aufs Haupt.

Est 4,1 (»Sack und Asche« auch V. 3; Jes 58,5; Dan 9,3; Jon 3,6; Mt 11,21; Lk 10,13). – Das hebräische Wort *śaq* (darauf geht unser Wort »Sack« zurück) bezeichnet ein grobes Tuch aus Ziegen- oder Kamelhaar, das als Trauergewand – oft in Form eines Lendenschurzes (z. B. 1Kön 20,31–32; Jer 48,37) – diente.

(Jesus sagt:) Seht die Vögel unter dem Himmel an: sie **säen** nicht, sie ernten nicht, sie sammeln nicht in die Scheunen; und euer himmlischer Vater ernährt sie doch.

Mt 6,26 (in Lk 12,24 heißt es: »Seht die Raben an: sie säen nicht, sie ernten auch nicht, sie haben auch keinen Keller und keine Scheune, und Gott ernährt sie doch«). – Dieser Text gehört zu einem Abschnitt (V. 25–34; ähnlich Lk 12,22–31), in dem Jesus vor der Sorge warnt und darauf hinweist, dass Gott, der für die Pflanzen und Tiere sorgt, ganz gewiss für den Menschen als die Krone der Schöpfung sorgen wird.

Lass dich nicht hinreißen von der **Sängerin**, damit sie dich nicht mit ihren Künsten fängt.

Sir 9,4. – Der hebräische Urtext spricht von Saitenspielerinnen.

(Jesus sagt zu den Jüngern:) Hier ist der Spruch wahr: Der eine **sät**, der andere erntet.

Joh 4,37. – Bei der geistlichen Saat und Ernte der christlichen Mission profitieren nach dem Sprichwort »Einer sät, und ein anderer erntet« die Glaubensboten nicht selten von den Mühen ihrer Vorgänger.

Wer da kärglich **sät**, der wird auch kärglich ernten; und wer da sät im Segen, der wird auch ernten im Segen.

2Kor 9,6. – Dieser Text, mit dem Paulus, auf Spr 11,24–25 anspielend, sagt, dass eine großzügige Spende auch reichen Segen in sich trägt, gehört zu einem Abschnitt (V. 1–15), in dem Paulus für eine Geldsammlung zugunsten der Jerusalemer Christen wirbt.

Was der Mensch **sät**, das wird er ernten.

Gal 6,7b. – Dieser Satz gehört zu einem Abschnitt, in dem Paulus die Galater zur brüderlichen Liebe aufruft (V. 1–10), und unterstreicht die vorangehende Warnung: »Irret euch nicht! Gott lässt sich nicht spotten« (V. 7a), d. h. die Galater dürfen nicht Gottes Gabe, nämlich seinen Geist, die von ihm verliehene Kraft, ausschlagen, weil das Ergehen des Menschen Folge seines Tuns ist.

Salomonisches Urteil.

Dieser Ausdruck beruht auf der Erzählung 1Kön 3,16–28, wonach König Salomo den Streit zweier Frauen um ein Kind dadurch schlichtet, dass er das Kind mit dem Schwert zu zerteilen droht und dann in der Frau, die das Kind lieber der anderen Frau überlassen will, als es dem Tode preiszugeben, die Mutter erkennt.

Salomos Weisheit.

Der biblische Bericht über König Salomo (1Kön 1–11) rühmt vor allem dessen Weisheit, die etwa in seiner Verfasserschaft von dreitausend Weisheitssprüchen und tausendundfünf Liedern und Kenntnis aller Pflanzen und Tiere (1Kön 5,12–13), im »Salomonischen Urteil« (3,16–28) oder im Weisheitsturnier zwischen ihm und der Königin von Saba (10,1–13) sichtbar wird.

(Jesus sagt zu den Jüngern:) Ihr seid das **Salz** der Erde.

Mt 5,13. – Die Jünger werden als Boten Jesu so viel für die Erde, die Welt bedeuten wie das Salz, das die Speise würzt und konserviert.

Zur **Salzsäule** erstarren.
Lots Frau sah hinter sich und ward zur Salzsäule.

1Mose 19,26. – In der Erzählung 1Mose 19,1–29 verbietet einer der beiden Engel, die Lot und seine Familie vor den Bewohnern Sodoms retten, Lot (und seiner Familie), sich umzudrehen (V. 17), damit keiner dem bevorstehenden Strafgericht Gottes über Sodom und Gomorra zuschaut.

Der barmherzige **Samariter**.

Dieser Ausdruck beruht auf dem Gleichnis Jesu in Lk 10,30–35, das schildert, wie ein Samariter (ein Mann aus der Provinz Samaria) einem Überfallenen (einem Juden) hilft, woraufhin Jesus seinen Gesprächspartner fragt, wer für den Überfallenen ein »Nächster« gewesen sei, und der Gesprächspartner antwortet: »Der die Barmherzigkeit an ihm tat« (V. 36–37).

Sanctus → **Heilig**, heilig, heilig ist der HERR Zebaoth, alle Lande sind seiner Ehre voll!

Wie **Sand** am Meer.

Dieser Ausdruck als Bezeichnung für eine große Menge wird auf die Nachkommen Abrahams (z.B. 1Mose 22,17; Hebr 11,12), das Volk Israel (1Kön 4,20; Hos 2,1), andere Völker (z.B. Jos 11,4; Offb 20,8), Getreide (1Mose 41,49) oder Vögel (Ps 78,27) angewendet.

Auf **Sand** bauen.
(Jesus sagt:) Wer diese meine Rede hört und tut sie nicht, der gleicht einem törichten Mann, der sein Haus auf Sand baute.

Mt 7,26 (ähnlich Lk 6,49). – In V. 24–27 (ähnlich Lk 6,47–49) stellt Jesus dem klugen Mann, der sein Haus auf felsigen Grund baut, so dass es dem Unwetter standhält, den törichten Mann gegenüber, dessen auf Sand errichtetes Haus beim Unwetter einstürzt.

(Jesus sagt:) Selig sind die **Sanftmütigen**; denn sie werden das Erdreich besitzen.

Mt 5,5. – Das griechische Wort, das Luther mit »sanftmütig« übersetzt, bedeutet so viel wie »gering, niedrig« oder »machtlos« (in 11,29 sagt Jesus von sich: »Ich bin sanftmütig und von Herzen demütig«); den Machtlosen, die auf Gott vertrauen und hoffen, wird der Besitz des »Erdreichs« verheißen, womit bildhaft die Teilhabe am endzeitlichen Heilsbereich Gottes gemeint ist.

(Jesus sagt zum Teufel, der ihn versuchen will:) Weg mit dir, **Satan**!

Mt 4,10 (in 16,23; Mk 8,33 sagt Jesus zu Petrus: »Geh weg von mir, Satan!«). – Das Wort »Satan« (hebr. *śāṭān*, »Widersacher«, z. B. 1Sam 29,4; 2Sam 19,23, 1Kön 11,14) kann im Alten Testament ein Mitglied des himmlischen Hofstaates (Hiob 1,6–12; 2,1–7; Sach 3,1–2) und ferner den Verführer zur Sünde (1Chr 21,1) bezeichnen. Im Neuen Testament ist – wie schon im Spätjudentum – der Satan der Gegenspieler Gottes, die Macht des Bösen (z. B. Lk 10,18; 22,3; Apg 26,18; Röm 16,20; 1Thess 2,18); häufig wird hier der Satan auch »Teufel« (griech. *diábolos*, »Verleumder«; davon leitet sich unser Wort »Teufel« ab) genannt (z. B. Mt 4,1; 13,39; Joh 13,2; Apg 10,38; 1Petr 5,8; in Mk 4,15 ist vom Satan, in dem ähnlichen, späteren Text Lk 8,12 vom Teufel die Rede).

Wenn man **satt** ist, soll man bedenken, dass man vielleicht wieder hungern muss; und wenn man reich ist, soll man bedenken, dass man wieder arm werden kann.

Sir 18,25.

Das Leben **sauer** machen.
Da zwangen die Ägypter die Israeliten unbarmherzig zum Dienst und machten ihnen ihr Leben sauer mit schwerer Arbeit in Ton und Ziegeln und mit mancherlei Frondienst auf dem Felde.

2Mose 1,13–14 (»das Leben sauer machen« auch Hiob 31,39).

Mancher lässt sich's **sauer** werden, müht sich und rennt dem Reichtum nach und fällt doch immer mehr zurück.

Sir 11,11 (»sich etwas sauer werden lassen« auch Jer 12,13).

Schafft den alten **Sauerteig** weg, damit ihr ein neuer Teig seid, wie ihr ja ungesäuert seid.

1Kor 5,7. – Dieser Satz gehört zu einem Abschnitt (V. 1–13), in dem Paulus vor Unzucht warnt und darlegt, dass die Freveltat eines einzelnen Gemeindegliedes die Reinheit der ganzen Gemeinde schädigt, wie ein wenig Sauerteig den ganzen Teig durchsäuert; mit dem Entfernen des »Sauerteigs« sollen die Korinther der Versöhnungstat Gottes in Christus entsprechen, durch welche sie »ungesäuert«, d. h. rein, geworden sind.

Ist **Saul** auch unter den Propheten?

1Sam 10,12 (= 19,24). – Diese in Israel sprichwörtliche Redensart wird in den Erzählungen 10,10–12 und 19,20–24 damit begründet, dass Saul sich jeweils einer Schar verzückter, ekstatischer Propheten anschließt. Wahrscheinlich entstand diese Redensart, weil des öfteren ein »böser Geist« über Saul kam (16,14–23; 18,10–12; 19,9–10), d. h. er litt an einer psychischen Krankheit mit Ausbrüchen von Raserei. Davon leitet sich unsere Redensart »Wie kommt Saul unter die Propheten?« her, die Ausdruck der Verwunderung über einen Menschen ist, der aus niederem Stand zu hohen Ehrenstellen gelangt, diesen aber nicht gewachsen zu sein scheint, oder über einen, den man in einer Gesellschaft findet, wohin er seiner Bildung nach nicht gehört.

Aus einem **Saulus** ein Paulus werden.

Diese Redensart leitet sich her von dem in Apg 9,3–9 geschilderten Bekehrungserlebnis des Paulus, der neben seinem hebräischen Geburtsnamen Schaul (lateinisch Saulus) den lateinischen Beinamen Paulus trug; die Apostelgeschichte vollzieht den Namenswechsel von Saulus zu Paulus, indem sie ihn zunächst (7,58–13,9) Saulus und dann Paulus nennt (der Name Paulus wird in 13,9 mit den Worten eingeführt: »Saulus aber, der auch Paulus heißt«).

(Jesus sagt:) Ihr sollt euch nicht **Schätze** sammeln auf Erden, wo sie die Motten und der Rost fressen und wo die Diebe einbrechen und stehlen. Sammelt euch aber Schätze im Himmel, wo sie weder Motten noch Rost fressen und wo die Diebe nicht einbrechen und stehlen.

Mt 6,19–20 (in Lk 12,33 heißt es: »Verkauft, was ihr habt, und gebt Almosen. Macht euch Geldbeutel, die nicht veralten, einen Schatz, der niemals abnimmt, im Himmel, wo kein Dieb hinkommt, und den keine Motten fressen«).

Ein verirrtes und verlorenes **Schaf**.
Ich bin wie ein verirrtes und verlorenes Schaf.

Ps 119,176 (in Mt 15,24 sagt Jesus: »Ich bin nur gesandt zu den verlorenen Schafen des Hauses Israel«; und in 1Petr 2,25 heißt es: »Ihr wart wie die irrenden Schafe«).

(Im »Gleichnis vom großen Weltgericht« Mt 25,31–46 heißt es:) Alle Völker werden vor ihm (Jesus, dem »Menschensohn«) versammelt werden. Und er wird sie voneinander scheiden, wie ein Hirt die **Schafe** von den Böcken scheidet, und wird die Schafe zu seiner Rechten stellen und die Böcke zur Linken.

Mt 25,32–33. – Wahrscheinlich ist an die Scheidung von Schafen und Ziegen gedacht, wobei vielleicht die Schafe als die wertvolleren Tiere gelten oder wegen der weißen Farbe – im Gegensatz zu den schwarzbraunen Ziegen – ein Bild für die »Gerechten« sind.

(Jesus sagt:) Meine **Schafe** hören meine Stimme, und ich kenne sie und sie folgen mir; und ich gebe ihnen das ewige Leben, und sie werden nimmermehr umkommen, und niemand wird sie aus meiner Hand reißen.

Joh 10,27–28. – Dieser Text gehört zu einem Abschnitt (V. 1–30), in dem Jesus sich als der »gute Hirte« vorstellt.

Schalen des Zorns.
Eine der vier Gestalten gab den sieben Engeln sieben goldene Schalen voll vom Zorn Gottes, der da lebt von Ewigkeit zu Ewigkeit.

Offb 15,7 (»Schalen des Zorns« ferner 16,1). – Die Schalen, die eine der vier Gestalten vor dem Thron Gottes (4,6) den Engeln überreicht, sind angefüllt mit Plagen, und diese kommen dann über den Kosmos (16,2–21).

Schandfleck.
Das verkehrte und böse Geschlecht hat gesündigt wider ihn (Gott); sie sind Schandflecken und nicht seine Kinder.

5Mose 32,5 (»Schandflecken« ferner 2Petr 2,13; Jud 12). – Das »verkehrte und böse Geschlecht« ist Israel.

(Jesus sagt:) Wo dein **Schatz** ist, da ist auch dein Herz.

Mt 6,21 (ähnlich Lk 12,34). – Dieser Satz begründet die Mahnung, »Schätze im Himmel« zu sammeln (V. 19–20; ähnlich Lk 12,33).

Ich denke, Gott hat uns Apostel als die Allergeringsten hingestellt, wie zum Tode Verurteilte. Denn wir sind ein **Schauspiel** geworden der Welt und den Engeln und den Menschen.

1Kor 4,9 (»zum Schauspiel werden« Hebr 10,33). – Paulus vergleicht die Apostel, die Verkündiger des Wortes vom Kreuz, mit den Gladiatoren, die in der Arena als Todgeweihte kämpfen und dem Publikum – der aus Engeln und Menschen bestehenden Welt – ein Schauspiel bieten.

Vom **Scheitel** bis zur Sohle.

(Mose sagt zu Israel:) Der HERR wird dich schlagen mit bösen Geschwüren an den Knien und Waden, dass du nicht geheilt werden kannst, von den Fußsohlen bis zum Scheitel.

5Mose 28,35 (ähnlich 2Sam 14,25; Hiob 2,7).

Sch^{e}ma (Schma) → Höre, Israel, der HERR ist unser Gott, der HERR allein.

Scherflein.

Und es kam eine arme Witwe und legte zwei Scherflein ein.

Mk 12,42 (ähnlich Lk 21,2). – Dieser Text gehört zu einer kurzen Erzählung (V. 41–44; ähnlich Lk 21,1–4), in der Jesus feststellt, dass die zwei Scherflein (das Wort bedeutete zur Zeit Luthers »kleinste Münze«), die von einer Witwe als ihr ganzer Besitz in den »Gotteskasten«, wohl einen Behälter für Opfergaben im Tempel, getan werden (womit die Witwe unbedingtes Vertrauen auf Gott beweist), ein größeres Opfer sind als die Gaben der Reichen.

Mit Gottes Wort ist nicht zu **scherzen**.

2Makk 4,17. – Dieser Satz gehört zu einem Abschnitt (V. 16–17), in dem der Autor des 2. Makkabäerbuches über sein Vergeltungsschema reflektiert: Die jüdischen Anhänger der griechischen Lebensweise werden Unheil und Leid erfahren.

Schibbolet.

Dieser Ausdruck für »Erkennungszeichen, Losungswort« stammt aus der Erzählung Richt 12,1–6, wonach im Kampf der israelitischen Stämme Gilead und Ephraim die unterlegenen Ephraimiter sich als Gileaditer ausgaben, aber, weil sie das hebräische Wort *schibbolaet*, »Ähre«, auch »Strom«, in ihrem Dialekt *sibbolaet* aussprachen, als Ephraimiter erkannt und getötet wurden.

Schicket euch in die Zeit.

Röm 12,11 nach der Übersetzung Luthers; in der heutigen Lutherbibel lautet der Text: »Dient dem Herrn«.

Vor allen Dingen aber ergreift den **Schild** des Glaubens, mit dem ihr auslöschen könnt alle feurigen Pfeile des Bösen, und nehmt den Helm des Heils und das Schwert des Geistes, welches ist das Wort Gottes.

Eph 6,16–17.

Wer unter dem **Schirm** des Höchsten sitzt und unter dem Schatten des Allmächtigen bleibt, der spricht zu dem HERRN: Meine Zuversicht und meine Burg, mein Gott, auf den ich hoffe.

Ps 91,1–2.

Den Seinen gibt's der Herr im **Schlaf**.
Es ist umsonst, dass ihr früh aufsteht und hernach lange sitzet und esset euer Brot mit Sorgen; denn seinen Freunden gibt er (Gott) es im Schlaf.

Ps 127,2. – Der Vers, dessen Schlussteil wörtlich übersetzt lautet: »Rechtes gibt er seinem Freund im Schlaf«, warnt offenbar vor einer Überbewertung der Arbeit, die ständig die Zukunft fürchtet, statt dass man sich der gütigen Führung Gottes anvertraut, der das »Rechte«, was für den Menschen gut und richtig ist, »im Schlaf« gibt, d. h. ohne dass der Mensch es merkt.

Liebe den **Schlaf** nicht, dass du nicht arm wirst; lass deine Augen offen sein, so wirst du Brot genug haben.

Spr 20,13.

Wer arbeitet, dem ist der **Schlaf** süß, er habe viel oder wenig gegessen; aber die Fülle lässt den Reichen nicht schlafen.

Pred 5,11. – Die »Fülle«, wörtlich »Sättigung«, kann sowohl seine »Übersättigung« meinen als auch sein Streben nach »Sättigung« seiner Besitzgier.

Die **Schlange** war listiger als alle Tiere auf dem Felde, die Gott der HERR gemacht hatte.

1Mose 3,1. – Mit diesem Satz beginnt die »Sündenfall«-Erzählung (V. 1–24), an deren Anfang die Schlange die Frau (Eva) überredet, von der verbotenen Frucht zu essen, und an deren Ende das erste Menschenpaar aus dem Garten Eden vertrieben wird; die List oder Klugheit der Schlange war sprichwörtlich: »Seid klug wie die Schlangen« (Mt 10,16).

Wer hat Mitleid mit einem **Schlangenbeschwörer**, der gebissen wird, oder mit einem Tierbändiger, der zerrissen wird? So geht's auch dem, der sich mit den Gottlosen einlässt und sich in ihre Sünden verwickelt.

Sir 12,13.

(Jesus sagt zu Petrus:) Ich will dir die **Schlüssel** des Himmelreichs geben.

Mt 16,19a. – Hiernach wird Petrus von Jesus als Verwalter des Himmelreichs auf Erden eingesetzt, der – wie es in der Fortsetzung des Textes (V. 19b) heißt – die Vollmacht bekommt, zu »binden« und zu »lösen«, d. h. Gebote für verbindlich oder für unverbindlich zu erklären.

Schmecket und sehet, wie freundlich der HERR ist. Wohl dem, der auf ihn trauet!

Ps 34,9. – Der erste Satz dieses Textes gehört zur Abendmahlsliturgie.

Wie die Kühle des **Schnees** zur Zeit der Ernte, so ist ein getreuer Bote dem, der ihn gesandt hat, und erquickt seines Herrn Seele.

Spr 25,13. – Ein zuverlässiger Bote gleicht für den, der ihn sendet, einer Erfrischung, die ein durch Schnee, den man aus den Hochgebirgen holte, gekühlter Trank in der heißen Erntezeit bietet.

(Judit sagt:) Die ganze **Schöpfung** muss dir (Gott) dienen; denn was du sprichst, das muss geschehen; du sendest deinen Geist und alles wird geschaffen; und deinem Wort kann niemand widerstehen.

Jdt 16,17.

Schreiben → Was ich **geschrieben** habe, das habe ich geschrieben.

Alle **Schrift**, von Gott eingegeben, ist nütze zur Lehre, zur Zurechtweisung, zur Besserung, zur Erziehung in der Gerechtigkeit.

2Tim 3,16. – »Alle Schrift«, d. h. das Alte Testament, gilt hier als von Gott inspiriert und als ein Werkzeug, um über den Willen Gottes zu lehren, den Sünder zu überführen, den Reuigen zu bessern und in der rechten Lebensführung, wie Gott sie fordert, zu erziehen.

(David sagt zu Jonatan:) Es ist nur ein **Schritt** zwischen mir und dem Tode!

1Sam 20,3. – David fühlt sich unmittelbar von Jonatans Vater Saul bedroht.

Nicht wert sein, einem die **Schuhriemen** zu lösen.

(Johannes der Täufer sagt über Jesus:) Der wird nach mir kommen, und ich bin nicht wert, dass ich seine Schuhriemen löse.

Joh 1,27 (ähnlich Apg 13,25; in Mk 1,7 und Lk 3,16 ist von den »Riemen seiner Schuhe« die Rede; in Mt 3,11 heißt es: »Ich bin nicht wert, ihm die Schuhe zu tragen«).

Wohl dem Menschen, dem der HERR die **Schuld** nicht zurechnet, in dessen Geist kein Trug ist.

Ps 32,2 (verkürzt zitiert in Röm 4,8).

Er (Gott) hat den **Schuldbrief** getilgt, der mit seinen Forderungen gegen uns war.

Kol 2,14. – Das Bild vom Schuldschein meint vielleicht ein Verzeichnis mit den Sünden derer, die vormals fern von dem durch Christus bewirkten Heil lebten.

Mehr **Schulden** als Haare auf dem Kopf haben.

Meine Sünden haben mich ereilt; ich kann sie nicht überblicken. Ihrer sind mehr als Haare auf meinem Haupt.

Ps 40,13.

Schulgezänk.

Wenn jemand anders lehrt und bleibt nicht bei den heilsamen Worten unseres Herrn Jesus Christus und bei der Lehre, die dem Glauben gemäß ist, der ist aufgeblasen und weiß nichts, sondern hat die Seuche der Fragen und Wortgefechte. Daraus entspringen Neid, Hader, Lästerung, böser Argwohn, Schulgezänk.

1Tim 6,3–5. – Das griechische Wort, das Luther mit »Schulgezänk« übersetzt, bedeutet »fortwährende Streitereien«.

Wie **Schuppen** von den Augen fallen.

Sogleich fiel es von seinen (des nach der Lichterscheinung, als der auferstandene Jesus ihn ansprach, blind gewordenen Saulus) Augen wie Schuppen, und er wurde wieder sehend.

Apg 9,18.

Streite nicht mit einem großmäuligen **Schwätzer**, damit du nicht noch Holz zu seinem Feuer trägst.

Sir 8,4. – Wenn man einen – wie das Feuer unberechenbaren – Schwätzer verletzt, kann er noch schwieriger werden als zuvor.

Mit etwas **schwanger** gehen.

(Elifas sagt:) Sie (die Frevler) gehen schwanger mit Mühsal und gebären Unglück.

Hiob 15,35 (in Jes 33,11 heißt es: »Mit Stroh geht ihr [die Israeliten] schwanger«).

Da ließ der HERR **Schwefel** und Feuer regnen vom Himmel herab auf Sodom und Gomorra.

1Mose 19,24 (zitiert in Lk 17,29). – Nach der Erzählung vom Untergang Sodoms und Gomorras (V. 1–29) wurden die Städte wegen der Unzucht ihrer Bewohner von Gott zerstört.

(Gott spricht zu Adam:) Im **Schweiße** deines Angesichts sollst du dein Brot essen, bis du wieder zur Erde werdest, davon du genommen bist.

1Mose 3,19. – Es handelt sich in V. 17–19 um einen Strafspruch Gottes, nachdem Adam von der verbotenen Frucht gegessen hat. Mit diesem

Spruch will der Verfasser der Erzählung 2,4b–3,24 eine Antwort auf die Frage geben, warum die Arbeit des Ackerbauern – das waren die Israeliten überwiegend – so mühsam ist.

(Mose sagt im Namen Gottes zu den Leviten:) Ein jeder gürte sein **Schwert** um die Lenden.

2Mose 32,27 (»sein Schwert um die Lenden gürten« auch Neh 4,12).

(Jesus sagt bei seiner Gefangennahme zu einem Jünger, der ihn verteidigen will:) Wer das **Schwert** nimmt, der soll durchs Schwert umkommen.

Mt 26,52.

Schwerter zu Pflugscharen.

Da werden sie (die Völker) ihre Schwerter zu Pflugscharen und ihre Spieße zu Sicheln machen.

Jes 2,4 (= Mich 4,3). – Dieser Text gehört zu einer Weissagung (V. 2–5; ähnlich Mich 4,1–5), die das Kommen der Völker nach Jerusalem ankündigt.

Gewöhne deinen Mund nicht ans **Schwören** und nicht daran, den Namen des Heiligen ständig zu nennen.

Sir 23,9.

Nun hat die liebe **Seele** Ruh'.

(Im »Gleichnis vom reichen Kornbauern« Lk 12,16–20 sagt der Kornbauer:) Ich will meine Scheunen abbrechen und größere bauen und will darin sammeln all mein Korn und meine Vorräte und will sagen zu meiner Seele: Liebe Seele, du hast einen großen Vorrat für viele Jahre; habe nun Ruhe, iss, trink und habe guten Mut!

Lk 12,18–19.

Der **Segen** des Vaters baut den Kindern Häuser, aber der Fluch der Mutter reißt sie nieder.

Sir 3,11. – Das Gedeihen der Kinder beruht darauf, dass die Eltern sie segnen, ihnen lebensfördernde Kraft zusprechen und übermitteln; wenn die Eltern es nicht tun, missraten die Kinder.

Der **Segen** Gottes ist der Lohn der Frommen, und in kurzer Zeit gibt er schönstes Gedeihen.

Sir 11,23.

Gelobt sei Gott, der Vater unseres Herrn Jesus Christus, der uns gesegnet hat mit allem geistlichen **Segen** im Himmel durch Christus.

Eph 1,3. – Der Segen besteht, wie dann entfaltet wird (V. 4–8), darin, dass Gott die Glaubenden erwählt und erlöst hat.

Der HERR **segne** dich und behüte dich.

4Mose 6,24. – Diese Worte leiten den »Aaronitischen Segen« (V. 24–26) ein, der am Schluss des Gottesdienstes gesprochen wird.

Segnen → In dir sollen **gesegnet** werden alle Geschlechter auf Erden.

Segnen → **Gesegnet** ist der Mann, der sich auf den HERRN verlässt und dessen Zuversicht der HERR ist.

(David sagt:) Was du, HERR, **segnest**, das ist gesegnet ewiglich.

1Chr 17,27.

(Jesus sagt:) **Segnet**, die euch verfluchen.

Lk 6,28.

Gott **segnete** den siebenten Tag und heiligte ihn, weil er an ihm ruhte von allen seinen Werken, die Gott geschaffen und gemacht hatte.

1Mose 2,3. – Gott verleiht dem siebenten Tag, d. h. dem israelitisch-jüdischen Sabbat, den Segen, die umfassende Lebenskraft (die sich dann in Israel auswirken soll) und »heiligt« ihn, nimmt ihn für sich in Beschlag.

Sehen → Weil er mit Gott wandelte, nahm ihn Gott hinweg und er ward nicht mehr **gesehen**.

Sehen, worauf es hinaus will.

Petrus aber folgte ihm (Jesus) von ferne bis zum Palast des Hohenpriesters und ging hinein und setzte sich zu den Knechten, um zu sehen, worauf es hinauswollte.

Mt 26,58.

(Jesus sagt zu dem Jünger Thomas, der erst, nachdem er Jesus berührt hat, glaubt, dass Jesus auferstanden ist:) Selig sind, die nicht **sehen** und doch glauben!

Joh 20,29. – Im Hören der Osterbotschaft »sieht« der Glaubende Jesus und bekommt Gemeinschaft mit ihm. Auf der in V. 24–29 geschilderten Szene beruht der Ausdruck »ungläubiger Thomas«.

(Jesus sagt zu den Jüngern:) Wenn aber dieses anfängt zu geschehen, dann **seht auf** und erhebt eure Häupter, weil sich eure Erlösung naht.

Lk 21,28. – »Dieses« sind die in V. 5–27 angekündigten Ereignisse der Endzeit.

Niemand suche das **Seine**, sondern was dem andern dient.

1Kor 10,24.

Von allen **Seiten** umgibst du (Gott) mich und hältst deine Hand über mir.

Ps 139,5.

Sela.

Das in Hab 3,3.9.13 und häufig in den Psalmen (z. B. 3,9; 20,4; 140,4) vorkommende, und zwar außerhalb des Satzgefüges stehende, hebräische Wort *saelā*, dessen Bedeutung unklar ist, lässt sich im Sinne von »Schluss« verstehen, woraus die heute nicht mehr ganz gebräuchliche Wendung »abgemacht, sela!« entstand, mit der man etwas nachdrücklich oder auch scherzhaft für beendet erklärt.

Selig.

Das griechische Wort *makários*, das im Neuen Testament auf der einen Seite ein Titel Gottes ist (»der selige Gott« 1Tim 1,11; »der Selige« 6,15), auf der anderen Seite abgeschwächt fast den Sinn von »gut« haben kann (»geben ist seliger als nehmen« Apg 20,35), begegnet hier vor allem als Eröffnung einer Heilszusage, die den Angeredeten (z. B. »Selig seid ihr, wenn ihr geschmäht werdet um des Namens Christi willen« 1Petr 4,14) oder Genannten (z. B. »Selig sind, die das Wort Gottes hören und bewahren« Lk 11,28) Anteil an der Herrschaft Gottes verheißt und die man auch mit »Heil euch …«, »Heil denen, die …« übersetzen könnte. Zu einer Reihe gebündelt finden sich Heilszusagen in den »Seligpreisungen« Jesu (Mt 5,3–11; Lk 6,20–22).

Schaffet, dass ihr **selig** werdet, mit Furcht und Zittern. Denn Gott ist's, der in euch wirkt beides, das Wollen und das Vollbringen, nach seinem Wohlgefallen.

Phil 2,12–13. – Der Text lautet wörtlich übersetzt: »Schafft mit Furcht und Zittern euer Heil (griech. *sōtēria*). Denn Gott ist es, der in euch wirkt das Wollen und Vollbringen, zu seinem Wohlgefallen.« Paulus meint: Das Heil, die neue Existenz der Glaubenden, gibt es nur »mit Furcht und Zittern«, d. h. im Wissen, dass wir abhängig sind vom Handeln Gottes, der »in euch wirkt das Wollen und Vollbringen«, d. h. Gottes neue Welt kommt nur dort, wo Menschen sich von ihm führen lassen, und zwar »zu seinem Wohlgefallen«, d. h. auf sein Ziel hin.

(Jesus sagt zu den Jüngern:) Wie mich der Vater gesandt hat, so **sende** ich euch.

Joh 20,21.

Sic transit gloria mundi → Die **Welt** vergeht mit ihrer Lust; wer aber den Willen Gottes tut, der bleibt in Ewigkeit.

Sieben schöne, fette Kühe – sieben hässliche und magere Kühe.

Dieser Ausdruck beruht auf der Erzählung 1Mose 41,1–32, wonach der Pharao von je sieben fetten und mageren Kühen und Ähren träumt, was Josef als sieben reiche Jahre und sieben Jahre des Mangels deutet.

Rosse werden gerüstet zum Tage der Schlacht; aber der **Sieg** kommt vom HERRN.

Spr 21,31. – Die Entscheidung über den militärischen Erfolg liegt bei Gott, dessen Handeln für den Menschen oft undurchschaubar ist.

Lege mich wie ein **Siegel** auf dein Herz, wie ein Siegel auf deinen Arm.

Hld 8,6. – In diesem Text möchte eine Frau ein Siegel, ein wegen seiner kunstvollen Gestaltung wertvolles Kleinod, für ihren Geliebten sein;

der soll das Siegel als Amulett an einer Schnur um den Hals, also an seinem Herzen, und zugleich an seinem Armring tragen.

Der feste Grund Gottes besteht und hat dieses **Siegel**: Der Herr kennt die Seinen; und: Es lasse ab von Ungerechtigkeit, wer den Namen des Herrn nennt.

2Tim 2,19. – Das feste Fundament, nämlich der Kirche, das Gott gelegt hat, bleibt bestehen und trägt als »Siegel« die Inschrift: »Der Herr kennt die Seinen« und »Es lasse ab von Ungerechtigkeit, wer den Namen des Herrn nennt«, womit die beiden Kennzeichen der Kirche genannt sind, nämlich dass Christus die Seinen von denen zu unterscheiden weiß, die ihn ablehnen, und dass, wer zu Christus gehört, alle Ungerechtigkeit meidet.

Da **sieh** du **zu**.

(Die Hohenpriester und Ältesten sagen zu Judas, der Jesus verraten hat, aber seine Tat bereut und seinen Lohn von dreißig Silberlingen zurückbringt:) Was geht uns das an? Da sieh du zu!

Mt 27,5. – Diese Redewendung wird gebraucht, um auszudrücken, dass man einem anderen in dessen schwieriger Lage nicht helfen kann oder will.

(Jesus sagt zu Philippus:) Wer mich **sieht**, der sieht den Vater!

Joh 14,9. – Mit diesem Satz antwortet Jesus auf die Bitte des Philippus: »Zeige uns den Vater« (V. 8) und sagt, dass in der Begegnung mit ihm, Jesus, wirklich Gott begegnet.

(Petrus sagt zu einem Gelähmten, der um Almosen bittet:) **Silber** und Gold habe ich nicht; was ich aber habe, das gebe ich dir.

Apg 3,6. – Die Gabe des Petrus besteht in der Heilung des Gelähmten.

Ihr wisst, dass ihr nicht mit vergänglichem **Silber** oder Gold erlöst seid von eurem nichtigen Wandel nach der Väter Weise, sondern mit dem teuren Blut Christi als eines unschuldigen und unbefleckten Lammes.

1Petr 1,18–19.

Simonie.

Dieser Ausdruck für den missbräuchlichen Handel mit geistlichen Ämtern geht zurück auf die Erzählung Apg 8,9–24, wonach ein Mann namens Simon dem Petrus die Gabe, durch Handauflegung den heiligen Geist zu vermitteln, um Geld abkaufen will, was Petrus als teuflisches Ansinnen entlarvt.

Nichts Gutes im **Sinn** haben.
Sie (die Frevler) haben nichts Gutes im Sinn.

Sir 11,34 (»Böses im Sinn haben« Ps 7,15; 64,7).

(Gott spricht:) Siehe, ich will eine **Sintflut** kommen lassen auf Erden, zu verderben alles Fleisch, darin Odem des Lebens ist, unter dem Himmel.

1Mose 6,17. – Mit dem alt- und mittelhochdeutschen *sin(t)vluot*, »immerwährende, große Flut«, bezeichnet man die urgeschichtliche Flutkatastrophe, die Gott wegen der Verderbtheit der Menschen über die Erde kommen ließ und der lediglich der rechtschaffene Noah, seine Familie und Vertreter der Tierwelt in der »Arche Noah« entgingen (6,5–9,17).

Lasst euch nicht verführen! Schlechter Umgang verdirbt gute **Sitten**.

1Kor 15,33. – Paulus warnt hier allgemein die Korinther vor Selbsttäuschung und Irrtum. Der zweite Teil dieses Textes, damals ein »geflügeltes Wort« (es handelt sich um einen Vers des griechischen Dichters Menander [342–291 v. Chr.]), ergibt in Kombination mit Weish 4,12 »böse Beispiele verderben das Gute« unsere Redensart »Böse (schlechte) Beispiele verderben gute Sitten.«

Jemanden **sitzen** lassen.
Eine vernünftige Tochter kriegt einen Mann; aber eine Tochter, die sich schlecht aufführt, bleibt sitzen und sie macht ihrem Vater Kummer.

Sir 22,4. – Der Text lautet wörtlich übersetzt: »Eine kluge Tochter wird ihrem Mann Anteil am Besitz geben, und die schändliche (wird) zum Kummer ihres Vaters (aufwachsen).«

Einen umsichtigen **Sklaven** habe lieb und hindere ihn nicht, wenn er frei werden kann.

Sir 7,23.

Alle, die als **Sklaven** unter dem Joch sind, sollen ihre Herren aller Ehre wert halten, damit nicht der Name Gottes und die Lehre verlästert werde.

1Tim 6,1. – Der Sklave darf gegenüber seinem – heidnischen, wie aus der Fortsetzung: »Welche aber gläubige Herren haben, sollen diese nicht weniger ehren« (V. 2) hervorgeht – Herren nicht den Anschein erwecken, als mache die Freiheit der Kinder Gottes aufsässig, weil dann der Herr von dem Gott und der Lehre der Christen verächtlich reden würde.

Mit **Skorpionen** züchtigen.

(Rehabeam sagt zu den Israeliten, die von ihm Erleichterung der Lasten fordern:) Mein Vater (Salomo) hat euch mit Peitschen gezüchtigt, ich will euch mit Skorpionen züchtigen.

1Kön 12,11 (ähnlich 2Chr 10,14). – Als »Skorpione« werden hier mit Knoten oder Stacheln versehene Ruten bezeichnet.

Sodom und Gomorra.

Dieser Ausdruck bezeichnet Stätten des Lasters (scherzhaft auch solche großer Unordnung) aufgrund der Erzählung 1Mose 19,1–29, wonach die beiden Städte Sodom und Gomorra (letztere wird allerdings nur in V. 24 und 28 genannt) wegen der Unzucht – womit hier Homosexualität gemeint ist – ihrer Bewohner von Gott vernichtet werden.

Kundtun will ich den Ratschluss des HERRN. Er hat zu mir gesagt: »Du bist mein **Sohn**, heute habe ich dich gezeugt.«

Ps 2,7. – Dieser Text gehört zu einem Gotteswort (V. 7–9), das der König bei seiner Thronbesteigung vorliest und in dem der Akt der Inthronisation mit einer Adoptionsformel bildhaft als Neuzeugung oder Wiedergeburt durch Gott beschrieben wird; das Neue Testament deutet diesen Text auf Jesus (Apg 13,33; Hebr 1,5; 5,5).

Wer aber zu weich ist gegen seinen **Sohn**, der verbindet ihm die Wunden und erschrickt, wenn dieser weint.

Sir 30,7. – Bei der Erziehung eines Kindes darf man Härte nicht vermeiden.

(Bei der Taufe Jesu spricht eine Stimme vom Himmel herab:) Dies ist mein lieber **Sohn**, an dem ich Wohlgefallen habe.

Mt 3,17 (in Mk 1,11; Lk 3,22 heißt es: »Du bist mein lieber Sohn, an dir habe ich Wohlgefallen«). – Hier handelt es sich um eine Art Adoptionsformel (vergleichbar dem Gotteswort an den König in Ps 2,7: »Du bist mein Sohn, heute habe ich dich gezeugt«), mit der Jesus zum Bringer des endzeitlichen Heils proklamiert wird; in Mt 17,5 (ähnlich Mk 9,7; Lk 9,35) erfolgt diese Proklamation bei der Verklärung Jesu (so auch in 2Petr 1,17).

(Der römische Hauptmann sagt nach der Kreuzigung Jesu:) Wahrlich, dieser ist Gottes **Sohn** gewesen!

Mt 27,54 (ähnlich Mk 15,39; in Lk 23,47 heißt es: »Fürwahr, dieser ist ein frommer Mensch gewesen!«).

(Der Engel Gabriel sagt zu Maria:) Siehe, du wirst schwanger werden und einen **Sohn** gebären, und du sollst ihm den Namen Jesus geben. Der wird groß sein und Sohn des Höchsten genannt werden; und Gott der Herr wird ihm den Thron seines Vaters David geben, und er wird König sein über das Haus Jakob in Ewigkeit, und sein Reich wird kein Ende haben.

Lk 1,31–33. – Gemeint ist wohl die Herrschaft des auferstandenen Jesus über seine Gemeinde, die im Reich Gottes ihre Vollendung findet.

(Maria sagt zu Jesus, als sie den Zwölfjährigen nach längerer Suche im Tempel zu Jerusalem gefunden hat:) Mein **Sohn**, warum hast du uns das getan?

Lk 2,48b. – Anschließend begründet Maria ihren Vorwurf: »Siehe, dein Vater und ich haben dich mit Schmerzen gesucht« (V. 48c).

(Jesus sagt zu Maria über den »Jünger, den er lieb hatte«:) Frau, siehe, das ist dein **Sohn**!

Joh 19,26. – Vielleicht verkörpert der – für uns nicht identifizierbare – »Jünger, den Jesus lieb hatte« (13,23; 19,26–27; 21,7.20) das Heidenchristentum, Maria dagegen das Judenchristentum und werden diese beiden Größen nun durch Jesus zueinander gewiesen wie Mutter und Sohn.

Sola fide → Allein durch den **Glauben**.

Der Sünde **Sold** ist der Tod; die Gabe Gottes aber ist das ewige Leben in Christus Jesus, unserm Herrn.

Röm 6,23. – Mit einem militärischen Bild bringt Paulus zum Ausdruck, dass derjenige, der sich als Soldat in den »Dienst« der Sünde (V. 19) stellt, als Sold nur den Tod, d. h. die Sinnlosigkeit des Daseins, bekommt, während Gott dem im »Dienst der Gerechtigkeit« (V. 19) Stehenden das »ewige Leben«, d. h. ein Leben in der Verbundenheit mit ihm, schenkt.

Wer im **Sommer** sammelt, ist ein kluger Sohn; wer aber in der Ernte schläft, macht seinen Eltern Schande.

Spr 10,5. – Der »Sommer«, die regenlose Jahreszeit (Mitte April bis Mitte Oktober), ist die Zeit der Ernte.

Die ihn (Gott) aber lieb haben, sollen sein, wie die **Sonne** aufgeht in ihrer Pracht!

Richt 5,31. – Der hebräische Urtext spricht von der »Kraft« der Sonne; die Verehrer Gottes werden also stark und mächtig sein.

Gott der HERR ist **Sonne** und Schild.

Ps 84,12. – Als Sonnenaufgang wird das Kommen Gottes in 5Mose 33,2; Hab 3,4 beschrieben.

(Gott spricht:) Euch aber, die ihr meinen Namen fürchtet, soll aufgehen die **Sonne** der Gerechtigkeit und Heil unter ihren Flügeln.

Mal 3,20. – Dieser Text verheißt den Frommen »Gerechtigkeit«, d. h. das ersehnte Heil, und »Heil«, wörtlich »Heilung« im Bild der geflügelten Sonne – mit den »Flügeln« sind die Strahlen gemeint –, das im Alten Testament singulär, aber in seiner Umwelt weit verbreitet ist.

(Jesus sagt:) Er (Gott) lässt seine **Sonne** aufgehen über Böse und Gute und lässt regnen über Gerechte und Ungerechte.

Mt 5,45. – Mit diesem Hinweis, dass Gott die guten Gaben der Natur den Menschen unterschiedslos zukommen lässt, begründet Jesus das Gebot der Feindesliebe (V. 44).

Sorge macht alt vor der Zeit.

Sir 30,26.

Alle eure **Sorge** werft auf ihn (Gott); denn er sorgt für euch.

1Petr 5,7. – Dieser Text meint nicht die allgemeine Sorglosigkeit, sondern er will zum Vertrauen auf Gott ermutigen, der den richtigen Weg kennt.

Sorgt euch um nichts, sondern in allen Dingen lasst eure Bitten in Gebet und Flehen mit Danksagung vor Gott kundwerden!

Phil 4,6. – Paulus ermutigt die Philipper, auf Gott zu vertrauen und ihn zu bitten, wobei die Bitte mit dem Dank zusammengehört.

Es ist viel **Speise** in den Furchen der Armen; aber wo kein Recht ist, da ist Verderben.

Spr 13,23. – Der schwierige Text meint vielleicht, dass die fleißige Arbeit des Armen sich lohnt, aber ein vorhandener Besitz durch Unrecht des Besitzers hinweggerafft wird.

Wir sehen jetzt durch einen **Spiegel** ein dunkles Bild; dann aber von Angesicht zu Angesicht.

1Kor 13,12. – Während des irdischen Lebens gibt es nur ein indirektes Erkennen (wörtlich: »durch einen Spiegel in rätselhafter Weise«), aber in der Vollendung, nach dem Tode, werden wir Gott unmittelbar schauen.

(Jesus sagt:) Was siehst du aber den **Splitter** in deines Bruders Auge und nimmst nicht wahr den Balken in deinem Auge?

Mt 7,3 (ähnlich Lk 6,41).

Sitzen, wo die **Spötter** sitzen.
Wohl dem, der nicht wandelt im Rat der Gottlosen noch tritt auf den Weg der Sünder noch sitzt, wo die Spötter sitzen.

Ps 1,1. – Im Gegenüber zum Mann, der über das »Gesetz«, die Weisung Gottes nachsinnt (V. 2), hat man in den »Spöttern« Leute zu sehen, die Gottes Weisung arrogant verachten.

Zum **Spott** der Leute werden.
Ich aber bin ein Wurm und kein Mensch, ein Spott der Leute und verachtet vom Volke.

Ps 22,7 (»ein/zum Spott werden« ferner z.B. 31,12; 109,25).

Es gibt so viele Arten von **Sprache** in der Welt, und nichts ist ohne Sprache.

1Kor 14,10. – Dieser Satz gehört zu einem Abschnitt (V. 1–19), in dem Paulus den Vorrang der verständlichen prophetischen Rede vor der Glossolalie, der verzückten, unverständlichen Rede, aufzeigen will. Er zieht hier als Beispiel die Vielfalt der verschiedenen Sprachen heran (»nichts ist ohne Sprache« bedeutet wohl: kein Volk ist ohne Sprache), deren jede aber – wie Paulus dann fortfährt (V. 11) – für den unverständlich bleibt, der sie nicht kennt.

Spreu im Wind.

(Hiob sagt:) Wie oft geschieht's denn, dass die Leuchte der Gottlosen verlischt und ihr Unglück über sie kommt, dass Gott Herzeleid über sie austeilt in seinem Zorn, dass sie werden wie Stroh vor dem Winde und wie Spreu, die der Sturmwind wegführt?

Hiob 21,17–18 (das Bild von der Spreu im Wind auch z. B. Ps 1,4; 35,5).

Die **Spreu** vom Weizen trennen.

(Johannes der Täufer sagt über Jesus:) Er hat seine Worfschaufel in der Hand; er wird seine Tenne fegen und seinen Weizen in die Scheune sammeln; aber die Spreu wird er verbrennen mit unauslöschlichem Feuer.

Mt 3,12 (ähnlich Lk 3,17).

Wenn er (Gott) **spricht**, so geschieht's; wenn er gebietet, so steht's da.

Ps 33,9.

Zum **Sprichwort** werden.

(Mose sagt zu Israel:) Du wirst zum Entsetzen, zum Sprichwort und zum Spott werden unter allen Völkern, zu denen der HERR dich treibt.

5Mose 28,37 (»zum Sprichwort machen« z. B. Hiob 17,6; Ps 44,15).

Wider den **Stachel** löcken.

(Paulus zitiert Jesus, der zu ihm gesagt hat:) Es wird dir schwer sein, wider den Stachel zu löcken.

Apg 26,14. – Das Bild, mit dem Jesus sagt, dass Paulus sich seiner, Jesu, Macht nicht widersetzen kann, ist vom Zugtier genommen, das gegen den Stachelstock des Treibers »löckt« (ein veraltetes Wort für »ausschlägt«).

(Jeremia sagt:) HERR, du bist meine **Stärke** und Kraft und meine Zuflucht in der Not!

Jer 16,19.

HERR, ich habe lieb die **Stätte** deines Hauses und den Ort, da deine Ehre wohnt.

Ps 26,8.

Der ist nicht **stark**, der in der Not nicht fest ist.

Spr 24,10. – Der Text lautet wörtlich übersetzt: »Zeigst du dich schwach am Tag der Not, ist eingeengt deine Kraft« und meint vielleicht, dass derjenige, der einem anderen in dessen Not nicht beisteht, selber in einer ähnlichen Lage hilflos sein wird.

Seid **stark** in dem Herrn und in der Macht seiner Stärke.

Eph 6,10.

Den **Staub** von den Füßen schütteln.

(Jesus sagt zu den Jüngern:) Wenn euch jemand nicht aufnehmen und eure Rede nicht hören wird, so geht heraus aus diesem Hause oder dieser Stadt und schüttelt den Staub von euren Füßen.

Mt 10,14 (ähnlich Mk 6,11; Lk 9,5; 10,11).

Du sollst nicht **stehlen**.

2Mose 20,15 (= 5Mose 5,19; ähnlich 3Mose 19,11; zitiert z.B. in Mt 19,18; Röm 13,9).

Stehlen → **Gestohlenes** Wasser ist süß, und heimliches Brot schmeckt fein.

Der **Stein**, den die Bauleute verworfen haben, ist zum Eckstein geworden.

Ps 118,22 (zitiert z.B. in Mt 21,42; 1Petr 2,7). – Das wunderbare Schicksal eines vom Tode Erretteten (V. 18) wird als Bekenntnis der Gemeinde in das Bildwort vom Stein gefasst, der, obgleich ihn die vermeintlich kundigen Bauhandwerker für unbrauchbar hielten und wegwarfen, zum »Eckstein« – das ist entweder der Quaderstein, der eine der Ecken des Hauses abstützt, oder der Schlussstein eines Gewölbes – wurde.

Der **Stein** des Anstoßes.

Er (Gott) wird ein Fallstrick sein und ein Stein des Anstoßes und ein Fels des Ärgernisses für die beiden Häuser Israel.

Jes 8,14 (zitiert in Röm 9,33; 1Petr 2,8). – Es handelt sich um ein Drohwort, das den Israeliten, die zu Unrecht auf den Schutz Gottes vertrauen, Gottes Feindschaft ankündigt.

(Jesus sagt über den Jerusalemer Tempel:) Es wird hier nicht ein **Stein** auf dem andern bleiben, der nicht zerbrochen werde.

Mt 24,2 (ähnlich Mk 13,2; Lk 21,6).

Steine statt Brot geben.

(Jesus sagt:) Wer ist unter euch Menschen, der seinem Sohn, wenn er ihn bittet um Brot, einen Stein biete?

Mt 7,9.

(Jesus sagt zu den Pharisäern:) Wenn diese (die Jünger) schweigen werden, so werden die **Steine** schreien.

Lk 19,40. – Mit diesem Text antwortet Jesus, nachdem die »Menge der Jünger« Jesus als König proklamiert hat (V. 37–38), auf die Forderung der Pharisäer, er solle den Jüngern diese Proklamation verbieten (V. 39), indem er sagt: Wenn die Jünger schweigen, nämlich weil sie zum Schweigen gebracht sind, werden die Steine, nämlich der zerstörten Stadt Jerusalem, »schreien«, nämlich Zeugnis jener Proklamation ablegen.

Lehre uns bedenken, dass wir **sterben** müssen, auf dass wir klug werden.

Ps 90,12.

Sterben und verderben.

(Holofernes, der Anführer des assyrischen Feldzugs gegen die Juden, sagt zu dem Ammoniter Achior, der die Macht des Gottes der Juden preist:) Das Schwert meiner Leute soll dich durchbohren, und du wirst unter den Verwundeten Israels liegen und musst sterben und verderben.

Jdt 6,3.

Sterben wir mit, so werden wir mit leben; dulden wir, so werden wir mit herrschen; verleugnen wir, so wird er (Christus) uns auch verleugnen; sind wir untreu, so bleibt er doch treu; denn er kann sich selbst nicht verleugnen.

2Tim 2,11–13. – Wer – durch die Taufe – »mit Christus gestorben« ist und das Martyrium übernimmt, der wird an seiner ewigen Herrschaft teilhaben; den, der Christus verleugnet, wird auch Christus im Endgericht verleugnen, aber – so der überraschende Schluss – ihn nicht allein lassen.

Sei **stille** dem HERRN und warte auf ihn.

Ps 37,7.

Meine Seele ist **stille** zu Gott, der mir hilft.

Ps 62,2 (in V. 6 heißt es: »Sei nur stille zu Gott, meine Seele, denn er ist meine Hoffnung«).

Gott, man lobt dich in der **Stille** zu Zion, und dir hält man Gelübde.

Ps 65,2. – Die hebräischen Wörter, die Luther mit »man lobt dich in der Stille« wiedergibt, bedeuten wörtlich übersetzt: »dir ist Stille (ein) Lobgesang« und lassen sich mit einer leichten Änderung verbessern zu: »dir gebührt Lobgesang«.

Der HERR ist in seinem heiligen Tempel. Es sei vor ihm **stille** alle Welt!

Hab 2,20. – Hier liegt ein gottesdienstlicher Spruch vor, der die Präsenz Gottes im Jerusalemer Tempel ankündigt und zur schweigenden Anbetung auffordert.

Die **Stillen** im Lande.
Sie (die Feinde des Beters) reden nicht, was zum Frieden dient, und ersinnen falsche Anklagen wider die Stillen im Lande.

Ps 35,20. – Die »Stillen«, die »ruhig Lebenden«, sind wohl die Gruppe derer, die ganz auf Gott vertrauen.

(Gott spricht zu den Judäern:) Durch **Stillesein** und Hoffen würdet ihr stark sein.

Jes 30,15. – Dieser Text gehört zu einem Abschnitt (V. 15–17), in dem der Prophet sagt: Rettung und Kraft gibt es für Juda nur durch Ruhe und Vertrauen auf Gott (das meint der hebräische Begriff, den Luther mit »Hoffen« übersetzt), d. h. wenn es sich gelassen aus den Händeln der Großmächte heraushält, statt auf militärische Macht zu bauen, was zu seinem Untergang führen wird.

(Gott spricht zu Kain:) Die **Stimme** des Blutes deines Bruders schreit zu mir von der Erde.

1Mose 4,10. – Hier kommt die urtümliche Vorstellung von einem wirklichen Racheschrei des durch einen Mord vergossenen Blutes zum Ausdruck.

(Rut sagt zu Noomi:) Wo du **stirbst**, da sterbe ich auch, da will ich auch begraben werden.

Rut 1,17.

Der **Storch** unter dem Himmel weiß seine Zeit, Turteltaube, Kranich und Schwalbe halten die Zeit ein, in der sie wiederkommen sollen; aber mein Volk will das Recht des HERRN nicht wissen.

Jer 8,7. – Das hebräische Wort, das Luther mit »Recht« übersetzt, ist hier am besten mit »Ordnung« wiederzugeben: Während die Zugvögel unbeirrbar der gottgefügten Ordnung folgen, kennt das Volk Israel die Ordnung Gottes nicht, die z. B. in der aufrichtigen Rede oder in der Reue über seine Bosheit besteht (V. 6).

Streitbare Männer.
(Josua sagt zu den Israeliten, die östlich des Jordans siedeln:) Ihr

aber sollt, so viele von euch streitbare Männer sind, vor euren Brüdern gerüstet hinüberziehen (über den Jordan) und ihnen helfen.

Jos 1,14 (»streitbare Männer« außerdem z.B. Richt 20,17; 1Kön 12,21; »streitbarer Mann« z.B. Richt 11,1; »streitbarer Held« 6,12).

(Mose sagt zu den Israeliten vor dem Durchzug durchs Schilfmeer:) Der HERR wird für euch **streiten**, und ihr werdet stille sein.

2Mose 14,14. – Das Volk braucht für seine Rettung vor den Ägyptern nichts zu tun, nicht einmal das Kriegsgeschrei zu erheben.

Gegen den **Strom** schwimmen.
Schäme dich nicht zu bekennen, wo du gefehlt hast, und strebe nicht wider den Strom.

Sir 4,31 nach der Übersetzung Luthers; in der heutigen Lutherbibel lautet der Text: »Schäme dich nicht, zu bekennen, wenn du gesündigt hast, sonst versuchst du vergeblich, den Lauf eines Stromes zu hemmen.«

(Jesus sagt zu den Jüngern:) Seid auch ihr bereit! Denn der Menschensohn kommt zu einer **Stunde**, da ihr's nicht meint.

Mt 24,44 (= Lk 12,40).

(Jesus sagt auf der Hochzeit zu Kana zu Maria, die ihn darauf hinweist, dass man keinen Wein mehr hat:) Meine **Stunde** ist noch nicht gekommen.

Joh 2,4. – Gemeint ist, dass Jesu Handeln nicht von menschlichen Motiven, sondern vom Willen Gottes abhängt; allerdings hilft Jesus dann doch mit dem Weinwunder (V. 5–10).

(Gott spricht zu den Israeliten:) Wenn ihr mich von ganzem Herzen **suchen** werdet, so will ich mich von euch finden lassen.

Jer 29,13–14.

(Gott spricht zu den Israeliten:) **Suchet** mich, so werdet ihr leben.

Am 5,4.

(Jesus sagt:) **Suchet**, so werdet ihr finden … Wer da sucht, der findet.

Mt 7,7–8 (= Lk 11,9–10).

Als ich den HERRN **suchte**, antwortete er mir und errettete mich aus aller meiner Furcht.

Ps 34,5.

(Gott,) der dir alle deine **Sünde** vergibt und heilet alle deine Gebrechen.

Ps 103,3.

Fliehe vor der **Sünde** wie vor einer Schlange; denn wenn du ihr zu nahe kommst, so sticht sie dich. Ihre Zähne sind wie Löwenzähne und töten den Menschen.

Sir 21,2–3.

(Jesus sagt:) Alle **Sünde** und Lästerung wird den Menschen vergeben; aber die Lästerung gegen den Geist wird nicht vergeben.

Mt 12,31 (ähnlich Mk 3,28–29). – Dieses rätselhafte Wort will vielleicht besagen: Wer das Vergebungsangebot Gottes lästernd zurückweist, schließt sich vom ewigen Heil aus.

(Jesus sagt zu den Pharisäern und Schriftgelehrten, die eine Ehebrecherin steinigen wollen:) Wer unter euch ohne **Sünde** ist, der werfe den ersten Stein auf sie.

Joh 8,7.

(Jesus sagt:) Wer **Sünde** tut, der ist der Sünde Knecht.

Joh 8,34. – Der Sündigende ist unter der Sünde, die als eine Macht erscheint und ihn zum Sündigen zwingt, versklavt.

Wenn wir sagen, wir haben keine **Sünde**, so betrügen wir uns selbst, und die Wahrheit ist nicht in uns. Wenn wir aber unsre Sünden bekennen, so ist er (Gott) treu und gerecht, dass er uns die Sünden vergibt und reinigt uns von aller Ungerechtigkeit.

1Joh 1,8–9. – Dieser Text streitet gegen Irrlehrer, die sich, weil von Gottes Geist erfüllt, für sündlos halten.

Er (Gott) handelt nicht mit uns nach unsern **Sünden** und vergilt uns nicht nach unsrer Missetat.

Ps 103,10.

Ach, HERR, wenn unsre **Sünden** uns verklagen, so hilf doch um deines Namens willen! Denn unser Ungehorsam ist groß, womit wir wider dich gesündigt haben.

Jer 14,7.

(Jesus sagt zu einem Gelähmten:) Sei getrost, mein Sohn, deine **Sünden** sind dir vergeben.

Mt 9,2 (ähnlich Mk 2,5; Lk 5,20). – Wenn Jesus dem Gelähmten die Sündenvergebung zuspricht und ihn danach heilt (V. 6–7; Mk 2,11–12; Lk 5,24–25), wird sichtbar, dass alle Heilungen Jesu Zeichen seiner Vollmacht zur Sündenvergebung sind und dass er mit beidem den Menschen als ganzen unter die Herrschaft Gottes zurückholt.

Sündenbock.

Dieser Ausdruck ist die volkstümliche Bezeichnung des Ziegenbocks, der nach dem Ritual des Versöhnungstages (3Mose 16) in die Wüste zu einem Wüstendämon namens Asasel hinausgeschickt wurde (und dort umkam), nachdem der Hohepriester ihm durch Handauflegen und Sündenbekenntnis die Sünden des Volkes übertragen hatte (V. 7–10.20–22). Hierbei verstand man unter »Sünde« nicht nur die *Schuld*, die ein Mensch auf sich lädt, sondern auch so etwas wie eine Unheilssphäre, die durch ein Fehlverhalten entsteht und den Täter und seine Umgebung vergiftet und auf ein Tier abgeleitet werden kann.

(Im »Gleichnis vom Pharisäer und Zöllner« Lk 18,10–14 betet der Zöllner:) Gott, sei mir **Sünder** gnädig!

Lk 18,13.

Es ist hier kein Unterschied: sie sind allesamt **Sünder** und ermangeln des Ruhms, den sie bei Gott haben sollten, und werden ohne Verdienst gerecht aus seiner (Gottes) Gnade durch die Erlösung, die durch Christus Jesus geschehen ist.

Röm 3,22b–24. – Unterschiedslos, ohne Rücksicht auf Herkunft oder Stand, gilt: »Alle haben gesündigt und die Herrlichkeit verloren, die Gott ihnen zugedacht hatte« (so die wörtliche Übersetzung der Lutherbibel in der Anmerkung zu V. 23), und alle, nämlich die Glaubenden

(V. 22a), werden »gerecht«, bekommen Anteil an der »Gerechtigkeit« Gottes, an dem von Gott durch den Tod und die Auferweckung Jesu heraufgeführten Heil; das geschieht »ohne Verdienst«, d. h. der Glaubende kann sich das Heil nicht aus eigener Kraft gleichsam erkaufen.

Sündigen → Vater, ich habe **gesündigt** gegen den Himmel und vor dir.

Sursum corda → Lasst uns unser **Herz** samt den Händen aufheben zu Gott im Himmel!

T

Seid aber **Täter** des Worts und nicht Hörer allein; sonst betrügt ihr euch selbst.

Jak 1,22.

Ein **Tag** in deinen (Gottes) Vorhöfen ist besser als sonst tausend.

Ps 84,11.

Dies ist der **Tag**, den der HERR macht; lasst uns freuen und fröhlich an ihm sein.

Ps 118,24. – Gemeint ist die Dankfeier für die Rettung eines Menschen, der sich in Todesnot befand (V. 5.10–13.18.21).

Der **Tag** der Vergeltung.

(Gott spricht:) Ich hatte einen Tag der Vergeltung mir vorgenommen; das Jahr, die Meinen zu erlösen, war gekommen.

Jes 63,4. – Dieser Text gehört zu einem Abschnitt (V. 1–6), der Gottes Strafgericht an der Völkerwelt, und zwar zum Heil Israels, weissagt.

(Jesus sagt:) Es ist genug, dass jeder **Tag** seine eigene Plage hat.

Mt 6,34b. – Dieser Satz bildet den Schluss eines Abschnitts, der vor der Sorge warnt (V. 25–34), und unterstreicht die vorangehenden Worte: »Sorgt nicht für morgen, denn der morgige Tag wird für das Seine sorgen« (V. 34a); hier werden die Jünger ermahnt, die Zukunft Gott zu überlassen und – indem man nur das zu erwerben sucht, was man unbedingt braucht – freudig für den jeweiligen Tag zu leben, statt sich sorgend schon mit der Last von morgen abzuplagen.

Dem Toren steht nicht an, gute **Tage** zu haben, viel weniger einem Knecht, zu herrschen über Fürsten.

Spr 19,10. – Noch verhängnisvoller als ein Tor, der durch Wohlstand Selbstbestätigung findet und dadurch erst recht unerträglich wird, ist ein Sklave, der sich zur Herrschaft über seine bisherigen Herren aufschwingt, was zur Despotie ausartet.

Des **Tages** Last und Hitze.

(Im »Gleichnis von den Arbeitern im Weinberg« Mt 20,1–15 beschweren sich die Arbeiter, die schon früh am Morgen eingestellt waren und bei der Auszahlung denselben Lohn erhalten wie die vor kurzem Eingestellten, gegenüber dem Weinbergbesitzer:) Diese Letzten haben nur eine Stunde gearbeitet, doch du hast sie uns gleichgestellt, die wir des Tages Last und Hitze getragen haben.

Mt 20,12.

Taufen → Wisst ihr nicht, dass alle, die wir auf Christus Jesus **getauft** sind, die sind in seinen Tod getauft?

Tausend Jahre sind vor dir (Gott) wie der Tag, der gestern vergangen ist, und wie eine Nachtwache.

Ps 90,4 (abgewandelt zitiert in 2Petr 3,8: »Eines aber sei euch nicht verborgen, ihr Lieben, dass e i n Tag vor dem Herrn wie tausend Jahre ist und tausend Jahre wie ein Tag«).

Der HERR ist mein **Teil**, spricht meine Seele; darum will ich auf ihn hoffen.

Klgl 3,24. – Das hebräische Wort, das Luther hier mit »Teil« übersetzt, meint eigentlich den Landbesitz (z. B. 5Mose 10,9; 12,12 [in der Lutherbibel »Anteil«]; Hos 5,7 [in der Lutherbibel »Erbteil«]) und bringt, übertragen gebraucht, zum Ausdruck, dass Gott die Lebensgrundlage des Menschen ist, der ihm vertraut.

Das bessere **Teil** gewählt haben.

Maria hat das gute Teil erwählt; das soll nicht von ihr genommen werden.

Lk 10,42. → Eins aber ist **Not**. Maria hat das gute Teil erwählt; das soll nicht von ihr genommen werden.

Einer **teilt** reichlich **aus** und hat immer mehr; ein andrer kargt, wo er nicht soll, und wird doch ärmer.

Spr 11,24. – Durch Freigebigkeit wird der Mensch letztlich nicht ärmer, sondern reicher, während Geiz arm macht, auch wenn der Mensch dabei noch so reich ist.

Zum **Tempel** hinaustreiben.

Er (Jesus) machte eine Geißel aus Stricken und trieb sie (die Händler und Geldwechsler) alle zum Tempel hinaus samt den Schafen und Rindern.

Joh 2,15 (ähnlich Mt 21,12; Mk 11,15; Lk 19,45).

Den **Teufel** durch Beelzebub austreiben.

(Die Pharisäer sagen:) Er (Jesus) treibt die Teufel nicht anders aus als denn durch Beelzebub, der Teufel Obersten.

Mt 12,24 (ähnlich V. 27; Mk 3,22; Lk 11,15.19) nach der älteren Revision der Lutherbibel; in der heutigen Lutherbibel lautet der Text: »Er treibt die bösen Geister nicht anders aus als durch Beelzebul, ihren Obersten.«

Der **Teufel** ist los.

Er (ein Engel) ergriff den Drachen, die alte Schlange, das ist der Teufel und der Satan, und fesselte ihn für tausend Jahre und warf ihn in den Abgrund … Und wenn die tausend Jahre vollendet sind, wird der Satan losgelassen werden aus seinem Gefängnis.

Offb 20,2–3 und 7.

Der ungläubige **Thomas** → Selig sind, die nicht **sehen** und doch glauben!

Lasst uns hinzutreten mit Zuversicht zu dem **Thron** der Gnade, damit wir Barmherzigkeit empfangen und Gnade finden zu der Zeit, wenn wir Hilfe nötig haben.

Hebr 4,16. – Das Bild vom »Thron der Gnade« umschreibt die Wirklichkeit Gottes (8,1; 12,2) und spielt zugleich auf seine Gegenwart im Gottesdienst an.

Aus der **Tiefe** rufe ich, HERR, zu dir.

Ps 130,1. – Oft wird der Anfang dieses Textes nach der lateinischen Bibel, der Vulgata, als *de profundis*, »aus der Tiefe«, zitiert; im hebräischen Urtext ist das Wort für »Tiefe« eine Mehrzahlform, wie auch das lateinische Wort *profundis*.

Du (Gott) bereitest vor mir einen **Tisch** im Angesicht meiner Feinde. Du salbest mein Haupt mit Öl und schenkest mir voll ein.

Ps 23,5. – Nachdem der Psalm vorher (V. 1–4) von Gott im Bild des Hirten sprach, schildert er ihn hier als Gastgeber, der den Glaubenden freundlich versorgt und ihn vor seinen Feinden schützt.

Wenn du am **Tisch** eines reichen Mannes sitzt, so sperr deinen Mund nicht auf und denke nicht: Hier gibt's viel zu fressen!

Sir 31,12–13.

Du, **Tochter** Zion, freue dich sehr, und du, Tochter Jerusalem, jauchze! Siehe, dein König kommt zu dir, ein Gerechter und ein Helfer, arm und reitet auf einem Esel, auf einem Füllen der Eselin.

Sach 9,9 (teilweise zitiert in Mt 21,5; Joh 12,15). – Dieser Spruch weissagt der Stadt Jerusalem – sie wird auch sonst des öfteren als »Tochter« bezeichnet (z. B. Jes 1,8; 16,1; Jer 4,31) – das Kommen eines Königs, der »gerecht« ist, d. h. Heil schafft, »dem geholfen wurde« (so die wörtliche Übersetzung), d. h. der Gottes Beistand genießt, der »arm« (besser: »demütig«) ist, d. h. der seine Macht von Gott abhängig weiß, und der auf einem Eselshengst (nicht »Füllen«) reitet, dem edlen, herrscherlichen Reittier (1Mose 49,11; Richt 10,4; 12,14).

(Rut sagt zu Noomi:) Der HERR tue mir dies und das, nur der **Tod** wird mich und dich scheiden.

Rut 1,17.

Der **Tod** im Topf.

(Die Prophetenjünger des Elisa essen von einem Gericht aus Pflanzen, die ihnen unbekannt sind, und schreien:) O Mann Gottes, der Tod im Topf!

2Kön 4,40.

Bedenke, dass der **Tod** nicht auf sich warten lässt und dass du keinen Vertrag mit dem Tod hast.

Sir 14,12.

Der **Tod** ist besser als ein bitteres Leben und ewige Ruhe besser als stetige Krankheit.

Sir 30,17.

Ich bin gewiss, dass weder **Tod** noch Leben, weder Engel noch Mächte noch Gewalten, weder Gegenwärtiges noch Zukünftiges, weder Hohes noch Tiefes noch eine andere Kreatur uns scheiden kann von der Liebe Gottes, die in Christus Jesus ist, unserm Herrn.

Röm 8,38–39. – Nichts kann den Glaubenden das Heil nehmen, was Paulus verdeutlicht, indem er eine Zehnzahl von Widersachern Gottes und der Glaubenden aufzählt: den *Tod* (als grimmigsten Feind Gottes), das *Leben* (in dem man von Gott und Christus getrennt ist), die gefallenen *Engel* und »*Mächte*« (die Verursacher alles Bösen), die »*Gewalten*« (die Scharen Satans), *Gegenwart* und *Zukunft* (in denen man des Glaubens verlustig gehen kann), »*Hohes* und *Tiefes*« (den höchsten oder niedrigsten Stand der Gestirne, d.h. Gestirnsmächte) und schließlich jede andere *Kreatur* (Jedes andere Geschöpf, das sich gegen Gottes Wege und Ziele auflehnt).

»**Tod**, wo ist dein Sieg? Tod, wo ist dein Stachel?«

1Kor 15,55. – Hier zitiert Paulus Hos 13,14 (der Text lautet in der Lutherbibel: »Tod, ich will dir ein Gift sein; Totenreich, ich will dir eine Pest sein« und wörtlich übersetzt: »Wo sind deine Seuchen, Tod? Wo ist deine Pest, Unterwelt?«) nach einer Sonderform der griechischen Übersetzung des Alten Testaments; das Zitat dient Paulus als Schriftbeweis für die Vernichtung des Todes.

Meinst du (Hesekiel), dass ich Gefallen habe am **Tode** des Gottlosen, spricht Gott der HERR, und nicht vielmehr daran, dass er sich bekehrt von seinen Wegen und am Leben bleibt?

Hes 18,23 (ähnlich 33,11: »So wahr ich lebe, spricht Gott der HERR: Ich habe kein Gefallen am Tode des Gottlosen, sondern dass der Gottlose umkehre von seinem Wege und lebe. So kehrt nun um von euren bösen Wegen. Warum wollt ihr sterben, ihr vom Hause Israel?«). – Dieser Text gehört zu einem Abschnitt, der darlegt, dass der Gottlose, wenn er umkehrt, nicht sterben, sondern leben soll (V. 21–23; ähnlich 33,10–11), wobei »leben« heißt: in der Nähe Gottes weilen zu dürfen, während »sterben« die Gottesferne meint.

(Nachdem Gott die Erstgeburt Ägyptens getötet hat, sagen die Ägypter:) Wir sind alle des **Todes**.

2Mose 12,33.

Todsünde.

Dem Mädchen sollst du nichts tun, denn sie hat keine Sünde getan, die des Todes wert ist.

5Mose 22,26. – Dieser Rechtssatz gehört zu einem Abschnitt (V. 25–27), der den Fall behandelt, dass ein verlobtes Mädchen auf dem Feld – wo niemand den Hilfeschrei des Mädchens hören kann – vergewaltigt wird; das Mädchen bleibt straffrei, aber der Vergewaltiger muss sterben.

Die **Töchter** des Landes.

Dina aber, Leas Tochter, die sie Jakob geboren hatte, ging aus, die Töchter des Landes zu sehen.

1Mose 34,1. – Dina, die Tochter Jakobs, der als Nomade nach Sichem kam (33,18), nimmt Kontakt zu den »Töchtern des Landes«, den einheimischen Frauen, auf; als Redensart wird die Wendung »die Töchter des Landes (be)sehen« jedoch auf die Brautschau von Männern bezogen.

Du sollst nicht **töten**.

2Mose 20,13 (= 5Mose 5,17; zitiert z. B. in Mt 5,21; Röm 13,9; Jak 2,11). – Das hebräische Wort für »töten«, das hier verwendet wird, meint den Mord und den Totschlag, aber nicht das Töten im Krieg, die Todesstrafe oder das Töten von Tieren.

Tohuwabohu → Und die **Erde** war wüst und leer, und es war finster auf der Tiefe.

Die **Toren** verachten Weisheit und Zucht.

Spr 1,7.

(Im »Gleichnis vom verlorenen Sohn« Lk 15,11–32 sagt der Vater zu seinem älteren Sohn über den jüngeren:) Dieser mein Sohn war **tot** und ist wieder lebendig geworden; er war verloren und ist gefunden worden.

Lk 15,24 (ähnlich V. 32).

Tote Werke.
Wir wollen nicht abermals den Grund legen mit der Umkehr von den toten Werken, mit dem Glauben an Gott.

Hebr 6,1 (»Tote Werke« auch 9,14).

(Gott spricht zu Israel:) Deine **Toten** werden leben, deine Leichname werden auferstehen.

Jes 26,19. – Dieser Satz gehört zu einem Abschnitt, der um die Notlage Israels und die Gerechtigkeit Gottes kreist (V. 7–21), und spricht bildhaft die Erwartung aus, dass Gott die Israeliten aus dem Bereich des Todes, d.h. dem Leiden und der Ohnmacht, herausholt und ihnen ein neues, befreites Leben schenkt.

(Jesus sagt zu einem, der ihm nachfolgen, aber zuvor seinen Vater bestatten möchte:) Folge du mir und lass die **Toten** ihre Toten begraben!

Mt 8,22 (ähnlich Lk 9,60). – Wahrscheinlich handelt es sich um ein groteskes (tote Totengräber) und darum schockierendes Bild, das den Ernst der Nachfolge herausstellen soll.

(Eine Stimme vom Himmel sagt:) Selig sind die **Toten**, die in dem Herrn sterben von nun an. Ja, spricht der Geist, sie sollen ruhen von ihrer Mühsal.

Offb 14,13. – Dieser Text, in dem nach der »Stimme vom Himmel« der »Geist« (d.h. Johannes selbst, durch den der Geist redet) zu Worte kommt, verheißt speziell denen, die »von nun an«, d.h. in der Bedrängnis, die Johannes auf die Christen zukommen sieht, »im Herrn«, d.h. im Glauben an Christus und im Gehorsam gegen ihn, sterben, die Teilhabe an der ewigen Ruhe Gottes.

Die mit **Tränen** säen, werden mit Freuden ernten. Sie gehen hin und weinen und streuen ihren Samen und kommen mit Freuden und bringen ihre Garben.

Ps 126,5–6. – Es handelt sich um eine Verheißung, die im Bild von Aussaat und Ernte die gegenwärtige Notzeit dem kommenden Heil entgegenstellt.

Siehe, da waren **Tränen** derer, die Unrecht litten und keinen Tröster hatten.

Pred 4,1. – Der Text, der wörtlich übersetzt lautet: »Siehe, da sind die Tränen der Unterdrückten, und sie haben keinen, der sie tröstet«, stellt nur fest, dass es Unterdrückung, z.B. Schuldsklaverei, gibt, aber er äußert sich nicht zu der Frage, ob es möglich ist, die Verhältnisse zu ändern.

(Eine Stimme vom Himmel sagt:) Gott wird abwischen alle **Tränen** von ihren (der Menschen) Augen, und der Tod wird nicht mehr sein, noch Leid noch Geschrei noch Schmerz wird mehr sein; denn das Erste ist vergangen.

Offb 21,4.

Wer auf **Träume** hält, der greift nach dem Schatten und will den Wind haschen.

Sir 34,2. – Im Traum bekommt man nur scheinbare Einsichten, aber keine wirklichen Erkenntnisse.

Traubenblut.

(Gott) tränkte ihn (Israel) mit edlem Traubenblut.

5Mose 32,14. – Der Ausdruck »Traubenblut« für den Wein (auch 1Mose 49,11) beruht wohl darauf, dass es gewöhnlich dunkle Trauben waren (in Jes 63,2 ist das Gewand eines Keltertreters rotfarben).

Die **Traurigkeit** nach Gottes Willen wirkt zur Seligkeit eine Reue, die niemanden reut; die Traurigkeit der Welt aber wirkt den Tod.

2Kor 7,10. – Paulus hat die Korinther mit einem früheren Brief (ihn erwähnt er in 2,4) traurig gemacht, bedauert das jedoch nicht, sondern freut sich, weil die Korinther betrübt worden sind »zur Reue« »nach Gottes Willen« (V. 8–9), was er im zitierten Text erläutert: Die dem Willen Gottes entsprechende Traurigkeit bewirkt »zur Seligkeit eine Reue« (wörtlich: »eine Umkehr zum Heil«), d.h. sie weckt den Entschluss zum neuen Gehorsam, dem das Heil, die Rettung im Endgericht, verheißen ist. Dagegen hat die »Traurigkeit der Welt«, nämlich die Verbitterung, wenn der Mensch seine weltlichen Wünsche scheitern sieht, den Tod, d.h. das ewige Verderben, zur Folge.

Man hält nicht **Treu** und Glauben, man verwirft die Zeugen und achtet der Leute nicht.

Jes 33,8. – Dieser Text gehört zu einer Notschilderung (V. 7–9); der erste Teil lautet statt »man hält nicht Treu und Glauben« wörtlich übersetzt: »Man hat den Bund gebrochen«, wobei wohl an den Bund zwischen Gott und Israel gedacht ist.

Gott ist **treu**, durch den ihr berufen seid zur Gemeinschaft seines Sohnes Jesus Christus, unseres Herrn.

1Kor 1,9. – Paulus begründet seine Zuversicht, dass Gott die Gemeinde bewahren wird (V. 8), mit seinem Vertrauen auf die Treue Gottes.

Gott ist **treu**, der euch nicht versuchen lässt über eure Kraft, sondern macht, dass die Versuchung so ein Ende nimmt, dass ihr's ertragen könnt.

1Kor 10,13. – Mit seinem Vertrauen auf die Treue Gottes begründet Paulus seine Zuversicht, dass Gott zwar die Versuchung (durch den Satan) zulässt, aber auch einen Ausweg aus der gefährlichen Situation schafft.

Der Herr ist **treu**; der wird euch stärken und bewahren vor dem Bösen.

2Thess 3,3.

(Jesus sagt zu den Jüngern:) Der **Tröster**, der Heilige Geist, den mein Vater senden wird in meinem Namen, der wird euch alles lehren und euch an alles erinnern, was ich euch gesagt habe.

Joh 14,26. – Das griechische Wort *paráklētos*, das Luther hier und V. 16; 15,26; 16,7 mit »Tröster«, 1Joh 2,1 mit »Fürsprecher« übersetzt, meint den Helfer, Mittler, Fürsprecher, Beistand.

Leidiger **Trost**.

(Hiob sagt zu den Freunden:) Ihr seid allzumal leidige Tröster!

Hiob 16,2. – Ein »leidiger Trost« beinhaltet keine Hoffnung.

(Hiskia betet:) Um **Trost** war mir sehr bange. Du (Gott) aber hast dich meiner Seele herzlich angenommen, dass sie nicht verdürbe; denn du wirfst alle meine Sünden hinter dich zurück.

Jes 38,17.

Gelobt sei Gott, der Vater unseres Herrn Jesus Christus, der Vater der Barmherzigkeit und Gott allen **Trostes**, der uns tröstet in aller unserer Trübsal, damit wir auch trösten können, die in allerlei Trübsal sind, mit dem Trost, mit dem wir selber getröstet werden von Gott.

2Kor 1,3–4. – Weil Paulus – er spricht hier in der Wir-Form von sich selbst – den Trost, die Hilfe Gottes erfahren hat, nämlich die Einsicht, dass sein Leiden ihn mit Christus verbindet (V. 5), kann er die Korinther in ihrer Trübsal, ihrer Bedrängnis trösten und aufrichten.

(Elifas sagt:) In sechs **Trübsalen** wird er (Gott) dich (Hiob) erretten, und in sieben wird dich kein Übel anrühren.

Hiob 5,19. – Hier liegt eine Art Zahlenspruch vor, die wohl zum Ausdruck bringen soll, dass Gott auf dem Gipfel der Not, wenn sie untragbar wird, rettet.

(Jesus sagt:) Ich bin die **Tür**; wenn jemand durch mich hineingeht, wird er selig werden.

Joh 10,9. – In Anlehnung an das Gleichnis vom Hirten, der durch die Tür zu den Schafen hineingeht (V. 1–6), bezeichnet Jesus sich selbst als die Tür, als der wahre Mittler zwischen Gott und den Glaubenden.

(Christus sagt der Gemeinde in Laodizea:) Ich stehe vor der **Tür** und klopfe an. Wenn jemand meine Stimme hören wird und die Tür auftun, zu dem werde ich hineingehen und das Abendmahl mit ihm halten und er mit mir.

Offb 3,20. – Hier wird angekündigt, dass der bald kommende Christus die ihm treu Gebliebenen zur Teilhabe am Mahl der Heilszeit einlädt.

Tun, was recht und gut ist.

(Gott spricht:) Wenn ich zum Gottlosen spreche: Du sollst sterben!, und er bekehrt sich von seiner Sünde und tut, was recht und gut ist, … so soll er am Leben bleiben und nicht sterben.

Hes 33,14–15 (»tun, was recht und gut ist« ferner V. 16.19; 45,9; 1Mose 18,19; 5Mose 6,18).

(Jesus sagt:) Doch dies sollte man **tun** und jenes nicht lassen.

Mt 23,23b (= Lk 11,42b). – Mit diesem Satz knüpft Jesus an den vorangehenden Vorwurf an: »Weh euch, Schriftgelehrte und Pharisäer, ihr

Heuchler, die ihr den Zehnten gebt von Minze, Dill und Kümmel und lasst das Wichtigste im Gesetz beiseite, nämlich das Recht, die Barmherzigkeit und den Glauben!« (V. 23a; ähnlich Lk 11,42a).

(Die Menschen, die alle noch *eine* Sprache haben, sagen zueinander:) Lasst uns eine Stadt und einen **Turm** bauen, dessen Spitze bis an den Himmel reiche.

1Mose 11,4. – Vorbild für den in der Erzählung vom »Turmbau zu Babel« (V. 1–9) genannten Turm ist vielleicht der Tempelturm der Stadt Babylon.

Alles, was ihr **tut** mit Worten oder mit Werken, das tut alles im Namen des Herrn Jesus und dankt Gott, dem Vater, durch ihn.

Kol 3,17. – Da nach biblischer Auffassung der Name den Träger des Namens repräsentiert, werden die Angeredeten aufgefordert, all ihr Tun unter die Herrschaft und den Schutz Jesu zu stellen.

Alles, was ihr **tut**, das tut von Herzen als dem Herrn und nicht den Menschen.

Kol 3,23. – Diese Mahnung gehört zu einem Abschnitt, der Sklaven anredet (V. 22–25), und sie wird mit dem Hinweis auf die jenseitige Vergeltung unterstrichen (V. 24–25).

(Jesus sagt:) **Tut wohl**, denen, die euch hassen.

Lk 6,27.

U

(Josef sagt zu Potifars Frau, die ihn verführen will:) Wie sollte ich denn nun ein solch großes **Übel** tun und gegen Gott sündigen?

1Mose 39,9.

Wohl dem, dem die **Übertretungen** vergeben sind, dem die Sünde bedeckt ist!

Ps 32,1 (zitiert in Röm 4,7). – »Bedecken« ist hier (wie auch Neh 3,37; Ps 85,3) ein poetischer Ausdruck für »vergeben«.

Übertünchte Gräber.

(Jesus sagt:) Weh euch, Schriftgelehrte und Pharisäer, ihr Heuchler, die ihr seid wie die übertünchten Gräber, die von außen hübsch aussehen, aber innen sind sie voller Totengebeine und lauter Unrat!

Mt 23,27. – Die Gräber in und um Jerusalem wurden regelmäßig vor der Passazeit weiß getüncht, damit sich die Pilger nicht, versehentlich darüber hinweggehend, verunreinigten.

Wer **überwindet**, der wird es alles ererben, und ich werde sein Gott sein und er wird mein Sohn sein.

Offb 21,7. – Wer am Bekenntnis zu Jesus auch im Leiden treu festhält, wird alle Verheißungen Gottes als sein Erbe erhalten und als »Sohn Gottes« unumschränkt Anteil an seiner endzeitlichen Herrschaft haben.

Schlechter **Umgang** verdirbt gute Sitten.

1Kor 15,33. → Lasst euch nicht verführen! Schlechter Umgang verdirbt gute **Sitten**.

(Paulus sagt zu den Athenern:) Ich bin umhergegangen und habe eure Heiligtümer angesehen und fand einen Altar, auf dem stand geschrieben: Dem **unbekannten** Gott. Nun verkündige ich euch, was ihr unwissend verehrt.

Apg 17,23. – Eine Inschrift »einem unbekannten Gott« – so lautet der Text wörtlich übersetzt – hat es nie gegeben, sondern Lukas, der Verfasser der Apostelgeschichte, legt sie dem Paulus in den Mund, weil er zum Ausdruck bringen will, die – philosophisch gebildeten – Athener besäßen eine Ahnung davon, dass sich die Wirklichkeit des Göttlichen nicht durch den Polytheismus und dessen Bilderkult (V. 16) erfassen lässt; daran knüpft Paulus in seiner Predigt über Gott als den Schöpfer und Lenker der ganzen Welt und über die Auferstehung Jesu (V. 24–31) an.

In allem erweisen wir uns als Diener Gottes: … als die **Unbekannten** und doch bekannt; als die Sterbenden, und siehe, wir leben; als die Gezüchtigten und doch nicht getötet; als die Traurigen, aber allezeit fröhlich; als die Armen, aber die doch viele reich machen; als die nichts haben und doch alles haben.

2Kor 6,4 und 9–10. – Dieser Text gehört zu einem Abschnitt, in dem Paulus – er redet von sich in der Wir-Form – herausstellt, dass sein Verhalten seiner Botschaft entspricht (V. 3–9), wobei er im zitierten Text sagt, er sei unbekannt und doch bekannt, d. h. von den meisten nicht, aber bei Gott und in der Gemeinde be- und geachtet; er sterbe und lebe doch, werde gezüchtigt, aber nicht getötet, d. h. in seinem Leiden werde das Leben Christi offenbar; er sei betrübt und dennoch voll der Freude des Glaubens; ihn, den äußerlich Armen, habe Christus reich beschenkt, so dass er viele reich machen könne; er besitze nichts und doch »alles«, d. h. in der Bindung an Christus sei er frei von den Gefährdungen und Mächten dieser Welt.

(Jesus sagt zu den Pharisäern:) Jedes Reich, das mit sich selbst **uneins** ist, wird verwüstet; und jede Stadt oder jedes Haus, das mit sich selbst uneins ist, kann nicht bestehen.

Mt 12,25 (ähnlich Mk 3,24–25; Lk 11,17). – Mit diesem Ausspruch antwortet Jesus auf den Vorwurf der Pharisäer: »Er treibt die bösen Geister nicht anders aus als durch Beelzebul, ihren Obersten« (V. 24; ähnlich Mk 3,22; Lk 11,18b), um fortzufahren: »Wenn nun der Satan den Satan austreibt, so muss er mit sich selbst uneins sein; wie kann dann sein Reich bestehen?« (V. 26; ähnlich Mk 3,26; Lk 11,18a).

Sie (die Liebe) verhält sich nicht **ungehörig**, sie sucht nicht das Ihre.

1Kor 13,5. – Das griechische Wort, das Luther mit »sich ungehörig verhalten« übersetzt, bedeutet: »sich unschicklich benehmen, die Sitte verletzen«; auch ist die Liebe nicht auf ihren Vorteil aus, sondern sucht das Wohl des anderen.

Unkraut zwischen den Weizen säen.

(Jesus sagt im »Gleichnis vom Unkraut unter dem Weizen« Mt 13,24–30:) Als aber die Leute schliefen, kam sein (des Menschen, der guten Samen auf seinen Acker säte) Feind und säte Unkraut zwischen den Weizen und ging davon.

Mt 13,25.

(Gott spricht zu Abraham, nachdem dessen Frau Sara über die Verheißung Gottes, sie werde in ihrem Alter noch einen Sohn bekommen, gelacht hat:) Sollte dem HERRN etwas **unmöglich** sein?

1Mose 18,14.

Unrecht Gut gedeiht nicht.

Diese Redensart beruht wohl auf Spr 10,2: »Unrecht Gut hilft nicht; aber Gerechtigkeit errettet vom Tode« (ähnlich Sir 5,10: »Auf unrechtes Gut verlass dich nicht«).

Der Reiche tut **Unrecht** und brüstet sich noch damit; aber der Arme muss es erleiden und sich dazu noch entschuldigen.

Sir 13,4.

Unreiner Geist. **Unsauberer** Geist.

(Die Schriftgelehrten sagen:) Er (Jesus) hat einen unsaubern Geist.

Mk 3,30 nach der Übersetzung Luthers; in der heutigen Lutherbibel lautet der Text: »Er hat einen unreinen Geist.«

Seine Hände in **Unschuld** waschen → Seine **Hände** in Unschuld waschen.

Unstet und flüchtig.

(Gott spricht zu Kain:) Unstet und flüchtig sollst du sein auf Erden.

1Mose 4,12.

Uriasbrief.

Dieser Ausdruck für einen dem Überbringer unheilvollen Brief leitet sich her von dem Bericht 2Sam 11,1–17: König David holt den Soldaten Uria, mit dessen Frau David Ehebruch begangen hat, aus dem gegen ein Nachbarvolk kämpfenden Heer nach Jerusalem, damit Uria zu seiner Frau gehe, was der aber nicht tut; durch einen Brief an den Heereskommandanten, den Uria selbst überbringen muss, lässt David den Uria in die vorderste Front stellen und so zu Tode kommen.

Sei unerschrocken, wenn du ein **Urteil** sprechen sollst.

Sir 4,9. – Der Text lautet wörtlich übersetzt: »Nicht sollst du erschrecken, wenn der Redliche vor Gericht gezogen wird«, d. h. man soll dem Redlichen vor Gericht Beistand leisten.

V

»Die **Väter** haben saure Trauben gegessen und den Kindern sind die Zähne stumpf geworden.«

Jer 31,29. – Dieser Ausspruch, der fast gleichlautend in Hes 18,2 erscheint und dort als »Sprichwort« bezeichnet wird, entstand nach dem Untergang des Staates Juda und spiegelt die Ratlosigkeit der Generation wider, die für das Verhalten der Vätergeneration büßen muss.

Als auch alle, die zu der Zeit gelebt hatten, zu ihren **Vätern** versammelt waren, kam nach ihnen ein anderes Geschlecht auf, das den HERRN nicht kannte.

Richt 2,10. – Die Wendung »zu den Vätern versammelt werden« kommt im hebräischen Urtext nur an dieser Stelle vor; daneben gibt es die Wendung »zu seinen Stammvätern/Verwandten versammelt werden«, die Luther ebenfalls mit »zu den Vätern versammelt werden« übersetzt (z.B. 1Mose 25,8.17; 35,29). Durch diese Wendungen wird die Verbundenheit des Toten mit den Vorfahren betont.

Du sollst deinen **Vater** und deine Mutter ehren, auf dass du lange lebest in dem Land, das dir der HERR, dein Gott, geben wird.

2Mose 20,12 (ähnlich 5Mose 5,16; zitiert z.B. in Mt 15,4; Eph 6,2). – Das Elterngebot richtet sich an den israelitischen Hausvater, der seine alt und schwach gewordenen Eltern mit Nahrung und Kleidung versorgen soll.

Vater der Armen.

(Hiob sagt:) Ich war ein Vater der Armen.

Hiob 29,16.

Bist du doch unser **Vater**; denn Abraham weiß von uns nichts, und Israel kennt uns nicht. Du, HERR, bist unser Vater; »Unser Erlöser«, das ist von alters her dein Name.

Jes 63,16. – Dieser Text gehört zu einer aus der Zeit nach dem Babylonischen Exil stammenden Volksklage (63,7–64,11) und will zum Ausdruck bringen: Wir können nur darum auf Gottes Hilfe als des »Erlösers« hoffen, weil er uns wie ein Vater – nur selten wird Gott im Alten Testament »Vater« genannt (außerdem z. B. 64,7; Jer 3,4.19; Mal 2,10) – verbunden ist, nicht aber, indem wir uns auf unsere Vorväter Abraham und Jakob (»Israel«) berufen.

Unser **Vater** im Himmel!

Mt 6,9 (in Lk 11,2 heißt es nur: »Vater!«). – Das Vaterunser (dieses Wort stellt die sklavische Nachahmung der lateinischen Form *Pater noster* dar) findet sich in Mt 6,9–13 (mit sieben Bitten) und in Lk 11,2–4 (mit fünf Bitten), wobei die Lukas-Fassung – hier fehlen die Bitten »dein Wille geschehe wie im Himmel so auf Erden« (Mt 6,10b) und »sondern erlöse uns von dem Bösen« (Mt 6,13b) – die ältere sein dürfte.

Deshalb beuge ich meine Knie vor dem **Vater**, der der rechte Vater ist über alles, was da Kinder heißt im Himmel und auf Erden, dass er euch Kraft gebe nach dem Reichtum seiner Herrlichkeit, stark zu werden durch seinen Geist an dem inwendigen Menschen, dass Christus durch den Glauben in euren Herzen wohne und ihr in der Liebe eingewurzelt und gegründet seid.

Eph 3,14–17. – Der Anfang des Textes lautet wörtlich übersetzt: »Deshalb beuge ich meine Knie vor dem Vater, von dem jedes Geschlecht im Himmel und auf der Erde den Namen hat/empfängt«, wobei Gottes Namengebung sein Schöpfungshandeln bezeichnet und gesagt werden soll: Jede Gemeinschaft – die »Familien« der Engel und die menschlichen Verbände von der Familie bis zum Staat – bilden eine von Gott gewollte Ordnung.

Seid allezeit bereit zur **Verantwortung** vor jedermann, der von euch Rechenschaft fordert über die Hoffnung, die in euch ist.

1Petr 3,15. – Der Christ soll Rede und Antwort stehen, wenn er nach seinem Glauben – und dieser ist, wie der Verfasser des Briefes meint, zuerst und vor allem die christliche Hoffnung - gefragt wird.

Verbirg deine (Gottes) Gebote nicht vor mir.

Ps 119,19. – Mit den »Geboten«, nach denen der Mensch sich ausrichten kann, meint der Text die hilfreiche Gegenwart Gottes: sonst wird in den Psalmen mehrfach die Bitte ausgesprochen, dass Gott sein *Angesicht* nicht vor dem Beter verbergen möchte (27,9; 69,18; 102,3; 143,7).

(Mose sagt:) Was **verborgen** ist, ist des HERRN, unseres Gottes; was aber offenbart ist, das gilt uns und unsern Kindern ewiglich, dass wir tun sollen alle Worte dieses Gesetzes.

5Mose 29,28. – Das »Offenbarte« sind hier die Gesetze des 5. Mosebuches, an die der Israelit sich zu halten hat, während er alles, was er nicht ergründen kann, Gott überlassen muss und darf.

(Jesus sagt:) Es ist nichts **verborgen**, was nicht offenbar wird, und nichts geheim, was man nicht wissen wird.

Mt 10,26 (ähnlich Mk 4,22; Lk 12,2). – Dieses Wort ist vielleicht ein Hinweis auf das Endgericht, wo alles Verborgene offenbar werden wird, oder ein Trost für Angefochtene, der die jetzige Verborgenheit der Herrschaft Gottes seiner herrlichen Offenbarung gegenüberstellt.

Du bist ein **verborgener** Gott, du Gott Israels, der Heiland.

Jes 45,15. – Dieser bekenntnisartige Satz bringt die Freiheit Gottes zum Ausdruck, der sich dem Zugriff des Menschen entzieht und zugleich als »Heiland« (wörtlich »Retter«) Israels handelt.

Verdamme niemand, bevor du die Sache untersucht hast; wäge erst ab und tadle dann.

Sir 11,7.

So gibt es nun keine **Verdammnis** für die, die in Christus Jesus sind.

Röm 8,1. – Es gibt für den Glaubenden keine »Verdammnis« mehr, nämlich durch das Gesetz, das den Sünder zum Tode verurteilt, weil Gott durch das Christusgeschehen die Glaubenden von der Sünde befreit hat (V. 2–3).

Verflucht ist der Mann, der sich auf Menschen verlässt und hält Fleisch für seinen Arm und weicht mit seinem Herzen vom HERRN.

Jer 17,5.

Wenn jemand den Herrn nicht lieb hat, der sei **verflucht**.

1Kor 16,22.– Dieser Satz stammt wahrscheinlich aus der Liturgie der Abendmahlsfeier, von deren Teilnahme jeder durch einen feierlichen Fluch ausgeschlossen wird, der Jesus nicht »liebt«, ihn nicht als den Herrn anerkennt.

Vergeben und vergessen.

Dieser Ausdruck beruht auf Jer 31,34: »Ich (Gott) will ihnen (den Israeliten) ihre Missetat vergeben und ihrer Sünde nimmermehr gedenken.«

Ein Geschlecht **vergeht**, das andere kommt; die Erde aber bleibt immer bestehen.

Pred 1,4.

(Jesus sagt:) **Vergib** uns unsere Schuld, wie auch wir vergeben unsern Schuldigern.

Mt 6,12 (in Lk 11,4 lautet die fünfte Bitte des Vaterunsers: »Vergib uns unsre Sünden; denn auch wir vergeben allen, die an uns schuldig werden«).

(Jesus betet am Kreuz:) Vater, **vergib** ihnen; denn sie wissen nicht, was sie tun!

Lk 23,34.

(Elihu sagt:) Er (Gott) **vergilt** dem Menschen, wie er verdient hat, und trifft einen jeden nach seinem Tun.

Hiob 34,11.

Verlass dich auf den HERRN von ganzem Herzen, und verlass dich nicht auf deinen Verstand, sondern gedenke an ihn in allen deinen Wegen, so wird er dich recht führen.

Spr 3,5–6.

(Gott spricht zu Josua:) Ich will dich nicht **verlassen** noch von dir weichen. Sei getrost und unverzagt.

Jos 1,5–6.

(Elifas sagt:) Er (Gott) **verletzt** und verbindet; er zerschlägt, und seine Hand heilt.

Hiob 5,18.

Ein **Verleumder** verrät, was er heimlich weiß; aber wer getreuen Herzens ist, verbirgt es.

Spr 11,13 (der erste Teil ähnlich in 20,19a). – Das hebräische Wort, das man mit »Verleumder« übersetzt, meint hier eher jemanden, der »schwätzend umherläuft« und dabei verrät, was man ihm als Geheimnis anvertraut.

(Gott spricht zu Israel:) Ich will mich mit dir **verloben** für alle Ewigkeit, ich will mich mit dir verloben in Gerechtigkeit und Recht, in Gnade und Barmherzigkeit. Ja, in Treue will ich mich mit dir verloben, und du wirst den HERRN erkennen.

Hos 2,21–22. – Das Bild von der Verlobung (das hebräische Wort, das man gewöhnlich mit »verloben« übersetzt, meint den rechtsgültigen Beginn der Ehe, bei dem der Bräutigam oder sein Vater den Brautpreis an den Vater oder Vormund der Braut zahlt) soll zum Ausdruck bringen, dass Gott sich nach der Trennung von Israel, seiner ehebrecherischen Frau (V. 4), erneut, und zwar für immer, Israel zuwendet. Dabei wird der »Brautpreis« (ihn zahlt hier der »Bräutigam« an die »Braut« selber) mit »Gerechtigkeit«, »Recht«, »Gnade«, »Barmherzigkeit« und »Treue« – die hebräischen Wörter dafür meinen sowohl das heilvolle Handeln Gottes als auch das dadurch ermöglichte Verhalten des Menschen – umschrieben.

(Gott spricht:) Ich will das **Verlorene** wieder suchen und das Verirrte zurückbringen und das Verwundete verbinden und das Schwache stärken und, was fett und stark ist, behüten; ich will sie (die Israeliten) weiden, wie es recht ist.

Hes 34,16. – Dieser Text verbindet die Ankündigung, dass Gott die »Hirten«, d. h. die Führenden, Israels bestraft (V. 1–10) und seine »Herde«, d. h. die Verbannten Israels, heimführt (V. 11–15), mit der Ankündigung, dass er den Schwachen innerhalb der »Herde«, d. h. der Israeliten in Palästina, gegen die Starken beisteht (V. 17–24).

Der **verlorene** Sohn.

Dieser Ausdruck beruht auf dem »Gleichnis vom verlorenen Sohn« Lk 15,11–32, in dem der Vater sagt: »Dieser mein Sohn war tot und ist wieder lebendig geworden; er war verloren und ist gefunden worden« (V. 24; ähnlich V. 32).

(Jesus sagt zu den Jüngern:) Einer unter euch wird mich **verraten**.

Mt 26,21 (= Joh 13,21; ähnlich Mk 14,18; in Lk 22,21 heißt es: »Die Hand meines Verräters ist mit mir am Tisch«).

Gott war in Christus und **versöhnte** die Welt mit sich selber und rechnete ihnen ihre Sünden nicht zu und hat unter uns aufgerichtet das Wort von der Versöhnung.

2Kor 5,19. - In V. 18–20 (wie auch in Röm 5,10–11) umschreibt Paulus das Heilshandeln Gottes durch Christus mit den Begriffen »versöhnen« und »Versöhnung«; d. h. aufgrund der im Kreuzestod Jesu geschehenen Sühne hat Gott der Menschheit ihre Schuld vergeben und Frieden und Gemeinschaft zwischen sich und den Menschen hergestellt, was im »Wort von der Versöhnung«, d. h. in der christlichen Botschaft, weitergegeben wird.

Es ist nicht recht, einen **Verständigen** zu verachten, weil er arm ist, und einen Gottlosen zu ehren, weil er reich ist.

Sir 10,26.

Wer sich auf seinen **Verstand** verlässt, ist ein Tor; wer aber in der Weisheit wandelt, wird entrinnen.

Spr 28,26. – Der Weise wird »entrinnen«, nämlich dem Unheil, das jedem Menschen begegnen kann.

»Ich (Gott) will zunichte machen die Weisheit der Weisen, und den **Verstand** der Verständigen will ich verwerfen.«

1Kor 1,19. – Mit dem – abgewandelten – Zitat von Jes 29,14, bringt Paulus einen Schriftbeleg für die vorangehende These: »Das Wort vom Kreuz ist eine Torheit denen, die verloren werden« (V. 18a), d. h. wer die Botschaft von Gottes Heilshandeln in Christus als »Torheit« ansieht, also das Heil in der weltlichen Weisheit, in der Philosophie, sucht, schließt sich vom Heil aus.

(Der Apostel Philippus fragt den Kämmerer aus Äthiopien:) **Verstehst** du auch, was du liest?

Apg 8,30. – Mit dieser Frage beginnt ein Gespräch über den Text Jes 53,7–8, den Philippus auf Jesus deutet (V. 30–35).

(Jesus sagt zum Teufel:) »Du sollst den Herrn, deinen Gott, nicht **versuchen**.«

Mt 4,7 (= Lk 4,12). – Es handelt sich um ein – abgewandeltes – Zitat von 5Mose 6,16.

Die reich werden wollen, die fallen in **Versuchung** und Verstrickung und in viele törichte und schädliche Begierden, welche die Menschen versinken lassen in Verderben und Verdammnis.

1Tim 6,9.

Es ist gut, auf den HERRN **vertrauen** und nicht sich verlassen auf Menschen.

Ps 118,8.

Werft euer **Vertrauen** nicht weg, welches eine große Belohnung hat.

Hebr 10,35. – Das Vertrauen, die Zuversicht schließt zwar Hingabe und Opfer ein, aber Gott wird den Glaubenden reich belohnen, indem er ihm Anteil am zukünftigen Heil gibt.

(Rut sagt zu Noomi:) Dein **Volk** ist mein Volk, und dein Gott ist mein Gott.

Rut 1,16.

(Jesus sagt am Kreuz:) Es ist **vollbracht**!

Joh 19,30. – Der Ausdruck »vollbracht« will besagen, dass die Sendung Jesu in seinem Tod als der Rückkehr in die himmlische Lichtwelt ihr Ziel findet.

(Jesus sagt zu den Jüngern:) Darum sollt ihr **vollkommen** sein, wie euer Vater im Himmel vollkommen ist.

Mt 5,48 (in Lk 6,36 heißt es: »Seid barmherzig, wie auch euer Vater barmherzig ist«). – Der Ausdruck »vollkommen« meint die ungeteilte Ausrichtung des Menschen auf Gott und Gottes völlige Zuwendung zum Menschen.

W

Wach auf, meine Seele, wach auf, Psalter und Harfe, ich will das Morgenrot wecken!

Ps 57,9 (= 108,3). – Der Beter ruft sich auf, die Morgenröte anzukündigen, die als Zeit der Hilfe Gottes gilt (z.B. 46,6; 90,14; 143,8).

Wach auf, der du schläfst, und steh auf von den Toten, so wird dich Christus erleuchten.

Eph 5,14. – Dieses Wort ist ein Taufspruch oder ein Bruchstück aus einem Tauflied und meint: Wer bei der Taufe durch Christus »erleuchtet« und zugleich »erweckt« wird, begreift sein bisheriges Leben als Schlaf, ja als Totsein.

(Jesus sagt:) **Wachet**; denn ihr wisst nicht, an welchem Tag euer Herr kommt.

Mt 24,42.

Wachet, steht im Glauben, seid mutig und seid stark!

1Kor 16,13.

(Johannes der Täufer sagt über Jesus:) Er muss **wachsen**, ich aber muss abnehmen.

Joh 3,30. – Johannes, dessen Aufgabe es war, auf Jesus hinzuweisen, hat sich nun zurückzuziehen; zugleich muss an die Stelle seiner Gemeinde (»Jünger« V. 25) die Gemeinde Jesu treten.

(Gott spricht zu Hesekiel:) Du Menschenkind, ich habe dich zum **Wächter** gesetzt über das Haus Israel. Du wirst aus meinem Munde das Wort hören und sollst sie in meinem Namen warnen. Wenn ich dem Gottlosen sage: Du musst des Todes sterben!, und du warnst ihn nicht und sagst es ihm nicht, um den Gottlosen vor seinem gottlosen Wege zu warnen, damit er am Leben bleibe, – so wird der Gottlose um seiner Sünde willen sterben, aber sein Blut will ich von deiner Hand fordern. Wenn du aber den Gottlosen warnst und er sich nicht bekehrt von seinem gottlosen Wesen und Wege, so wird er um seiner Sünde willen sterben, aber du hast dein Leben errettet.

Hes 3,17–19 (ähnlich 33,7–9). – Der Prophet hat den Auftrag, als »Wächter« – wörtlich ist es der »Späher«, der vor dem Heranrücken der Feinde warnt (z.B. 2Kön 9,17–20; Jer 6,17; Hes 33,2–6) – den Gottlosen zu warnen, damit er »lebt«, d.h. in der Nähe Gottes weilen darf.

Wenn zwei beieinander liegen, **wärmen** sie sich; wie kann ein Einzelner warm werden?

Pred 4,11.

Leite mich in deiner **Wahrheit** und lehre mich! Denn du bist der Gott, der mir hilft.

Ps 25,5. – Die hebräischen Wörter, die Luther mit »Wahrheit« übersetzt, sind fast durchweg $^{\prime ae}$*maet* (z.B. 1Kön 3,6; Ps 26,3; 86,11; 117,2) und $^{\prime ae}$*mūnā* (z.B. Ps 36,6; 92,3; 119,90), die – ebenso wie »Amen«, hebr. *'āmen* »wahrlich, gewiss« – zu einem Wortstamm mit der Bedeutung »fest, sicher, zuverlässig sein« gehören und dementsprechend sehr häufig »Zuverlässigkeit, Treue« meinen. Aber wenn es heißt, dass jemand $^{\prime ae}$*maet sagt*, dann geht es nicht um die Zuverlässigkeit des Sagenden, sondern um die Verlässlichkeit des Gesagten, d.h. um dessen Wahrheit (z.B. 2Sam 7,28; 1Kön 17,24; Ps 15,2; Jes 43,9; Sach 8,16).

(Nebukadnezar sagt:) All sein (Gottes) Tun ist **Wahrheit**, und seine Wege sind recht.

Dan 4,34. – Mit »Wahrheit« ist die Verlässlichkeit Gottes gemeint.

(Gott spricht:) Rede einer mit dem andern **Wahrheit** und richtet recht, schafft Frieden in euren Toren.

Sach 8,16.

Verteidige die **Wahrheit** bis in den Tod, so wird Gott der Herr für dich streiten.

Sir 4,33. – Statt »Wahrheit« ist hier »Recht« gemeint.

(Jesus sagt zu den Juden, die an ihn glauben:) Wenn ihr bleiben werdet an meinem Wort, so seid ihr wahrhaftig meine Jünger und werdet die **Wahrheit** erkennen, und die Wahrheit wird euch frei machen.

Joh 8,31–32. – Das Wort »Wahrheit« (griech. *alḗtheia*) bezeichnet des öfteren im Neuen Testament die Wirklichkeit Gottes, seine sich in Jesus offenbarende Herrlichkeit, deren Erkenntnis den Glaubenden von der Macht der Sünde befreit.

(Jesus betet:) Heilige sie (die Glaubenden) in der **Wahrheit**; dein Wort ist die Wahrheit.

Joh 17,17. – Jesus bittet, dass Gott die Glaubenden »heiligt«, d. h. mit seinem Leben erfüllt, was »in der Wahrheit« geschieht, d. h. indem sie auf das durch Jesus offenbarte Wort Gottes hören.

(Jesus sagt:) Ich bin ein König. Ich bin dazu geboren und in die Welt gekommen, dass ich die **Wahrheit** bezeugen soll. Wer aus der Wahrheit ist, der hört meine Stimme.

Joh 18,37b. – Mit dem Satz »ich bin ein König« antwortet Jesus auf die Frage des Pilatus: »So bist du … ein König?« (V. 37a), versteht aber den Titel »König« nicht als den eines politischen Machthabers, wie sich aus der Fortsetzung ergibt: Jesus »bezeugt« die »Wahrheit«, d. h. er verkörpert und offenbart die Wirklichkeit Gottes; und wer »aus der Wahrheit ist«, d. h. wer an Jesus als den Offenbarer glaubt, der kann sein Wort hören.

(Pilatus sagt zu Jesus:) Was ist **Wahrheit**?

Joh 18,38. – Mit dieser skeptischen Frage reagiert Pilatus auf die Worte Jesu: »Ich bin dazu geboren und in die Welt gekommen, dass ich die Wahrheit bezeugen soll. Wer aus der Wahrheit ist, der hört meine Stimme« (V. 37b).

Sei zu den **Waisen** wie ein Vater, und tritt für ihre Mutter ein, als wärst du ihr Mann, dann wird der Höchste dich Sohn nennen, und er wird dich lieber haben als dich deine Mutter hat.

Sir 4,10–11.

Ein fetter **Wanst**.
(Elifas sagt:) Er (der Gottlose) brüstet sich wie ein fetter Wanst und macht sich feist und dick.

Hiob 15,27. – Der Text lautet wörtlich übersetzt: »Er bedeckt sein Gesicht mit Fett, und an seinen Lenden setzt er Fett an« und meint wohl, dass der Gottlose sich besonders stark fühlt, weshalb er Gott anzugreifen wagt (V. 25–26).

Es **warten** alle auf dich (Gott), dass du ihnen Speise gebest zur rechten Zeit.

Ps 104,27. – Mit »alle« sind Menschen und Tiere gemeint.

Das **Warten** der Gerechten wird Freude werden; aber der Gottlosen Hoffnung wird verloren sein.

Spr 10,28. – Die Erwartung der Gerechten erfüllt sich so schön, dass sie sich freuen dürfen, während die der Frevler scheitert.

Alle **Wasser** laufen ins Meer, doch wird das Meer nicht voller.

Pred 1,7. – Dieser Satz gehört zu einem Abschnitt (V. 4–7), der die Vergänglichkeit des Menschen dem Bleibenden und ewig Wiederkehrenden, nämlich der Erde, der Sonne, dem Wind und dem Meer, gegenüberstellt.

(Gott spricht zu Israel:) Ich will **Wasser** gießen auf das Durstige und Ströme auf das Dürre: ich will meinen Geist auf deine Kinder gießen und meinen Segen auf deine Nachkommen.

Jes 44,3. – Der erste Teil dieses Textes beschreibt in einem Bild (der Regen bringt das ausgetrocknete Land zum Blühen), was der zweite Teil unmittelbar aussagt: Gott wird dem Volk Israel, das im Babylonischen Exil alle Hoffnung verloren hat, seinen Geist und Segen, d. h. neue Lebenskraft, verleihen.

An den **Wassern** zu Babel saßen wir und weinten, wenn wir an Zion gedachten.

Ps 137,1. – Dieser Vers eröffnet einen Psalm, dessen erster Teil (V. 1–4) die betrübliche Situation der nach Babylon Deportierten beschreibt: Von den Bewachern aufgefordert, ein »Lied von Zion«, »des HERRN Lied« (gemeint sind wohl Texte, die Gott und die Stadt Jerusalem preisen) zu singen, weigern sie sich aus Trauer und Schmerz über den Verlust der Heimat.

(Jesus sagt:) Wer an mich glaubt, wie die Schrift sagt, von dessen Leib werden Ströme lebendigen **Wassers** fließen.

Joh 7,38. – Wer an Jesus glaubt, wird für andere zu einer Quelle des Lebenswassers, des Heils; dieser Gedanke begegnet auch in 4,14, aber an keiner Stelle der »Schrift«, des Alten Testaments.

Den **Weg** allen (alles) Fleisches gehen.

Dieser Ausdruck für »sterben« beruht wohl auf 1Mose 6,12–13: »Da sah Gott auf die Erde, und siehe, sie war verderbt; denn alles Fleisch hatte seinen Weg verderbt auf Erden. Da sprach Gott zu Noah: Das Ende allen Fleisches ist bei mir beschlossen.«

(David sagt zu Salomo:) Ich gehe hin den **Weg** aller Welt.

1Kön 2,2. – Dieser Ausdruck für »sterben« findet sich ebenfalls in Jos 23,14, wo Luther übersetzt: »Ich gehe dahin wie alle Welt.«

Du (Gott) tust mir kund den **Weg** zum Leben: Vor dir ist Freude die Fülle und Wonne zu deiner Rechten ewiglich.

Ps 16,11. – Der Beter preist Gott als den, der ihm den »Weg zum Leben« (wörtlich: den »Weg des Lebens«) zeigt, d.h. ihm ein erfülltes Leben, ein Leben in der Gemeinschaft mit Gott (vielleicht geht es auch um die Hoffnung auf ein Leben nach dem Tode) schenkt, was in zwei Bildern veranschaulicht wird: Gott wendet dem Beter sein gütiges Angesicht zu und hält ihm seine rechte Hand entgegen, die voll reicher Gaben ist.

Weise mir, HERR, deinen **Weg**, dass ich wandle in deiner Wahrheit.

Ps 86,11. – Der Beter bittet Gott um Einsicht in den »Weg«, d.h. den Willen und die Absicht, Gottes, damit er in Gottes »Wahrheit«, wörtlich »Treue«, d.h. im Vertrauen auf die Treue Gottes und in der Treue zu Gott, leben kann.

(Jesus sagt:) Ich bin der **Weg** und die Wahrheit und das Leben; niemand kommt zum Vater denn durch mich.

Joh 14,6. – Jesus wird hier verstanden als der »Weg«, d.h. er führt die Glaubenden zu Gott, als die »Wahrheit«, d.h. er verkörpert die Wirklichkeit Gottes, und als das »Leben«, d.h. er schenkt den Glaubenden das wahre, das ewige Leben.

Eines jeden **Wege** liegen offen vor dem HERRN, und er hat Acht auf aller Menschen Gänge.

Spr 5,21. – In der Bibel bezeichnen die Wörter für »Weg« (hebr. meistens *daeraek*, griech. *hodós*) oft das Tun und Ergehen des Menschen.

Die **Wege** des HERRN sind richtig und die Gerechten wandeln darauf; aber die Übertreter kommen auf ihnen zu Fall.

Hos 14,10. – Die »Wege« Gottes bezeichnen sein Handeln in der Geschichte und im Leben des Einzelnen.

(Jesus sagt zu Maria:) **Weib**, was habe ich mit dir zu schaffen?

Joh 2,4 nach der Übersetzung Luthers; in der heutigen Lutherbibel lautet der Text: »Was geht's dich an, Frau, was ich tue?« – Mit diesem Satz beantwortet Jesus auf der Hochzeit zu Kana den Hinweis der Maria: »sie haben keinen Wein mehr« (V. 3). Wenn Jesus seine Mutter distanziert als »Frau« anredet und ihre – unausgesprochene – Bitte, Wein zu besorgen, mit der auch im Alten Testament (z. B. 2Sam 16,10; 19,23; 2Kön 3,13) vorkommenden Formel »was habe ich mit dir zu schaffen?« schroff zurückweist, soll vermutlich zum Ausdruck gebracht werden, dass Jesu Handeln nicht durch verwandtschaftliche Bande bestimmt wird.

Du (Gott) lässest Gras wachsen für das Vieh und Saat zu Nutz den Menschen, dass du Brot aus der Erde hervorbringst, dass der **Wein** erfreue des Menschen Herz.

Ps 104,14–15.

Der **Wein** erquickt die Menschen, wenn man ihn mäßig trinkt.

Sir 31,32.

(Auf der Hochzeit zu Kana sagt der Speisemeister, nachdem Jesus Wasser in Wein verwandelt hat, zum Bräutigam:) Jedermann gibt zuerst den guten **Wein** und, wenn sie betrunken werden, den geringeren; du aber hast den guten Wein bis jetzt zurückbehalten.

Joh 2,10.

(Einige Leute spotten über die Jünger, die vom Heiligen Geist erfüllt werden:) Sie sind voll von süßem **Wein**.

Apg 2,13. – Das vom Heiligen Geist, d. h. von der Kraft Gottes, bewirkte Reden der Jünger (V. 4–11) geschieht anscheinend in verzückt-ekstatischer Weise, wodurch der Eindruck entsteht, sie seien berauscht.

Des HERRN Zebaoth **Weinberg** aber ist das Haus Israel.

Jes 5,7a. – In einem Lied schildert Jesaja, wie ein Freund einen Weinberg, der keine Frucht bringt, aufgeben und der Verwüstung überlassen will (V. 1–6), was bei den Zuhörern den Eindruck erwecken muss, Jesaja singe – weil der Weinberg ein Bild für die Freundin, die Geliebte war (z. B. Hld 8,11–12) – von einem Freund und seiner treulosen Geliebten. Doch mit dem zitierten Text wendet Jesaja das Bild des Weinbergs, der verwüstet wird, auf Israel an und fährt dann fort: »Er (Gott) wartete auf Rechtsspruch, siehe, da war Rechtsbruch, auf Gerechtigkeit, siehe, da war Geschrei über Schlechtigkeit« (V. 7b; auch der hebräische Urtext enthält hier Reime, was im Alten Testament nur selten vorkommt).

(Jesus sagt zu den Jüngern:) Ich bin der **Weinstock**, ihr seid die Reben. Wer in mir bleibt und ich in ihm, der bringt viel Frucht; denn ohne mich könnt ihr nichts tun.

Joh 15,5. – Mit dem Bild vom Weinstock und von den Reben wird nachdrücklich betont, dass christliche Existenz ihren Grund und ihre Kraft allein in Christus hat.

(Jesus sagt zu den Jüngern:) Selig seid ihr, die ihr jetzt **weint**; denn ihr werdet lachen.

Lk 6,21. – Mit dem Anbruch der Heilszeit verwandelt Gott die Trauer der Leidenden in Freude.

Er (Petrus, nachdem er Jesus dreimal verleugnet hatte) ging hinaus und **weinte** bitterlich.

Mt 26,75 (= Lk 22,62; in Mk 14,72 heißt es: »Er fing an zu weinen«).

Ein Knabe, der arm, aber **weise** ist, ist besser als ein König, der alt, aber töricht ist.

Pred 4,13. – Dieses Sprichwort bewertet Weisheit höher als Reichtum, Macht und Alter.

Wer mit den **Weisen** umgeht, der wird weise; wer aber der Toren Geselle ist, der wird Unglück haben.

Spr 13,20. – Der zweite Teil des Spruches lässt sich auch übersetzen: »Wer aber der Toren Geselle ist, der wird schlecht/böse werden«, womit der ganze Spruch sehr deutlich die Überzeugung zum Ausdruck brächte, dass die Gemeinschaft, in die sich ein Mensch begibt, auf ihn abfärbt – eine Überzeugung, für die man auch ein Sprichwort wie »Sage mir, mit wem du umgehst, und ich sage dir, wer du bist« heranziehen kann.

Die **Weisheit** ruft laut auf der Straße und lässt ihre Stimme hören auf den Plätzen.

Spr 1,20. – Die Weisheit erscheint hier personifiziert als Frau (ebenso 7,4; 8,1.12, 9,1).

Weisheit erwerben ist besser als Gold und Einsicht erwerben edler als Silber.

Spr 16,16.

Wo viel **Weisheit** ist, da ist viel Grämen, und wer viel lernt, der muss viel leiden.

Pred 1,18. – Vielleicht ist hier – im Sinne von »ohne Fleiß kein Preis« – gemeint, dass man Wissen und Können nicht ohne Schmerz, Angst und Sorge zu erwerben vermag.

Die **Weisheit** kommt nicht in eine arglistige Seele und wohnt nicht in einem Leibe, der der Sünde verfallen ist.

Weish 1,4. – Wenn ein Mensch ganz, bis in seine Leiblichkeit hinein, von der Sünde beherrscht wird, kann er keinen Anteil an der Weisheit haben.

Alle **Weisheit** kommt von Gott dem Herrn und ist bei ihm in Ewigkeit.

Sir 1,1.

Die **Weisheit** des Geringen bringt ihn zu Ehren und setzt ihn mitten unter die Fürsten.

Sir 11,1.

Durch ihn (Gott) aber seid ihr in Christus, der uns von Gott gemacht ist zur **Weisheit** und zur Gerechtigkeit und zur Heiligung und zur Erlösung.

1Kor 1,30. – Die »Weisheit« (griech. *sophía*) Gottes ist sein Heilswerk durch Christus, das Paulus mit den Begriffen »Gerechtigkeit«, d. h. Teilhabe an der Herrschaft Gottes, »Heiligung«, d. h. Lebenswandel nach dem Willen Gottes, und »Erlösung«, d. h. Freiheit von der Sünde, umschreibt.

(Jesus sagt:) Wenn das **Weizenkorn** nicht in die Erde fällt und erstirbt, bleibt es allein; wenn es aber erstirbt, bringt es viel Frucht.

Joh 12,24. – Dieses Bildwort, das auch in 1Kor 15,36–37 verwendet wird, meint hier: Um sein Erlösungswerk vollenden zu können, musste Jesus sterben.

(Jesus sagt:) Was hülfe es dem Menschen, wenn er die ganze **Welt** gewönne und nähme doch Schaden an seiner Seele? Oder was kann der Mensch geben, womit er seine Seele auslöse?

Mt 16,26 (ähnlich Mk 8,36–37; Lk 9,25). – Wer darauf aus ist, sich selbst durchzusetzen, kann vielleicht die Welt gewinnen, wird jedoch an der Möglichkeit eines wahrhaft erfüllten Lebens vorbeigehen. Diesen Verlust kann nichts wieder gutmachen. Das griechische Wort *psyché*, das »Seele« und »Leben« bedeutet, übersetzt die Lutherbibel manchmal mit »Seele« (z.B. Lk 12,20), manchmal mit »Leben« (z.B. Mt 10,39; 16,25; Mk 8,35; Lk 9,24).

Die **Welt** vergeht mit ihrer Lust; wer aber den Willen Gottes tut, der bleibt in Ewigkeit.

1Joh 2,17. – »Lust« (wörtlich »Begierde«) ist hier ein zusammenfassender Ausdruck für menschliches Fehlverhalten, das der vorangehende Text mit Beispielen umschreibt: »des Fleisches Lust und der Augen Lust und hoffärtiges Leben« (V. 16). Der erste Teil des zitierten Textes lautet in der lateinischen Bibelübersetzung, der Vulgata: *mundus transit et concupiscentia eius*, »die Welt vergeht und ihre Lust«, worauf wohl der Satz *Sic transit gloria mundi*, »so vergeht die Herrlichkeit der Welt«, beruht, der dem neugewählten Papst zugerufen wird.

Besser **wenig** mit Gerechtigkeit als viel Einkommen mit Unrecht.

Spr 16,8. – Dieser Spruch drückt die Mahnung aus, beim Erwerb von Besitz »Gerechtigkeit«, d.h. Gemeinschaftstreue, zu üben, auch wenn unrechtes Handeln mehr einbringen könnte.

Das **Werk** lobt den Meister, und einen weisen Fürsten ehrt weise Rede.

Sir 9,24.

Ein gutes **Werk** an jemandem tun.

(Jesus sagt zu den Jüngern:) Was betrübt ihr die Frau? Sie hat ein gutes Werk an mir getan.

Mt 26,10 (ähnlich Mk 14,6). – Mit diesen Worten weist Jesus, als eine Frau kostbares Salböl auf sein Haupt gegossen hat, den Vorwurf der Jünger zurück, das sei Verschwendung (V. 7–9; ähnlich Mk 14,3–5).

(Jesus sagt:) Das ist Gottes **Werk**, dass ihr an den glaubt, den er gesandt hat.

Joh 6,29. – Mit diesem Satz antwortet Jesus auf die Frage des Volkes: »Was sollen wir tun, dass wir Gottes Werke wirken?« (V. 28), d. h. das Volk nimmt an, Gott fordere die Erfüllung bestimmter Gebote, was ein Missverständnis ist; Jesus korrigiert mit seiner Antwort das Missverständnis und erklärt: Gott fordert einzig und allein das »Werk«, an Jesus zu glauben.

HERR, wie sind deine **Werke** so groß und viel! Du hast sie alle weise geordnet, und die Erde ist voll deiner Güter.

Ps 104,24. – Das hebräische Wort, das Luther mit »Güter« übersetzt, schließt die Geschöpfe mit ein.

(Eine Stimme vom Himmel sagt:) Ihre (der Glaubenden) **Werke** folgen ihnen nach.

Offb 14,13. – Was die Glaubenden zu Lebzeiten getan haben, d. h. ihre Standhaftigkeit in der Treue zu Christus, erscheint zusammen mit ihnen vor Gottes Endgericht und legt für sie Zeugnis ab.

Wetterwendisch.

(In der Deutung des »Gleichnisses vom Sämann« Mt 13,18–23 [ähnlich Mk 4,13–20], die das Sich-Öffnen des Menschen für das Wort vom Reich Gottes im Bild der auf verschiedene Böden fallenden Saat beschreibt, sagt Jesus:) Bei dem aber auf felsigen Boden gesät ist, das ist, der das Wort hört und es gleich mit Freuden aufnimmt; aber er hat keine Wurzel in sich, sondern er ist wetterwendisch; wenn sich Bedrängnis oder Verfolgung erhebt um des Wortes willen, so fällt er gleich ab.

Mt 13,20–21 (ähnlich Mk 4,16–17).

(Christus,) der nicht **widerschmähte**, als er geschmäht wurde, nicht drohte, als er litt, er stellte es aber dem anheim, der gerecht richtet.

1Petr 2,23.

Sprich nicht: »**Wie** einer mir tut, so will ich ihm auch tun.«

Spr 24,29. – Daher stammt die Wendung »Wie du mir, so ich dir.«

Wiegen (**Gewogen** und zu leicht befunden) → **Menetekel**.

(Jesus betet im Vaterunser:) Dein **Wille** geschehe wie im Himmel so auf Erden.

Mt 6,10.

(Der alte Tobias sagt zum jungen:) Was du nicht **willst**, dass man dir tu, das füg auch keinem andern zu.

Tob 4,16 (die »Goldene Regel« lautet als Wort Jesu in Mt 7,12: »Alles nun, was ihr wollt, dass euch die Leute tun sollen, das tut ihnen auch! Das ist das Gesetz und die Propheten« und in Lk 6,31: »Wie ihr wollt, dass euch die Leute tun sollen, so tut ihnen auch!«).

Sie säen **Wind** und werden Sturm ernten.

Hos 8,7. – Es handelt sich um einen Weisheitsspruch, der den Götzendienst der Israeliten (V. 4b–6) als »Wind« – der Wind ist auch Bild für das Nichtige (z. B. Spr 11,29; Pred 1,14.17) – beschreibt und mit der Aussaat vergleicht, der die viel größere Ernte als »Sturm«, d. h. als Strafgericht Gottes, folgen wird.

(Jesus sagt:) Der **Wind** bläst, wo er will, und du hörst sein Sausen wohl; aber du weißt nicht, woher er kommt und wohin er fährt. So ist es bei jedem, der aus dem Geist geboren ist.

Joh 3,8. – Der Vergleich des Windes mit dem Geist, d. h. der Kraft Gottes, liegt nicht nur von der Sache her, sondern auch sprachlich nahe, weil im Griechischen für »Wind« und »Geist« dasselbe Wort (*pneũma*) verwendet wird: Wie man den Wind spürt, ohne seine Herkunft zu kennen, so merkt man dem »Wiedergeborenen«, dem Glaubenden, etwas Ungewöhnliches an, man weiß aber nicht, wie es dazu kommt.

Ihr werdet in den **Wind** reden.

1Kor 14,9b. – Mit dieser sprichwörtlichen Redensart knüpft Paulus an den vorangehenden Satz an: »Wenn ihr in Zungen redet und nicht mit deutlichen Worten, wie kann man wissen, was gemeint ist?« (V. 9a). Das Reden in »Zungen« ist ein lallendes Ausstoßen von Lauten und Worten, aus denen sich kein verstehbarer Sinn ergibt.

(Gott spricht:) Alle, die übrig geblieben sind (von den Anhängern des judäischen Königs, gemeint ist Zedekia), sollen in alle **Winde** zerstreut werden.

Hes 17,21 (die Aussage, dass Gott Menschen »in alle Winde« zerstreut, findet sich ferner Jer 49,32.36; Hes 5,10.12; 12,14).

Weder aus noch ein **wissen**.

(Salomo betet:) HERR, mein Gott, du hast deinen Knecht zum König gemacht an meines Vaters David statt. Ich aber bin noch jung, weiß weder aus noch ein.

1Kön 3,7.

Unser **Wissen** ist Stückwerk und unser prophetisches Reden ist Stückwerk. Wenn aber kommen wird das Vollkommene, so wird das Stückwerk aufhören.

1Kor 13,9–10. – Paulus stellt hier die irdische Existenz, in der alles Erkennen und Prophezeien nur fragmentarisch ist, dem Sein im »Vollkommenen«, in der endgültigen Welt Gottes, gegenüber.

(Simon Petrus sagt zu Jesus:) Herr, **wohin** sollen wir gehen? Du hast Worte des ewigen Lebens; und wir haben geglaubt und erkannt: Du bist der Heilige Gottes.

Joh 6,68–69. – Mit diesem Text, dessen Anfang wörtlich übersetzt lautet: »Herr, zu wem sollten wir gehen?«, antwortet Petrus auf die Frage Jesu an die Zwölf, nachdem viele Jünger sich von ihm abgewandt haben: »Wollt ihr auch weggehen?« (V. 67)

(Leute sagen, nachdem Jesus einen Taubstummen geheilt hat:) Er hat alles **wohl gemacht**; die Tauben macht er hörend und die Sprachlosen redend.

Mk 7,36.

Jede **Wohltat** findet ihre Stätte bei Gott, und jedem wird widerfahren, wie er's verdient hat.

Sir 16,14.

Wer **Wohltaten** erweist, dem wird's Gott vergelten, der alles lenkt, und wenn er fällt, wird er eine Stütze finden.

Sir 3,34.

Wohl tun → **Tut wohl** denen, die euch hassen.

Ich will dem HERRN singen, dass er so **wohl** an mir **tut**.

Ps 13,6.

Der **Wolf** im Schafspelz.
(Jesus sagt:) Seht euch vor vor den falschen Propheten, die in Schafskleidern zu euch kommen, inwendig aber sind sie reißende Wölfe.

Mt 7,15.

(Gott spricht zu Israel:) Ich tilge deine Missetat wie eine **Wolke** und deine Sünden wie den Nebel. Kehre dich zu mir, denn ich erlöse dich!

Jes 44,22. – Der Vergleich meint wohl die Gründlichkeit des Verschwindens, wie man sie in Palästina bei der Auflösung des Morgengewölks durch die steigende Sonnenhitze erlebt.

Wollen habe ich wohl, aber das Gute vollbringen kann ich nicht. Denn das Gute, das ich will, das tue ich nicht; sondern das Böse, das ich nicht will, das tue ich.

Röm 7,18–19. – Paulus charakterisiert hier unter Aufnahme jüdischer und auch alttestamentlicher (Ps 51,5–7) Bußtexte das Wesen des Menschen unter der Macht der Sünde, der aus eigener Kraft nicht das Heil gewinnen kann.

(Mose sagt zu Israel:) Es ist das **Wort** ganz nahe bei dir, in deinem Munde und in deinem Herzen, dass du es tust.

5Mose 30,14. – Das »Wort« ist das im 5. Mosebuch enthaltene Gesetz, das der Israelit in seinem »Herzen«, d. h. seinem Denken, hat, indem er es auswendig lernt, das er mit dem Mund rezitiert (6,6–7) und das ihm darum ganz »nahe« ist.

(Mose sagt zu den Israeliten:) Es ist nicht ein leeres **Wort** an euch, sondern es ist euer Leben.

5Mose 32,47. – Das »Wort«, das im 5. Mosebuch enthaltene Gesetz, hat schöpferische Kraft und bietet Israel das »Leben«, ein Dasein in der Gottesnähe, an.

Des HERRN **Wort** ist wahrhaftig, und was er zusagt, das hält er gewiss.

Ps 33,4.

(Gott spricht:) Gleichwie der Regen und Schnee vom Himmel fällt und nicht wieder dahin zurückkehrt, sondern feuchtet die

Erde und macht sie fruchtbar und lässt wachsen, dass sie gibt Samen zu säen und Brot zu essen, so soll das **Wort**, das aus meinem Munde geht, auch sein: Es wird nicht wieder leer zu mir zurückkommen, sondern wird tun, was mir gefällt, und ihm wird gelingen, wozu ich es sende.

Jes 55,10–11. – Indem dieser Text das Wort Gottes mit Vorgängen der Natur, nämlich dem Fruchtbarkeit bringenden Regen und Schnee, vergleicht, stellt er nachdrücklich heraus, dass Gottes – durch den Propheten übermitteltes – Wort dynamischen Charakter hat, d. h. neue Wirklichkeit, neues Heil schafft und zu seinem Ziel kommt. Eigentümlich ist die – im hebräischen Urtext deutlicher als in der Übersetzung Luthers erkennbare – Vorstellung, dass Regen und Schnee zum Himmel zurückkehren, wie es hier auch vom Wort Gottes gesagt wird, das fast als ein selbständiges Wesen erscheint.

(Jeremia sagt:) Dein **Wort** ward meine Speise, sooft ich's empfing, und dein Wort ist meines Herzens Freude und Trost; denn ich bin ja nach deinem Namen genannt, HERR, Gott Zebaoth.

Jer 15,16. – Der Text lautet wörtlich übersetzt: »Fanden sich Worte von dir, verschlang ich sie, und dein Wort war mir Wonne, und es war die Freude meines Herzens, dass dein Name über mir genannt ist«. D. h. Jeremia hat das Wort Gottes, die ihm aufgetragene Botschaft, wie ein Hungriger verschlungen, also seinen Dienst als Prophet gern ausgeübt, und er war glücklich, dass »der Name Gottes über ihm genannt ist«; dieser Ausdruck besagt: Jemand oder etwas gehört Gott (z. B. 5Mose 28,10; 2Sam, 6,2; Jer 7,10-11), d. h. er fühlt sich ganz von Gott in Beschlag genommen.

Ein **Wort** ist oft wichtiger als eine große Gabe, und ein freundlicher Mensch gibt sie beide.

Sir 18,17.

Im Anfang war das **Wort**, und das Wort war bei Gott, und Gott war das Wort.

Joh 1,1. – Dieser Satz eröffnet den Prolog des Johannesevangeliums (V. 1–18), in dem der Verfasser des Evangeliums ein frühchristliches Traditionsstück, einen Hymnus, aufgenommen und durch Zusätze (nämlich die Hinweise auf Johannes den Täufer V. 6–8 und 15, außerdem V. 9.13.17–18) erweitert hat. Das Traditionsstück, der Hymnus, beschreibt Jesus Christus als das »Wort« (griech. *lógos*), wobei der Begriff

lógos spätisraelitisch- jüdische Vorstellungen von der *Weisheit* Gottes, die auch als eine neben Gott selbständige Person galt (z.B. Spr 8,22–23; Sir 24,1–14; Weish 7,24–27), mit Gedanken der griechischen Philosophie über den *lógos*, die schöpferische Urkraft der Welt, verbindet.
Der *lógos* des Hymnus »war im Anfang«, d.h. er existiert von Ewigkeit her, und »war Gott«, d.h. ein Wesen göttlicher Art (V. 1–2); er wirkte bei der Schöpfung mit (V. 3) und brachte Leben und Licht, wurde aber von der »Finsternis« abgelehnt (V. 4–5), was der Hymnus anschließend verdeutlicht: Obwohl der *lógos* Schöpfungsmittler war, nahmen die »Welt«, die »Seinen« ihn nicht auf (V. 10–11), bis auf wenige, die das Geschenk der Gotteskindschaft erhielten (V. 12; die Schlusswendung »denen, die an seinen Namen glauben« ist Zusatz); der *lógos* wurde »Fleisch«, d.h. er nahm die Gestalt des Menschen Jesus an, dessen »Herrlichkeit«, d.h. göttliches Wesen, die Gemeinde schauen darf (V. 14) und von dem sie überreichlich Gnade empfängt (V. 16).

Lasst das **Wort** Christi reichlich unter euch wohnen: Lehrt und ermahnt einander in aller Weisheit; mit Psalmen, Lobgesängen und geistlichen Liedern singt Gott dankbar in euren Herzen.

Kol 3,16. – Der Ausdruck »Wort Christi« meint das ganze Geschehen der Verkündigung, das die Lehre und den Lobpreis im Gottesdienst umfasst.

Wo viel **Worte** sind, da geht's ohne Sünde nicht ab; wer aber seine Lippen im Zaum hält, ist klug.

Spr 10,19. – Wer viel redet, steht immer in der Gefahr, andere durch unüberlegte Worte zu verletzen.

Nicht viele **Worte** machen.
Sei nicht schwatzhaft im Kreis der Alten, und wenn du betest, so mache nicht viele Worte.

Sir 7,15.

Wer viele **Worte** macht, wird verabscheut; und wer sich zu viel anmaßt, macht sich verhasst.

Sir 20,8.

Von den **Würmern** gefressen werden.
(Elifas sagt:) Unter seinen (Gottes) Knechten ist keiner ohne Tadel, und seine Boten zeiht er der Torheit: wie viel mehr, die

in Lehmhäusern wohnen und auf Erde gegründet sind und werden von den Würmern gefressen.

Hiob 4,18–19 nach der älteren Revision der Lutherbibel (ähnlich Sir 10,13: »Wenn der Mensch tot ist, so fressen ihn Maden und Würmer«); in der heutigen Lutherbibel lautet der Text: »Seinen Dienern traut er nicht, und seinen Boten wirft er Torheit vor; wie viel mehr denen, die in Lehmhäusern wohnen und auf Staub gegründet sind und wie Motten zerdrückt werden.« – Wenn sogar die Engel vor Gott unzulänglich sind, dann erst recht der vergängliche Mensch.

(Gott spricht:) Fürchte dich nicht, du **Würmlein** Jakob, du armer Haufe Israel.

Jes 41,14. – Die Bezeichnung »Wurm« – nur hier übersetzt Luther »Würmlein« – drückt die physische Schwachheit aus (ebenso Hiob 25,6; Ps 22,7).

Wunderlicher Heiliger.

Dieser Ausdruck geht zurück auf Ps 4,4 in der Übersetzung Luthers: »Erkennet doch, dass der HERR seine Heiligen wunderlich führet«; in der heutigen Lutherbibel lautet der Text: »Erkennet doch, dass der HERR seine Heiligen wunderbar führt«. – Luther verwendete das Wort »wunderlich« in seiner damaligen Bedeutung »wunderbar«.

Z

Die **Zähne** zusammenbeißen.

Der Gottlose droht dem Gerechten und beißt seine Zähne zusammen über ihn.

Ps 37,12 nach der älteren Revision der Lutherbibel; in der heutigen Lutherbibel lautet der Text: »Der Gottlose droht dem Gerechten und knirscht mit seinen Zähnen wider ihn.«

Ihre **Zahl** ist Legion.

Dieser Ausdruck leitet sich her von Mk 5,9, wo ein Besessener auf die Frage nach seinem Namen antwortet: »Legion heiße ich; denn wir sind viele« (ähnlich Lk 8,30: »Er antwortete: Legion. Denn es waren viele böse Geister in ihn gefahren«; in Mk 5,14–15 heißt es: »Die Leute … sahen den Besessenen, … den, der die Legion unreiner Geister gehabt hatte«). – Der Name »Legion« – abgeleitet von lat. *legio,* einem römischen Truppenverband, dessen Stärke über sechstausend Soldaten betrug – bringt zum Ausdruck, dass Tausende von Dämonen in dem Kranken wohnen.

Zebaoth.

Dieses hebräische Wort bedeutet »Heere, Heerscharen« und erscheint im Alten Testament sehr oft als Bestandteil einer Gottesbezeichnung: »der HERR Zebaoth« (z. B. 1Sam 1,3.11), »Gott Zebaoth« (Ps 80,8.15), »Gott, der HERR Zebaoth« (z. B. Jes 3,15; 10,24) oder »(der) HERR, (der) Gott Zebaoth« (z. B. 2Sam 5,10; 1Kön 19,10). Umstritten ist, ob sich dabei das Wort »Zebaoth« auf die Heere Israels oder auf überirdische Heerscharen (etwa Engel) bezieht oder ob es hier die Sonderbedeutung »Mächtigkeit« hat (»der HERR der Mächtigkeit«, d. h. »der HERR der Allmächtige«).

Die **Zeichen** der Zeit.

(Jesus sagt zu den Pharisäern und Sadduzäern:) Über das Aussehen des Himmels könnt ihr urteilen; könnt ihr dann nicht auch über die Zeichen der Zeit urteilen?

Mt 16,3b. – »Über die Zeichen der Zeit urteilen« bedeutet hier: erkennen, dass mit Jesus das Reich Gottes in die Gegenwart einbricht; das können die Angeredeten nicht, sondern sie können nur aus dem Abend- oder Morgenrot das Wetter des nächsten Tages vorhersagen (V. 2–3a).

Zeichen und Wunder.

(Gott spricht:) Ich will das Herz des Pharao verhärten und viele Zeichen und Wunder tun in Ägyptenland.

2Mose 7,3 (»Zeichen und Wunder« ferner z. B. 5Mose 7,19; Ps 135,9; Mt 24,24; Röm 15,19).

(Jesus sagt zu einem königlichen Beamten:) Wenn ihr nicht **Zeichen** und Wunder seht, so glaubt ihr nicht.

Joh 4,48.

Meine **Zeit** steht in deinen (Gottes) Händen.

Ps 31,16. – Der Text lautet wörtlich übersetzt: »In deiner Hand (sind) meine Zeiten«, d. h. mein Geschick liegt in deiner Hand, dir vertraue ich es an.

Ein jegliches hat seine **Zeit**, und alles Vorhaben unter dem Himmel hat seine Stunde.

Pred 3,1. – Diese Sentenz wird anschließend (V. 2–8) in vierzehn Gegensatzpaaren entfaltet: geboren werden und sterben, pflanzen und ausreißen, was gepflanzt ist, töten (vielleicht ist das Töten im Krieg gemeint) und heilen, abbrechen und bauen, weinen und lachen, klagen und tanzen, Steine wegwerfen und Steine sammeln (es bleibt unklar, ob es hier z. B. um Steine bei einem Brettspiel oder um die Rechensteine des Händlers geht), herzen und aufhören zu herzen, suchen und verlieren (wörtlich »verloren gehen lassen«), behalten und wegwerfen, zerreißen und zunähen (ein unbrauchbar gewordenes Kleidungsstück wird zerrissen, ein neues genäht), schweigen und reden, lieben und hassen, Streit (d. h. Krieg) und Friede.

Für jedes Tun und jedes Ereignis gibt es den richtigen, den günstigsten – von Gott bestimmten – Zeitpunkt, aber den kann der Mensch nicht erkennen (das kommt sehr deutlich in 9,12 zum Ausdruck: »Auch weiß der Mensch seine Zeit nicht«) und damit auch nicht der jeweiligen Situation gemäß handeln, zumal vieles, was dem Menschen widerfährt (etwa Geburt und Tod, Freude und Leid, Liebe und Hass), außerhalb seiner Verfügungsgewalt liegt.

(Judit sagt zu zwei Ältesten der Stadt Betulia:) Wollt ihr dem Herrn nach eurem Gefallen **Zeit** und Tag bestimmen, wann er helfen soll?

Jdt 8,11. – Mit diesen Worten reagiert Judit auf den Ratschlag des Usija, eines Obersten von Betulia, die Stadt den sie belagernden Assyrern zu übergeben, wenn Gott nicht innerhalb von fünf Tagen hülfe (7,21–24).

(Gott spricht zum König:) Du sollst sie (die feindlichen Völker) mit einem eisernen **Zepter** zerschlagen.

Ps 2,9.

Mit **Zittern** und Zagen.

Er (Saulus) sprach (zu Jesus) mit Zittern und Zagen: Herr, was willst du, dass ich tun soll?

Apg 9,6 nach der älteren Revision der Lutherbibel; da dieser Text in den ältesten griechischen Handschriften fehlt, ist sie in der heutigen Lutherbibel fortgefallen.

Lasst die Sonne nicht über eurem **Zorn** untergehen.

Eph 4,26.

Mein Sohn, verwirf die **Zucht** des HERRN nicht und sei nicht ungeduldig, wenn er dich zurechtweist.

Spr 3,11. – Diese Mahnung wird begründet mit dem anschließenden Satz: »Denn wen der HERR liebt, den weist er zurecht, und hat doch Wohlgefallen an ihm wie ein Vater am Sohn« (V. 12).

Züchtige mich, HERR, doch mit Maßen und nicht in deinem Grimm, auf dass du mich nicht ganz zunichte machst.

Jer 10,24. – Hier bittet ein Einzelner im Namen des Volkes: Wenn Gott das schuldige Volk schon strafen muss, möge er es doch nicht ganz vernichten.

In den letzten **Zügen** liegen.

Einige Freunde (des Kanzlers) Heliodor kamen eilends und baten (den Hohenpriester) Onias, dass er doch den Höchsten anrufen und dem Heliodor, der jetzt in den letzten Zügen lag, das Leben gnädig erwirken sollte.

2Makk 3,31 (»in den letzten Zügen liegen« auch Mk 5,23; Lk 8,42).

Herr, du bist unsre **Zuflucht** für und für.

Ps 90,1.

Zunehmen an Alter und Weisheit.

Jesus nahm zu an Weisheit, Alter und Gnade bei Gott und den Menschen.

Lk 2,52. – Diese Notiz, deren Vorlage sich in 1Sam 2,26 findet, schließt die Berichte über die Kindheit Jesu (1,5–2,52) ab.

Die **Zunge** klebt einem am Gaumen.

Meine Kräfte sind vertrocknet wie eine Scherbe, und meine Zunge klebt mir am Gaumen.

Ps 22,16 (ähnlich 137,6; Klgl 4,4). – Diese Wendung, hier im Sinne von »so durstig und matt sein, dass man nicht sprechen kann« gebraucht, bedeutet in Hiob 29,10 (»die Fürsten hielten ihre Stimme zurück, und ihre Zunge klebte an ihrem Gaumen«) und Hes 3,26 (»ich [Gott] will dir [Hesekiel] die Zunge an deinem Gaumen kleben lassen«) soviel wie »schweigen«.

Mit falscher **Zunge** reden.

Du (der Gegner des Beters) redest gern alles, was zum Verderben dient, mit falscher Zunge.

Ps 52,6 (»mit falscher Zunge reden« außerdem 109,2).

(Der »Knecht Gottes« sagt:) Gott der HERR hat mir eine **Zunge** gegeben, wie sie Jünger haben, dass ich wisse, mit den Müden zu rechter Zeit zu reden. Alle Morgen weckt er mir das Ohr, dass ich höre, wie Jünger hören.

Jes 50,4. – Das hebräische Wort für »Jünger« meint den »Belehrten«, den Schüler, der mit etwas vertraut gemacht wird; hier sagt der »Knecht Gottes« – um wen es sich handelt, wissen wir nicht – über sich, dass sein ganzes Hören und Reden auf Gott gerichtet ist und von Gott herkommt, weshalb er die »Müden«, die Verzagten im Babylonischen Exil aufrichten kann.

Die Geißel macht Striemen; aber die **Zunge** zerschmettert die Knochen. Viele sind gefallen durch die Schärfe des Schwerts, aber nirgends so viele wie durch die Zunge.

Sir 28,21–22. – Dass man durch Reden andere verletzen und schädigen kann, wird auch durch das Bild von der »Geißel der Zunge« (Hiob 5,21; Sir 26,8) oder durch den Vergleich der Zunge mit dem Schwert (Ps 57,5; 64,4) und mit dem Messer (52,4) zum Ausdruck gebracht.

Mit neuer **Zunge** reden.

(Jesus sagt:) In meinem Namen werden sie (die Glaubenden) böse Geister austreiben, in neuen Zungen reden.

Mk 16,17. – Gemeint ist wohl das Reden in fremden Sprachen, wie »in andern Sprachen (wörtlich »in anderen Zungen«) predigen« (Apg 2,4), nicht aber das verzückte, ekstatische Stammeln, das als eine Wirkung des Heiligen Geistes galt (»in Zungen reden«, z.B. Apg 10,46; 1Kor 14,2).

Seine **Zunge** im Zaum halten.

Wenn jemand meint, er diene Gott, und hält seine Zunge nicht im Zaum, sondern betrügt sein Herz, so ist sein Gottesdienst nichtig.

Jak 1,26. – »Herz« meint hier, wie oft in der Bibel, das Denken, den Verstand.

So ist auch die **Zunge** ein kleines Glied und richtet große Dinge an.

Jak 3,5a. – Dieser Satz gehört zu einem Abschnitt, der von der gefährlichen Macht der Zunge handelt (V. 1–12), die mit mehreren Vergleichen bildhaft dargestellt wird: Zügel und Pferd (V. 3), Steuer und Schiff (V. 4), Funke und Waldbrand (V. 5b).

(Elifas sagt:) Selig ist der Mensch, den Gott **zurechtweist**; darum widersetze dich der Zucht des Allmächtigen nicht.

Hiob 5,17.

Zusehen → Da **sieh** du **zu**.

Gott ist unsre **Zuversicht** und Stärke, eine Hilfe in den großen Nöten, die uns getroffen haben.

Ps 46,2. – Der zweite Teil des Textes lautet wörtlich übersetzt: »als eine Hilfe in Nöten hat er sich gar sehr erwiesen.«

(Jesus sagt:) Niemand kann **zwei** Herren dienen: Entweder er wird den einen hassen und den andern lieben, oder er wird an dem einen hängen und den andern verachten.

Mt 6,24a (ähnlich Lk 16,13a). – Die Folgerung daraus lautet: »Ihr könnt nicht Gott dienen und dem Mammon« (V. 24b = Lk 16,13b).

(Jesus sagt:) Wo **zwei** oder drei versammelt sind in meinem Namen, da bin ich mitten unter ihnen.

Mt 18,20. – Statt »in meinem Namen« lautet der Text wörtlich übersetzt: »auf meinen Namen hin«, d. h. Jesus ist der Grund für die Zusammenkunft; zugleich kann auch die Bedeutung der Formel »in meinem Namen«, d. h. die Versammelten rufen den Namen Jesu an, hineinspielen.

Erbarmt euch derer, die **zweifeln**.

Jud 22. – Hier werden die Angeredeten ermahnt, sich helfend derer anzunehmen, die durch die Verkündigung der Irrlehrer (V. 3–16) in ihrem Glauben unsicher geworden sind.

Ein **Zweifler** ist unbeständig auf allen seinen Wegen.

Jak 1,8. – Die beiden griechischen Wörter, die Luther mit »Zweifler« übersetzt, bedeuten: »Mann mit zwei Seelen«; wer Gott gegenüber ein geteiltes, zwiespältiges Herz besitzt, findet auf seinem Lebensweg nirgendwo festen Halt.

(Elifas sagt:) Sein (des Gottlosen) **Zweig** wird nicht mehr grünen.

Hiob 15,32. – Dieser Text dürfte die Quelle für die Redensart »auf keinen grünen Zweig kommen« sein.

Abkürzungen der biblischen Bücher

Altes Testament

Geschichtsbücher

1Mose	Das erste Buch Mose (Genesis)
2Mose	Das zweite Buch Mose (Exodus)
3Mose	Das dritte Buch Mose (Levitikus)
4Mose	Das vierte Buch Mose (Numeri)
5Mose	Das fünfte Buch Mose (Deuteronomium)
Jos	Das Buch Josua
Richt	Das Buch der Richter
Rut	Das Buch Rut
1Sam	Das erste Buch Samuel
2Sam	Das zweite Buch Samuel
1Kön	Das erste Buch der Könige
2Kön	Das zweite Buch der Könige
1Chr	Das erste Buch der Chronik
2Chr	Das zweite Buch der Chronik
Esr	Das Buch Esra
Neh	Das Buch Nehemia
Est	Das Buch Ester

Lehrbücher und Psalmen

Hiob	Das Buch Hiob (Ijob)
Ps	Die Psalmen
Spr	Die Sprüche Salomos (Sprichwörter)
Pred	Der Prediger Salomo (Kohelet)
Hld	Das Hohelied Salomos

Prophetenbücher

Jes	Der Prophet Jesaja
Jer	Der Prophet Jeremia
Klgl	Die Klagelieder Jeremias
Hes	Der Prophet Hesekiel (Ezechiel)
Dan	Der Prophet Daniel
Hos	Der Prophet Hosea

Joel	Der Prophet Joel
Am	Der Prophet Amos
Obd	Der Prophet Obadja
Jon	Der Prophet Jona
Mich	Der Prophet Micha
Nah	Der Prophet Nahum
Hab	Der Prophet Habakuk
Zef	Der Prophet Zefanja
Hag	Der Prophet Haggai
Sach	Der Prophet Sacharja
Mal	Der Prophet Maleachi

Apokryphen

Jdt	Das Buch Judit
Weish	Die Weisheit Salomos
Tob	Das Buch Tobias
Sir	Das Buch Jesus Sirach
1Makk	Das erste Buch der Makkabäer
2Makk	Das zweite Buch der Makkabäer

Neues Testament

Geschichtsbücher

Mt	Das Evangelium nach Matthäus
Mk	Das Evangelium nach Markus
Lk	Das Evangelium nach Lukas
Joh	Das Evangelium nach Johannes
Apg	Die Apostelgeschichte

Briefe

Röm	Der Brief des Paulus an die Römer
1Kor	Der erste Brief des Paulus an die Korinther
2Kor	Der zweite Brief des Paulus an die Korinther
Gal	Der Brief des Paulus an die Galater
Eph	Der Brief des Paulus an die Epheser

Phil	Der Brief des Paulus an die Philipper
Kol	Der Brief des Paulus an die Kolosser
1Thess	Der erste Brief des Paulus an die Thessalonicher
2Thess	Der zweite Brief des Paulus an die Thessalonicher
1Tim	Der erste Brief des Paulus an Timotheus
2Tim	Der zweite Brief des Paulus an Timotheus
Tit	Der Brief des Paulus an Titus
Phlm	Der Brief des Paulus an Philemon
1Petr	Der erste Brief des Petrus
2Petr	Der zweite Brief des Petrus
1Joh	Der erste Brief des Johannes
2Joh	Der zweite Brief des Johannes
3Joh	Der dritte Brief des Johannes
Hebr	Der Brief an die Hebräer
Jak	Der Brief des Jakobus
Jud	Der Brief des Judas

Prophetisches Buch

Offb	Die Offenbarung des Johannes

Literaturhinweise

Georg Büchmann / Winfried Hofmann: Geflügelte Worte. Berlin [42]2001.

Duden. Zitate und Aussprüche. Bearb. von Werner Scholz-Stubenrecht. Mannheim [u. a.] 1998.

Harenberg Lexikon der Sprichwörter und Zitate. Dortmund [2]2001.

Reclams Zitaten-Lexikon. Von Johannes John. Stuttgart [5]2002.

Biblische Redensarten und Sprichwörter. Ges. und erl. von Heinz Schäfer. Stuttgart 1998.

Richard Zoozmann: Zitatenschatz der Weltliteratur. Überarb. von Otto A. Kielmeyer. Reinbek 2001.

Verzeichnis weiterer Stichwörter